FICHES BAC

1re L, ES

L'intégrale

- **Français**

Sophie Saulnier
Professeur de français

- **Sciences**

Isabelle Bednarek-Maitrepierre
Bruno Semelin
Professeurs de SVT
Alain Le Grand
Enseignant en sciences

- **TPE**

Cécile Gaillard
Isabelle Provost
Professeurs d'histoire-géographie
Gaëlle Perrot
Professeur de français

Hatier

© Hatier, Paris, 2018 - ISBN 978-2-401-04159-2

SOMMAIRE GÉNÉRAL

FRANÇAIS

SCIENCES

TRAVAUX PERSONNELS ENCADRÉS (TPE)

Crédits iconographiques

Intérieur

p. 5 : ph © vgajic – iStock • p. 20 : ph © Wikimedia Commons • p. 21 : ph © North Wind Pictures/Leemage • p. 24 : ph © Wikimedia Commons • p. 25 : ph © Sabine Weiss/Rapho • p. 33 : ph © Wikimedia Commons • p. 53 : ph © Archives Hatier • p. 56 : ph © Ullstein Bild/Roger-Viollet • p. 65 : Coll. Archives Hatier • p. 70 : ph © Wikimedia Commons • p. 81 : ph © Wikimedia Commons • p. 89 : ph © Édouard Boubat/Rapho • p. 95 : ph © Wikimedia Commons • p. 99 : ph © Wikimedia Commons • p. 103 : ph © Selva/Leemage • p. 119 : ph © proxyminder – iStock • p. 123 Coll. Kharbine-Tapabor • p. 147 ph © Kunkel/Phototake/BSIP • p. 154 ph © P. Pikart/ Wikimédia commons • p. 195 ph © F. Chrétien • p. 199 ph © Pascal Goetgheluck • p. 200 ph © Pascal Goetgheluck/ISM • p. 201-b ph © Eye of Science/Phanie • p. 201-h ph © Ozet/Eye of Science/Cosmos • p. 201-m ph © Eye of Science/Phanie • p. 202 ph © Eye of Science/Phanie • p. 224-a ph © Areva • p. 224-b ph © BEP/Patrick Guyot/Le Dauphiné Libéré/Maxppp • p. 229 : ph © mattonstock.com

Rabats

II-1,2,3 : ph © Wikimedia Commons • II-4 : ph © Laurent Maous/Gamma • II-5,6 : ph © Wikimedia Commons • II-7 : ph © Réalité/Rapho • II-8 : ph © Louis Monier/Gamma • III-5 : © Collection Folio théâtre, Gallimard • III-3,7 : © Collection Folio, Gallimard • III-4,8 : © Éditions de Minuit • III-1,2,6 : © Hatier • IV-1,3,4,5,6 : ph © Wikimedia Commons • IV-2 : ph © Archives Hatier • IV-7 : ph © Izis/Rapho • V-1,2 : © Collection Poésie/Gallimard, Gallimard • V-3,4,6 : © Hatier • V-5 : © Collection Tel, Gallimard • V-7 : © Collection Folio théâtre, Gallimard

Malgré nos efforts, il nous a été impossible, pour certains documents, de joindre les photographes ou leurs ayants droit, ainsi que les éditeurs ou leurs ayants droit, pour solliciter l'autorisation de reproduction, mais nous avons naturellement réservé en notre comptabilité des droits usuels.

Conception maquette : **Favre & Lhaïk** • *Édition :* **Christophe Hardy** *et* **Anne Panaget**
Schémas : **Philippe Bouillon (Illustratek)** *et* **STDI** • *Illustrations :* **Dorothée Jost**
Mise en pages : **STDI**

Français

Cochez la case quand vous avez révisé ☑ la fiche ou la partie

SOMMAIRE
FRANÇAIS

CHECK LIST

Épreuves et méthodes du bac
OK ☐

Les mouvements littéraires
OK ☐

Le personnage de roman du XVIIe siècle à nos jours
OK ☐

Les objets d'étude de 1re L

OK ☐

Les outils de l'analyse littéraire

OK ☐

Les questions sur le corpus

1

FRANÇAIS

Les questions sur corpus constituent la première partie de votre épreuve écrite. Elles vous en donnent la clé.

1 Présentation générale de l'écrit du bac

▶ Quelle que soit votre section, votre sujet se présente sous la forme d'un corpus de textes accompagné de questions et d'un travail d'écriture qui vous offre trois possibilités : le commentaire littéraire (→ FICHE 2), la dissertation littéraire (→ FICHE 3) ou l'écriture d'invention (→ FICHE 4).

▶ Les questions sont notées sur 4 points et le travail d'écriture sur 16 points (6 points et 14 points pour les séries technologiques).

2 Les questions sur le corpus

A Le corpus

▶ Le corpus est composé en général de **trois ou quatre textes** littéraires. Il arrive aussi que l'on vous propose un seul texte. Dans ce cas, il est plus long ; ce peut être une brève nouvelle.

▶ À ce corpus peut être joint un document iconographique. Il n'est pas étudié pour lui-même mais peut servir à enrichir votre réponse (par exemple : une photo de mise en scène).

B L'enjeu des questions

▶ Les questions (d'une à trois) ont pour but de vous faire comprendre la **cohérence du groupement de textes**, sa thématique ou sa problématique.

▶ Elles vous invitent à une lecture minutieuse des textes sur lesquels s'appuiera votre travail d'écriture ; elles **vous en donnent la clé**.

C Les types de questions

▶ Il s'agit de **comparer** les textes en mettant en évidence leurs points communs (il y en a toujours) et leurs différences (il y en a toujours). Par exemple : « 1. Ces quatre descriptions mettent-elles en valeur les mêmes aspects de la ville ? 2. Quels sentiments des personnages ces descriptions reflètent-elles ? »

▶ Les questions peuvent porter sur la **thématique**, le **genre**, le **registre**, etc.

▶ Elles peuvent **être plus générales** et vous guider sur le sens du texte, par exemple : « Ces textes cherchent-ils seulement à nous dépayser ou ont-ils une autre visée ? »

▶ Vous devrez toujours lier remarques sur la forme et approche du sens.

3 Pour répondre aux questions

A Première prise de contact avec le sujet

▶ Vous devez très rapidement avoir une **vision globale** du sujet. Quel est l'objet d'étude ? Attention ! le sujet peut croiser deux objets d'étude (poésie et argumentation, par exemple). Quels sont les genres ? les auteurs ? Prenez vos repères.

▶ Avant de lire les textes, regardez les questions et les sujets d'écriture. Vous pourrez ainsi avoir une lecture plus efficace. En outre, comme les sujets sont tous liés au corpus, ils sont souvent complémentaires et vous donnent donc des **indications précieuses** sur le sens du corpus.

B La rédaction de votre réponse

▶ Vous devez rédiger une **brève introduction** qui montre l'intérêt (le point commun) du corpus et le problématise en fonction de la question posée

▶ Il faut privilégier une réponse **synthétique** : au lieu de répondre à la question texte par texte, traitez vos réponses aspect par aspect, cela évite les répétitions. **Au brouillon**, regroupez vos remarques dans un tableau comparatif.

▶ Vos réponses sont **organisées dans des paragraphes argumentatifs** et vous vous appuyez toujours sur des exemples précis et situés dans le texte.

▶ Terminez par une phrase de conclusion qui réponde clairement à la question.

CONCLURE

La difficulté de cet exercice réside dans le dosage de la réponse : elle ne doit pas être trop longue (on ne vous demande pas un commentaire et vous ne devez pas y passer trop de temps), mais il faut tout de même dire l'essentiel. Il faut être concis, synthétique et efficace.

Le commentaire littéraire

Dans le commentaire littéraire, vous devez présenter ce que vous avez retenu de votre lecture et justifier votre interprétation du texte de manière argumentée.

1 *Le commentaire littéraire au bac de français*

A Le texte avant tout

Vous devez rendre compte du sens du texte, de ses spécificités. Votre travail doit éclairer le texte.

B Un travail argumenté

Même si une explication linéaire n'est en principe pas interdite, il faut préférer le **commentaire organisé**. C'est-à-dire celui qui regroupe les idées principales en deux ou trois parties composées chacune de trois paragraphes. Choisissez un plan progressif qui va du plus simple au plus complexe.

2 *Le travail de préparation*

A Identification du texte

Vous devez rapidement identifier votre texte (genre, registre, type de discours, thématique…) de manière à vous poser les bonnes questions. On ne travaille pas sur un poème comme on travaille sur une scène d'exposition ou sur une description. **À chaque texte ses questions.**

B Deux méthodes

▶ Du général au particulier : on part d'une **première impression de lecture**, ou hypothèse de lecture (par exemple, un texte comique), et on va chercher dans le texte les éléments qui vont confirmer ou nuancer cette hypothèse.

▶ Du particulier au général : on fait une lecture attentive du texte et on relève tout ce qui peut sembler intéressant, surprenant (métaphores, emploi particulier d'un temps, rythme, effet de chute, surprise d'un sens inattendu…). On voit alors se **dégager de grands axes**, des phénomènes récurrents porteurs de sens.

▶ En fait, ce sont ces deux méthodes qu'il faut croiser constamment pour être sûr de ne rien laisser de côté.

C Le plan

C'est seulement une fois ce travail fait que vous pouvez préparer votre plan. Il se fait au brouillon et **doit être le plus détaillé possible**.

D Pour les séries technologiques

Le commentaire est guidé par un **parcours de lecture** : on vous propose deux questions qui formeront le plan de votre commentaire. Il vous reste à énoncer la problématique et à trouver les sous-parties de votre plan.

3 *La rédaction*

A Les écueils à éviter

▶ La **paraphrase**, c'est-à-dire la reformulation de ce que dit déjà le texte. La reformulation n'est pas une analyse.

▶ Le plan qui séparerait forme et sens. Les remarques sur la forme ne valent que si elles amènent à approfondir le sens.

B L'art de la citation

▶ Vous savez qu'il faut toujours appuyer vos analyses sur des citations précises du texte. Mais attention ! vous avez souvent l'impression que vous avez fait ce que l'on vous demande dès lors que vous avez cité le texte, or une **citation non analysée ne sert à rien**. Vous devez en faire un commentaire précis.

▶ Il faut éviter la juxtaposition de citations ainsi que les citations trop longues ; ciblez l'expression intéressante.

▶ **Insérez harmonieusement** les citations dans vos phrases.

C L'introduction et la conclusion

▶ L'introduction comporte **quatre éléments** : l'accroche, la présentation du texte à étudier, la problématique et l'annonce du plan. Ces éléments doivent s'organiser logiquement, l'un appelant l'autre.

▶ La conclusion comporte **deux éléments** : la synthèse de votre travail dans laquelle vous répondez de manière ferme à la problématique posée dans l'introduction ; l'ouverture qui évoque toujours un problème littéraire ; elle peut s'appuyer sur une comparaison avec un ou plusieurs textes du corpus.

CONCLURE

Le commentaire est un exercice minutieux et rigoureux qu'il faut s'entraîner à pratiquer pendant l'année.

La dissertation littéraire 3

Dans la dissertation, vous devez mener une réflexion personnelle et argumentée à partir d'une problématique littéraire issue de votre programme de l'année.

1 *La dissertation littéraire au bac de français*

A Une problématisation

Le sujet de dissertation est toujours en rapport avec le corpus et sa problématique. Il en donne le sens, en éclaire l'intention. C'est pourquoi vous devez **vous appuyer sur les textes du corpus pour construire votre réflexion**.

B Un travail argumenté

Une dissertation est une argumentation. Elle comprend une introduction, un développement de deux ou trois parties composées chacune de trois paragraphes, et une conclusion.

2 *Le travail de préparation*

A La forme du sujet

▶ Le sujet peut se présenter sous **deux formes :**

1. Une citation plus une consigne :

> « On dirait que c'est hors du monde, perdu, mais merveilleusement perdu, préservé. » Pensez-vous que cette définition du jardin par Philippe Jaccottet peut s'appliquer à la poésie ?

2. Un sujet sans citation :

> Dans quelle mesure le spectateur est-il partie prenante de la représentation théâtrale ?

▶ Une **formule finale** vous rappelle que vous devez vous appuyer sur des exemples et des analyses précises et uniquement littéraires.

B L'analyse du sujet

▶ D'une bonne analyse du sujet dépend la réussite de votre devoir. Cherchez les **mots-clés**, demandez-vous à quelle conception de la poésie, du théâtre, etc., renvoie le sujet.

▶ Demandez-vous **s'il peut y avoir plusieurs positions sur le problème soulevé.** Ces questions vous aideront à formuler la problématique.

C Les types de plan

▶ Ils dépendent de la formulation du sujet. On peut vous demander de **discuter** une opinion (« pensez-vous que… »), d'**expliciter** une notion (« vous montrerez que… ») ou de **nuancer** une opinion (« dans quelle mesure… »).

▶ Le **plan dialectique** permet de discuter. La première partie (thèse) explicite la position tenue par la citation. La seconde partie (antithèse) envisage une contre-argumentation, et la troisième partie (synthèse) propose une autre manière d'envisager le problème.

▶ Le **plan thématique** permet de répondre à une demande de définition de manière organisée et progressive.

▶ Le **plan analytique** permet de prendre en compte tous les aspects du problème posé et de nuancer une analyse.

3 *La rédaction*

A Le format du paragraphe

▶ Un paragraphe est **une unité de sens** qui constitue une étape dans votre démonstration. Il commence par l'idée directrice, développée par des arguments s'appuyant sur l'analyse d'exemples littéraires.

▶ Pour mettre en valeur la logique de votre devoir, soignez les **transitions** entre les parties, mais aussi entre chaque paragraphe et, à l'intérieur de chaque paragraphe, entre chacun de vos arguments.

B L'introduction et la conclusion

▶ L'introduction comporte **quatre éléments** : l'accroche, le sujet (quand le sujet est sous forme de citation, celle-ci doit impérativement figurer), l'analyse du sujet qui conduit à énoncer la problématique, l'annonce du plan.

▶ La conclusion comporte **deux éléments** : la synthèse reprend les grandes lignes de la démonstration et répond à la problématique ; l'ouverture élargit le problème, mais toujours dans le cadre littéraire.

CONCLURE

Pour faire une bonne dissertation, il faut maîtriser l'argumentation, avoir bien compris les enjeux des objets d'étude et être capable de mobiliser ses lectures.

L'écriture d'invention

4

Dans l'écriture d'invention, vous devez vous approprier les textes du corpus de manière à produire votre propre texte selon des consignes indiquées par le sujet.

1 *L'écriture d'invention au bac de français*

▶ Comme les autres sujets, l'écriture d'invention se fonde sur une **lecture attentive des textes du corpus.** En effet, on vous demande d'écrire en fonction d'un ou plusieurs de ces textes. Il peut s'agir de les reproduire, de les prolonger, de s'en démarquer, de les critiquer.

▶ IL ne s'agit pas d'un exercice libre d'écriture : on vous donne des **contraintes précises** : écrire à la manière de… ; écrire dans un genre, dans un registre particulier ; transposer à telle époque, etc.

▶ L'écriture d'invention est la **synthèse du commentaire** (vous devez être attentif aux textes et posséder une bonne connaissance des procédés) **et de la dissertation** (vous devez montrer une bonne compréhension des enjeux des objets d'étude).

2 *Le travail de préparation*

A Les types de sujet

▶ Une des difficultés de l'écriture d'invention est la **grande variété des sujets possibles.** Il faut connaître les règles formelles des différents genres d'écrit possibles : article, essai, lettre, discours, récit à visée argumentative, monologue intérieur, monologue délibératif, dialogue théâtral…

▶ On peut vous demander une **réflexion argumentée** (voir le point B), ou la **mise en pratique d'un procédé littéraire** : un changement de point de vue dans une description, par exemple. On vous demandera toujours d'insérer un contenu de pensée dans une forme littéraire particulière.

B Comprendre le sujet et ses contraintes

Prenons un exemple : tous les extraits proposés sont des utopies.

> Vous avez séjourné en Utopia. Déçu, vous décidez de partir. Écrivez le discours d'adieu que vous prononcez devant les habitants.

▶ Il faut **bien identifier l'enjeu** : une utopie décevante. Il s'agit d'une réflexion sur l'utopie et ses limites. Il va donc falloir mener une argumentation critique sur l'utopie.

▶ Il faut **respecter une contrainte formelle** : la forme du discours.

C La constitution d'un cahier des charges

▶ Pour ne pas risquer le hors sujet, vous devez, au brouillon, vous constituer un cahier des charges qui explicite clairement les contraintes explicites ou implicites portées par le sujet. Vous vérifierez, au cours de la rédaction, que vous ne vous en écartez pas.

▶ Voici quelques pistes pour le sujet ci-dessus :

- pour le **contenu** : préparation des arguments ;
- pour la **forme du discours** : type d'énonciation, présence de l'interlocuteur, apostrophes, etc. ;
- **contraintes implicites** : reprendre des détails du texte source (géographie, mode de vie, respect de l'époque, de la langue) ;
- à vous de décider du **registre** (polémique ? pathétique ?) et du personnage que vous êtes.

3 *Pour faire une bonne écriture d'invention...*

▶ Il faut avoir fait une **analyse minutieuse du texte**, base pour votre écriture.

▶ Il faut avoir des **connaissances littéraires précises**. Si vous ne savez pas ce qu'est un monologue intérieur, vous ne comprendrez pas la consigne suivante : « Réécrivez la dernière rencontre de Frédéric Moreau avec Mme Arnoux, cette fois, sous la forme d'un monologue intérieur de Frédéric qui dévoilera ses sentiments et ses pensées. »

▶ Il faut non seulement une **bonne maîtrise de la langue française** (orthographe, syntaxe, vocabulaire), mais aussi **des qualités littéraires** puisqu'on vous demande de savoir reconnaître les spécificités d'un texte et de montrer votre capacité à les mettre en pratique.

CONCLURE

L'écriture d'invention est un exercice complexe qui suppose de bonnes aptitudes littéraires.

L'épreuve orale 5

Dans l'épreuve orale, vous devez montrer vos capacités à mobiliser vos connaissances pour rendre compte de votre lecture d'un texte et de votre culture personnelle. Vous devez aussi faire la preuve de votre aptitude à communiquer.

1 Présentation de l'épreuve

▶ L'épreuve se déroule en **deux parties** :
– dans la première partie (dix minutes), vous rendez compte de **votre lecture d'un texte** étudié pendant l'année ;
– la seconde partie (dix minutes) consiste en un **entretien** avec votre examinateur. Il prend la forme d'un jeu de questions et de réponses sur l'objet d'étude et la séquence dont a été tiré le texte de l'explication.
Chaque partie est notée sur dix points. Vous disposez de trente minutes de préparation.

▶ La liste des textes étudiés ainsi que le détail de vos séquences figurent sur un descriptif que votre professeur vous communique, à vous et à votre examinateur.

2 L'étude du texte

A Une lecture analytique

▶ L'examinateur choisit un texte de votre liste et vous pose une question qui constitue la **problématique** autour de laquelle vous devez restructurer les éléments de votre cours.

▶ Il ne s'agit en aucun cas de réciter votre cours, mais de prendre en considération la problématique, et d'y répondre précisément par une **lecture organisée** qui s'appuie sur la forme pour aller vers le sens.

B Une réponse organisée

▶ L'**introduction** est déterminante. Vous devez la soigner :
– vous présentez rapidement l'auteur, ses œuvres principales, l'œuvre dont est extrait le passage étudié ;
– après avoir dit quelques mots sur le texte, vous en faites la lecture à haute voix ;

– cette lecture est suivie d'une analyse rapide des effets marquants de manière à introduire votre problématique ;
– vous devez, bien sûr, annoncer votre plan.

▶ Un **plan** en deux parties peut suffire. Il faut être attentif à bien motiver ces parties par rapport à la problématique.

▶ Toutes vos analyses doivent s'appuyer sur des **citations précises** du texte. Relisez les passages en indiquant les lignes pour que votre interlocuteur puisse vous suivre.

▶ Dans votre **conclusion**, rappelez la question posée et montrez en quoi votre plan vous a permis d'y répondre. L'**ouverture** peut renvoyer à une analyse de l'œuvre ; elle peut instaurer un lien avec un autre texte du groupement de textes ; elle peut s'inscrire dans la problématique de la séquence ou de l'objet d'étude.

3 *L'entretien*

▶ L'entretien vise à contrôler votre connaissance des objets d'étude, à valoriser votre culture personnelle et votre approche des textes. On teste votre capacité à réagir et établir des liens entre les textes. Vous devez montrer votre **autonomie de pensée** et votre **réactivité**.

▶ Les questions d'entretien peuvent porter sur :
– votre **connaissance de l'œuvre intégrale ou du groupement de textes** : dans le cas du groupement de textes vous devez être capable de comparer les textes et de justifier leur place par rapport à la problématique de la séquence ; dans le cas d'une œuvre intégrale, vous devez montrer une parfaite connaissance de l'œuvre et de ses enjeux ;
– votre connaissance des **notions afférentes** à l'objet d'étude, par exemple qu'est-ce qu'une fable, une scène d'exposition, un sonnet ;
– votre utilisation des **textes** et des **œuvres étudiés en lecture cursive** : ils servent en général à élargir les problématiques, à établir des comparaisons et des ponts avec d'autres auteurs, ou d'autres manières d'envisager les mêmes problèmes ;
– **vos lectures personnelles**, vos activités annexes : par exemple, êtes-vous allés au théâtre ?

CONCLURE

Attention, vous avez tendance à réviser les textes sans vous préparer à l'entretien. Pourtant les deux parties de l'épreuve sont aussi importantes l'une que l'autre.

Baroque et classicisme

6

QUIZ p. 27

FRANÇAIS

Présentés comme opposés, le baroque et le classicisme sont deux mouvements culturels du XVIIe siècle qui touchent la littérature et les autres domaines artistiques.

1 Le baroque

Le baroque se développe, de la fin du XVIe siècle jusqu'au second tiers du XVIIe siècle, sur fond de **guerres de religion** et de Contre-réforme.

A Principales caractéristiques

> **INFO** Initiée par le concile de Trente (1542-1563), la Contre-réforme marque le renouveau spirituel d'un catholicisme contesté par la Réforme protestante.

▶ Le baroque se caractérise par l'**exubérance des formes**, le mouvement, les métamorphoses, les jeux de miroir. Avec un **arrière-plan pessimiste** : la mort est toujours présente, le monde est inconstance et illusion.

▶ En littérature, le baroque s'exprime principalement dans le théâtre et la poésie. Les effets de **théâtre dans le théâtre** sont privilégiés par Corneille (*L'Illusion comique*). En poésie, les sonnets de Chassignet (*Mépris de la vie et consolation contre la Mort*) allient esthétique baroque et **appel à la spiritualité**.

B Préciosité et burlesque

La préciosité et le burlesque sont deux déclinaisons antagonistes du mouvement. La littérature **précieuse** s'éloigne du réel en utilisant un langage raffiné. La littérature **burlesque** se rapproche du réel qu'elle dépeint dans un registre satirique (Scarron, *Le Roman comique*).

2 Le classicisme

On fait démarrer le classicisme avec le début du règne personnel de Louis XIV (1661). Il se clôt avec la Querelle des Anciens et des Modernes (les Anciens sont pour l'imitation des modèles antiques, les Modernes sont contre), à la fin du XVIIe siècle.

A Principales caractéristiques

▶ Le classicisme se caractérise par la recherche de l'unité et de l'**harmonie des formes** ; les œuvres reflètent une beauté universelle et intemporelle, que le siècle aurait atteinte sous le règne de Louis XIV.

▶ Cet idéal concerne tous les domaines y compris la **langue** qui doit être **élégante**, et débarrassée de tous les jargons, celui des médecins comme celui des précieux, objets de moquerie chez Molière. L'**honnête homme**, homme d'esprit, poli et mesuré, est porteur des valeurs du classicisme.

B Une visée morale

La visée de l'écrivain est souvent morale. Il faut **plaire et instruire** (en latin : *placere et docere*).

CITATION « La parfaite raison fuit toute extrémité/ Et veut que l'on soit sage avec sobriété. » Molière, 1666

▶ Ainsi la tragédie purifie (*catharsis*) les passions, la comédie corrige les vices des hommes (→ FICHE 21), les fables délivrent une leçon.

▶ Les **moralistes**, par leurs portraits (La Bruyère, *Les Caractères*, 1687) et leurs maximes (La Rochefoucauld *Maximes*, 1664) mais aussi les romanciers (Madame de La Fayette, *La Princesse de Clèves*, 1678) poursuivent le même objectif.

3 Baroque et classicisme

Le classicisme succède au baroque, mais les frontières entre les deux mouvements ne sont pas toujours faciles à déceler.

▶ L'œuvre d'un même auteur a pu traverser les deux mouvements. Les premières pièces de Corneille, jusqu'au *Cid* (1637), relèvent du baroque, ses tragédies (*Horace*, 1640 ; *Cinna*, 1642), appartiennent déjà au classicisme.

▶ Parfois classicisme et baroque **se mêlent dans une même œuvre**. Ainsi le *Dom Juan* (1665) de Molière se joue de l'unité de temps, transgresse celle de lieu, accumule les péripéties et fait appel au surnaturel.

CONCLURE

Le baroque exprime une inquiétude face aux désordres du monde. Les valeurs qui définissent le classicisme dessinent un ordre esthétique et un idéal moral visant la permanence et l'universalité. Certaines œuvres mêlent les deux influences.

Des Lumières au romantisme

7

QUIZ p. 27

Les Lumières et le romantisme sont deux mouvements européens qui ont initié, chacun à leur manière, des transformations radicales dans les modes de penser.

1 *Les Lumières*

Au XVIIIe siècle, ce mouvement est européen.
On parle de **siècle des Lumières**, de **philosophes des Lumières**.

CITATION « Sapere aude ! (ose savoir !) Aie le courage de te servir de ton propre entendement ! Telle est la devise des Lumières » E. Kant, 1784

ATTENTION ! La plupart de ces écrivains n'ont pas connu la Révolution française, même si leur réflexion l'a influencée.

A Principales caractéristiques

▶ L'éloge de la raison et la **foi dans le progrès** caractérisent ce mouvement. La lumière de la raison permet de combattre l'obscurantisme et la superstition et de faire progresser les hommes vers le bonheur.

▶ Pour les Lumières, le **monde** est **explicable de manière rationnelle**. L'*Encyclopédie*, initiée par Diderot et d'Alembert, se donne comme objectif de le rendre compréhensible : on y trouve des articles sur les arts, les techniques, les sciences, la religion, la philosophie, la grammaire, etc.

B Des écrivains engagés

▶ Les écrivains prennent des **positions très critiques** et s'engagent dans leur siècle, ce qui les conduit parfois en prison ou les force à l'exil. On débat sur l'esclavage, la religion, le clergé, la tolérance et le fanatisme, par exemple. On réfléchit sur les types de gouvernement, le contrat social, et sur la place de l'individu dans la société.

▶ C'est le siècle des **essais**, ainsi que des formes de l'**argumentation indirecte** comme les **utopies** ou les **contes philosophiques**. Tout est bon pour propager les idées des écrivains philosophes et expérimenter leur validité.

2 Le préromantisme

▶ Le **préromantisme** n'est pas un mouvement littéraire en soi. On qualifie de préromantiques certaines œuvres du XVIIIe siècle qui font la charnière entre les Lumières et le romantisme : on y trouve déjà la mise en relief du moi, le goût de la nature, l'expression d'une sensibilité exacerbée.

▶ Rousseau (1712-1778) qui s'inspecte dans ses *Confessions* et qui explore toutes les nuances des **sentiments** dans son roman épistolaire *La Nouvelle Héloïse,* en est un exemple. C'est pourquoi on le dit préromantique, mais attention à ne pas le réduire à cela.

3 Le romantisme

La pleine période du romantisme s'étend de 1820 à 1850. Après la chute de Napoléon 1er (1815), l'échec des idéaux portés par la Révolution et le retour de la monarchie, les écrivains et les artistes se replient sur eux-mêmes et **refusent le monde tel qu'il devient**.

A Les principales caractéristiques

▶ Le romantisme est caractérisé par le goût de l'introspection, l'attrait pour le fantastique, et pour l'exotisme ; il s'oppose au rationalisme des Lumières.

▶ La sensibilité trouve son expression dans le lyrisme ; priorité est donnée à l'imaginaire, à l'expression de la douleur et du **mal du siècle** (Musset, *La Confession d'un enfant du siècle*). L'écriture du « je » se glisse dans le genre autobiographique. On reprend goût aux romans (→ FICHE 11).

B En rupture avec le classicisme

▶ Le romantisme **refuse les règles** et les normes du classicisme. Au théâtre, le drame romantique renouvelle le théâtre classique (→ FICHE 23).

▶ En poésie, Hugo impose le trimètre romantique, et réclame une langue plus prosaïque (→ FICHE 31). Le poète se veut maudit, hors de la société ; il se dit aussi **voyant** et porteur d'une **parole prophétique.** En ce sens, il continue à vouloir agir sur le monde.

CONCLURE

Les Lumières prônent la raison et ont foi dans le progrès. Le romantisme, porté par le goût de l'idéal et du beau, s'éloigne du rationalisme des Lumières ainsi que des règles contraignantes du Classicisme.

8 Réalisme, naturalisme, Parnasse et symbolisme

QUIZ p. 27

FRANÇAIS

Le XIXe siècle connaît un assez grand nombre de mouvements littéraires, les principaux sont le réalisme, le naturalisme, le Parnasse et le symbolisme.

1 Le réalisme

▶ Dans les années 1850 s'affirme le réalisme en réaction au romantisme.

▶ Le réalisme est la « **reproduction exacte, complète, sincère du milieu où l'on vit**, parce qu'une telle direction d'études est justifiée par la raison, les besoins de l'intelligence et l'intérêt du public, et qu'elle est exempte de mensonges, de toute tricherie. » (Champfleury)

A Principales caractéristiques

▶ Le réalisme se caractérise par un **sujet contemporain** de l'écriture, qui relève du banal. Il décrit la vie telle qu'elle est, sans chercher à l'idéaliser. La **vie quotidienne** devient un objet littéraire.

▶ Les personnages peuvent appartenir aux « basses classes ».

B Héros et tableau social

▶ Attention, des **auteurs** comme Balzac et Stendhal **appartiennent aussi bien au réalisme qu'au romantisme**. *La Peau de chagrin* appartient à la période romantique de Balzac ; *La Comédie humaine*, du même auteur, relève d'une entreprise réaliste. Mais ce tableau de la société moderne de 1800 à 1850 peut présenter des héros romantiques.

▶ De même, Stendhal emprunte une démarche réaliste lorsqu'il écrit que le « roman est un miroir que l'on promène le long d'un chemin », mais ses héros ont bien souvent le caractère du héros romantique. Ce qui ne sera plus le cas du naturalisme

2 Naturalisme

Dans les années 1870-1885, le réalisme est poussé jusqu'au bout, c'est le naturalisme.

A Principales caractéristiques

▶ La révolution industrielle est en cours, et on s'intéresse à une nouvelle classe qui n'avait jusque-là pas été l'objet de la littérature, les ouvriers.

▶ L'esthétique est la même que celle du réalisme, mais, en plus, l'**homme** est considéré comme **déterminé par son milieu social**. L'écriture est soutenue par un gros travail de documentation.

B Le roman naturaliste

▶ Le romancier Zola, chef de file des naturalistes, se réclame d'une **démarche scientifique et expérimentale** ; il l'explicite dans un essai *Le Roman expérimental*. Maupassant définit sa conception du roman dans la préface de *Pierre et Jean* et expose les difficultés d'une écriture qui veut faire voir la vie.

▶ Si le théâtre en subit un peu l'influence (→ FICHE 23), c'est essentiellement dans le roman que le naturalisme se déploie.

CITATION « **Faire vrai consiste donc à donner l'illusion complète du vrai, suivant la logique ordinaire des faits, et non à les transcrire servilement…** »
G. de Maupassant, 1887

3 Le Parnasse

Ce mouvement s'étend sur toute la seconde partie du siècle, avec un point fort en 1866-1876. Il **touche essentiellement la poésie** (→ FICHE 31). Revendiquant « l'art pour l'art », il s'oppose à l'utilitarisme du réalisme et au lyrisme du romantisme.

4 Le symbolisme

▶ En 1886 paraît *Le Manifeste du symbolisme*. Comme le Parnasse, ce mouvement touche essentiellement la poésie. Comme lui, il refuse le naturalisme. Contrairement à lui, il veut **libérer le vers de son formalisme**. Il veut lui redonner du sens.

▶ Comme son nom l'indique, le symbolisme **instaure l'univers du symbole**, il suggère plus qu'il ne nomme. L'hermétisme en est parfois la conséquence.

▶ Mallarmé est considéré comme son chef de file. Baudelaire, Verlaine, Rimbaud font figure de précurseurs (→ FICHE 31).

CONCLURE

Réalisme et naturalisme partagent une même conception du roman. Le Parnasse et le symbolisme s'en démarquent chacun à sa manière. Ces quatre mouvements du XIXe siècle revendiquent leur identité, explicitent leurs intentions, en cela ils sont relativement faciles à distinguer.

Les mouvements littéraires du XXᵉ siècle

9

QUIZ p. 27

Le XXᵉ siècle, marqué par deux guerres mondiales, connaît un grand nombre de mouvements d'idées. On peut les regrouper autour de trois grands courants.

1 Le surréalisme

Les premiers écrits surréalistes datent de 1919, le mouvement connaît son apogée dans l'entre-deux-guerres et se termine en 1960, trois ans après la mort de son principal représentant André Breton.

A Principales caractéristiques

C'est un mouvement qui **se veut révolutionnaire** et remet en cause les codes de l'écriture et de la littérature. Il est influencé par les écrits de Freud sur le rêve et l'inconscient. **Le rêve l'emporte sur le réel** et priorité lui est donnée : l'écriture est collective, automatique.

CITATION « Surréalisme, n. m. Dictée de la pensée, en l'absence de tout contrôle exercé par la raison, en dehors de toute préoccupation esthétique ou morale. » A. Breton, 1924

B Le monde de l'image

L'exploration du langage, du rêve et de l'imaginaire accorde une large place à l'image. Il est donc normal que la poésie (Desnos, Éluard, Aragon) et, particulièrement, la peinture s'en emparent. Des peintres comme Dalí, Chirico, Picabia transforment les éléments du réel en **visions oniriques**.

2 L'existentialisme

Au XIXᵉ siècle, le philosophe danois Kierkegaard est le premier à utiliser le mot et à penser l'existentialisme. En France, c'est **Jean-Paul Sartre** qui l'impose après la Seconde Guerre mondiale.

> Nous entendons par existentialisme une doctrine qui rend la vie humaine possible et qui, par ailleurs, déclare que toute vérité et toute action impliquent un milieu et une subjectivité humaine.
>
> ■ Sartre, *L'existentialisme est un humanisme*, 1946.

A Principales caractéristiques

L'existentialisme est un courant de pensée essentiellement philosophique. Il met au cœur de sa réflexion l'existence de l'**homme** qu'il dit **libre de ses choix**. La subjectivité prime sur l'objectivité, seul l'homme décide de son destin : ce qui le fait homme à part entière est sa capacité à accepter son existence et à lui donner un sens.

B L'absurde

L'accent mis sur la liberté n'empêche pas d'être sensible à l'absurdité d'un **monde sans Dieu ni raison**. Ce sentiment de l'absurde est décliné de différentes manières dans les romans de Franz Kafka et dans ceux de Samuel Beckett, par exemple. On le retrouve dans le théâtre dit de l'absurde d'Eugène Ionesco et de Beckett (→ FICHE 23).

3 *Le Nouveau roman*

Le Nouveau roman ne constitue pas une école à proprement parler, il réunit un **groupe d'écrivains** publiés aux **éditions de Minuit**, dans les années 1950-60.

A Principales caractéristiques

Le Nouveau roman se donne pour tâche de **déconstruire le roman dit balzacien**, constitué d'une intrigue racontée par un narrateur omniscient. Les textes, souvent à la première personne, cherchent à rendre la vie telle que l'homme la vit dans sa conscience, avec toutes ses failles et ses incompréhensions (→ FICHE 14).

B Appartenir ou ne pas appartenir au Nouveau roman

Si Alain Robbe-Grillet et Nathalie Sarraute se réclament explicitement du Nouveau roman, le théorisent dans des essais et le mettent en pratique dans leur production romanesque, d'autres ne souhaitent pas entrer sous cette bannière, ou s'en détachent petit à petit (Claude Simon, Beckett).

CONCLURE

Le surréalisme veut transformer le monde par le rêve. L'existentialisme et l'absurde s'interrogent sur l'homme, le sens ou le non-sens de sa vie. Le Nouveau roman met en récit l'intériorité des personnages.

Quiz express 10

Vérifiez que vous avez bien retenu les points importants
fiches 6 à 9

1 Baroque et classicisme

Baroque et classicisme s'opposent par :

- ☐ a. leurs thématiques
- ☐ b. leur traitement des formes
- ☐ c. leur conception du monde

2 Des Lumières au romantisme

1. Le romantisme...

- ☐ a. s'inscrit dans la continuité des Lumières
- ☐ b. s'oppose aux Lumières
- ☐ c. s'oppose au classicisme

2. Le « mal du siècle » caractérise :

- ☐ a. les Lumières
- ☐ b. le romantisme

3 Réalisme, naturalisme, Parnasse et symbolisme

1. Le *Roman expérimental* est une œuvre de :

- ☐ a. Balzac
- ☐ b. Stendhal
- ☐ c. Maupassant
- ☐ d. Zola

2. À quel mouvement correspond le principe de « l'art pour l'art » ?

- ☐ a. le Parnasse
- ☐ b. le symbolisme

4 Les mouvements littéraires du XXe siècle

Associez chacun des auteurs à un des quatre mouvements.

Breton •	
Desnos •	• A. surréalisme
Ionesco •	• B. théâtre de l'absurde
Robbe-Grillet •	• C. existentialisme
Sarraute •	• D. Nouveau roman
Sartre •	

Corrigés !

Score : … / 12

1 Baroque et classicisme

Fiche 6

Réponses a, b et c. Baroque et classicisme s'opposent par leur conception du monde (instabilité *vs* équilibre). Cette opposition se traduit par des thématiques et des traitements formels très différents (mouvement *vs* ordre).

2 Des Lumières au romantisme

Fiche 7

1. **Réponses b et c.** Le romantisme remet en question le classicisme (même s'il garde l'unité d'action au théâtre) et refuse le rationalisme des Lumières.

2. **Réponse b.** Pour la jeune génération, née dans les années 1800, au moment des bouleversements de la Révolution et de l'Empire, ce « mal » se traduit par la sensation d'arriver trop tard dans un monde trop vieux et par un désenchantement général, voire un dégoût du monde et de soi.

3 Réalisme, naturalisme, Parnasse et symbolisme

Fiche 8

1. **Réponse d.** Zola, auteur des *Rougon-Macquart*, a signé cet essai (attention, il ne s'agit pas d'un roman). Il y expose et défend les conceptions des naturalistes dont il est le chef de file.

2. **Réponse a.** Ce principe définit le Parnasse pour lequel la poésie n'a pas d'autre fin qu'elle-même. Les parnassiens recherchent la perfection de la forme plus que l'épanchement de l'âme. *Émaux et Camées* (recueil de Théophile Gautier) exprime cette revendication d'une poésie ciselée comme un bijou qui se suffit à elle-même.

4 Les mouvements littéraires du XXe siècle

Fiche 9

A. Desnos, Breton
B. Sartre
C. Ionesco
D. Robbe-Grillet, Sarraute

Le personnage de roman du XVIIe siècle à nos jours

11

QUIZ p. 43

FRANÇAIS

Quels sont les enjeux de cet objet d'étude ?

1 *Que dit le programme ?*

L'objectif est de montrer comment, à travers la construction des personnages, le roman exprime une **vision du monde** qui varie selon les époques et les auteurs et dépend d'un contexte littéraire, historique et culturel, en même temps qu'elle le reflète, voire le détermine. [...] On prête une attention particulière à ce que disent les romans, aux **modèles humains** qu'ils proposent, aux **valeurs** qu'ils définissent et aux critiques dont ils sont porteurs. [...] la découverte du sens passe [...] par une **relation personnelle au texte** dans laquelle l'émotion, le plaisir ou l'admiration éprouvés par le lecteur jouent un rôle essentiel.

■ Extrait du B.O.

2 *Quels grands axes se dégagent ?*

A Le personnage

▶ Il s'agit d'entrer dans le roman par l'étude du personnage romanesque et de s'interroger sur les moyens dont dispose le romancier pour **construire le personnage** (→ FICHES 12 ET 15) et lui donner l'apparence d'une personne réelle.

▶ Vous devrez aussi établir un va-et-vient constant entre le personnage de roman et la **conception de l'homme et du monde** auquel il renvoie (→ FICHES 12, 13 ET 14).

B Une vision du monde

Vous êtes ainsi amenés à vous intéresser à la relation entre fiction et réalité. Un roman est une **œuvre de fiction**, mais **que dit-il du monde ?** Tente-t-il de le décrire (→ FICHE 16), de le critiquer, de s'en échapper ? (→ FICHES 13 ET 14)

C Une vision déterminée par l'Histoire

▶ Le monde parcouru par le chevalier de la Table ronde, à la recherche d'aventures qui sont autant d'épreuves menant à la sagesse, n'est pas le même que celui du héros du *Tour du monde en quatre-vingts jours* de Jules Verne. Les romans diffèrent donc en fonction de la **réalité historique** qui les voit naître.

▶ Mais un roman ne donne pas seulement à voir la réalité d'une époque, il en propose une **interprétation** (le mot « vision » s'entend ici au sens figuré). Le voyageur dans la lune de Cyrano de Bergerac, auteur français du XVIIe siècle, et les voyageurs interstellaires de Bradbury, auteur américain du XXe siècle, ne font pas le même voyage ; leurs voyages s'inscrivent dans des **esthétiques différentes** et révèlent des préoccupations différentes selon l'époque (→ FICHES 13 ET 14).

D Le roman et le monde

▶ Le monde change, les romans changent. **Chaque époque invente son roman**, en fonction de sa manière de s'approprier le réel et de le comprendre (→ FICHES 13 ET 14).

▶ Mais les œuvres ne sont pas sans influer en retour sur l'époque. Ainsi, au XVIIIe siècle, l'homme commence à être pensé comme **individu** ; au même moment, apparaissent des formes romanesques permettant l'expression du « je » (→ FICHE 13). Inversement, cette nouvelle possibilité d'expression va permettre de propager une nouvelle conception de l'individu et de lui donner corps.

▶ Le monde réel est donc la source du roman, mais le fictif renvoie au monde quelque chose qu'il a à dire du réel. Le **réel** et le **fictif se nourrissent l'un l'autre**.

E Et le lecteur ?

Tout roman implique **trois instances** : le narrateur (→ FICHE 16), le personnage et le lecteur (→ FICHE 15). Ce dernier non seulement établit une relation avec le personnage, mais est partie prenante de la construction du sens (→ FICHE 15).

CONCLURE

Il est possible de suivre l'évolution du roman et du personnage en parallèle avec une réflexion sur l'évolution du monde et de l'homme. Mais n'oubliez pas que le roman n'est pas une copie conforme du monde, et qu'il le transforme. C'est cette vision propre à chaque auteur qu'il vous faut chercher à cerner à travers l'étude des personnages.

Le personnage de roman

12

QUIZ p. 43

Le roman est un récit de fiction qui raconte une histoire construite autour de personnages fictifs.

1 Le système des personnages

A Personne, personnage, personnalité

▶ Le personnage romanesque est « un être de papier ». Il ne faut pas le confondre avec une personne réelle. Il est une **construction** du romancier qui lui donne sens.

▶ Pour être crédible, il doit être **vraisemblable** et acquérir une personnalité.

B Le héros

▶ Dans la mythologie gréco-latine, le mot « héros » désigne à la fois des hommes qui se distinguent par leurs exploits et les demi-dieux (enfants d'une mortelle et d'un dieu). Les **premiers héros de roman** sont les héritiers de cette double conception : ils sont courageux et nobles dans leurs actes et porteurs de valeurs morales.

▶ Par la suite, le terme sert à désigner le **personnage principal** du roman, qu'il soit héroïque ou non.

▶ Quand il contredit trop notre idée de l'héroïsme, qu'il est trop maladroit et perdu, on parle d'**anti-héros.** Il ne faut pas le confondre avec l'anti-personnage, qui relève d'une volonté de déconstruction du personnage romanesque (→ FICHE 14) et d'un refus de l'illusion référentielle (→ FICHE 16).

C Le personnel romanesque

▶ Les personnages tissent un réseau de relations. Le **schéma actantiel** en rend compte : le héros, ou sujet, cherche à atteindre un but, l'objet. Dans cette quête, il rencontre des aides, les adjuvants, et des obstacles, les opposants. Le destinateur lui assigne son objet, le destinataire juge de sa réussite.

▶ Les personnages peuvent s'étudier selon un **système de valeurs** propre au roman : par exemple, du plus au moins coupable dans *Le Rapport de Brodeck* de Philippe Claudel (2007).

- Ils s'organisent selon un **système de cercles concentriques**, des personnages centraux aux personnages secondaires ; on s'interroge sur la fonction de ces derniers : faire-valoir, effet de réel, etc. ?

2 La construction du personnage

A Une identité

Pour créer l'illusion que le personnage est un être de chair, le romancier le dote d'une **identité**, (nom, prénom, âge, sexe, situation familiale, profession) ; il l'inscrit dans une **époque**, un **milieu social** ; et le caractérise **physiquement et moralement**.

B Des paroles

Ses paroles peuvent être **rapportées** de différentes manières.

- Le **discours direct** nous fait entendre la voix propre du personnage (populaire/distingué, violent/doux…).
- Le **discours indirect** permet au narrateur de nuancer ou de modaliser ses paroles.
- Le **discours indirect** libre nous donne accès à ses pensées.

C Un regard

Notre connaissance du personnage dépend de la **focalisation** (ou point de vue) adoptée par le narrateur.

- En **focalisation externe**, le lecteur découvre le personnage en même temps que le narrateur.
- En **focalisation zéro**, le narrateur partage avec le lecteur sa connaissance (passé, présent, futur) et son analyse du personnage.
- En **focalisation interne**, le lecteur suit le personnage dans ses pensées et voit le monde à travers son regard.

3 Le personnage et l'auteur

Une lecture naïve fait souvent du personnage principal le double de l'auteur. Or, de nombreux romanciers affirment que leurs personnages sont composés de traits pris dans des personnes différentes.

CONCLURE

Le personnage trouve sa cohérence dans le récit et par le récit. C'est la manière dont le récit construit son personnage que vous devez mettre au jour.

Le roman aux XVIIe et XVIIIe siècles 13

QUIZ p. 43

Au XVIIe siècle, face aux tragédies, le roman, déconsidéré, cherche sa voie. Au XVIIIe siècle, dans une société qui se transforme et qui valorise la recherche du bonheur individuel, les écrivains explorent ses possibilités d'expression.

1 Le roman au XVIIe siècle

A Le roman pastoral, le roman héroïque et précieux

Ces longs romans **ne visent pas la vraisemblance**.

▶ Le roman pastoral (Honoré d'Urfé, *L'Astrée*, 1607-1619) met en scène des bergers et des bergères dont les conversations reprennent celles des **salons** précieux.

▶ Le roman héroïque et précieux (Mlle de Scudéry, *Le Grand Cyrus*, 1649-1653, *Clélie*, 1654-1661) montre des **héros idéalisés** impliqués dans des quêtes complexes évoquant celles des romans de chevalerie.

B Le roman parodique

▶ Le modèle en est *Don Quichotte* (1605-1615) de Cervantès : le personnage principal se prend pour un héros de roman de chevalerie. Mais le monde dans lequel il vit a changé : le décalage entre les valeurs qu'il défend et la réalité de l'Espagne est source de comique.

▶ Les romans **baroques** transcrivent le réel sur le mode comique :
– *Le Roman comique* (1651-1657) de Scarron et *Le Roman bourgeois* (1666) de Furetière appartiennent à la même **veine réaliste et satirique** que *Don Quichotte*.
– Cyrano de Bergerac propose une autre forme romanesque avec *L'Autre Monde ou les États et Empires de la Lune et du Soleil* (1657), voyage fantaisiste dans la lune et le soleil.

C Le roman d'analyse

▶ *La Princesse de Clèves* de Mme de La Fayette (1678) en est l'exemple. Il relève d'une esthétique classique.

CITATION « Elle voyait aussi qu'elle entreprenait une chose impossible, que de résister en présence au plus aimable homme du monde, qu'elle aimait et dont elle était aimée. »
Mme de La Fayette, 1678

Le récit, concentré autour d'une seule action, oppose passion et raison dans un univers réaliste.

▶ La proximité avec le réel vécu par les lecteurs est une nouveauté. L'analyse psychologique du personnage en fait un **roman moderne**.

2 Le roman au XVIIIe siècle

A Le roman-mémoires

Il donne la parole à des personnages de fiction qui racontent, **à la première personne**, les étapes de leur vie :
– soit une ascension sociale (Marivaux, *Le Paysan parvenu,* 1735, et *La Vie de Marianne,* 1731-1741) ;
– soit une déchéance : on assiste à la dépravation morale d'un héros subissant des influences néfastes (l'abbé Prévost, *L'Histoire de Des Grieux et de Manon Lescaut,* 1731).

B Le roman épistolaire

▶ Il croise la correspondance de plusieurs épistoliers. Le narrateur s'efface, les points de vue des personnages se confrontent ; c'est **au lecteur de construire le sens**.

▶ Ce genre à succès répond à des visées différentes :
– dans les *Lettres persanes* (1721), Montesquieu se sert du « **regard étranger** » pour examiner les mœurs françaises et critiquer la monarchie de Louis XIV ;
– dans *Les Liaisons dangereuses* (1782), Laclos, dévoilant les intrigues des libertins, montre les **rouages d'une société** basée sur l'hypocrisie.

▶ Ce nouveau genre permet de mêler intrigue amoureuse et longues dissertations politiques ou morales, comme dans *Julie ou la Nouvelle Héloïse* de J.-J. Rousseau (1761).

C L'anti-roman

▶ L'Anglais Sterne, dans *Vie et opinions de Tristram Shandy* (1759-1767), interrompt le récit par des **digressions constantes**.

▶ Diderot, dans *Jacques le fataliste* (1796), fait de même : le dialogue de Jacques et de son maître, entrecoupé par des apostrophes au lecteur, rappelle l'illusion de la convention romanesque.

CONCLURE

Le roman évolue au rythme des changements de la société et de ses valeurs. Il puise là sa diversité et son inventivité.

Le roman du XIXe siècle à nos jours

14

? QUIZ p. 43

FRANÇAIS

Le XIXe siècle – romantique, réaliste ou naturaliste – est celui du roman. Le XXe siècle tente de saper le roman dans ses bases : l'intrigue et le personnage romanesque.

1 Le roman au XIXe siècle

A Le roman romantique

▶ Il met souvent en scène un **héros en conflit avec la société**, ou qui s'en exclut par l'exil (*René* de Chateaubriand) ou par un caractère hors du commun (*Corinne* de Mme de Staël).

▶ Il peut être **historique** : les troubles de 1789, les campagnes de Napoléon 1er, le retour mouvementé de la monarchie fournissent une riche matière. *Les Misérables* de Victor Hugo lui donne une **dimension sociale**.

▶ Il peut aussi plonger dans l'histoire plus ancienne (*Ivanhoé* de Walter Scott, traduit en 1820, influence fortement le roman français), ou dans le fantastique ; c'est la mode des **romans gothiques**.

B Le roman réaliste

▶ Il observe en profondeur la société. **Balzac** et **Stendhal** sont considérés comme ses précurseurs.

▶ Dans *La Comédie humaine*, Balzac décrit la société de son temps en créant des personnages **représentatifs de tous les milieux**. Ceux de Stendhal sont **pris dans l'Histoire** ; ceux de Flaubert appartiennent à la bourgeoisie provinciale ou au monde parisien de la presse.

C Le roman naturaliste

▶ Il se veut le compte rendu documenté de la réalité sociale.

▶ Le personnage, sous l'**œil scientifique du romancier**, devient le cobaye d'une expérimentation qui vise à montrer que l'homme est **déterminé** par son contexte et son hérédité.

▶ Dans leur grandeur et leur misère, dans leurs **combats contre un destin moderne**, les personnages des *Rougon-Macquart* de Zola rejoignent les héros de l'Antiquité.

D Le roman d'apprentissage

À travers leur **destinée individuelle**, les personnages de Stendhal (Sorel), de Balzac (Rastignac), de Flaubert (Moreau) et de Maupassant (Bel-Ami) s'adaptent ou non à la société de leur temps.

2 Le roman au XXe siècle

A Marcel Proust et la vision subjective

Dans *À la Recherche du temps perdu*, le personnage et son destin cèdent la place à un **« je » intériorisé.** La représentation minutieuse du monde et du mondain sert l'analyse d'une conscience.

B L'écriture de la guerre et les anti-héros

▶ Les romans prenant pour thème les deux guerres mondiales révèlent un **homme englué** dans des événements qu'il ne maîtrise pas et contre lesquels il s'insurge (Céline, *Voyage au bout de la nuit*).

▶ L'homme dans toute sa détresse et le héros démythifié se rejoignent dans les **personnages clochardisés** de Beckett (*Molloy*), incapables d'action dans un monde dénué de sens.

C Le Nouveau roman

▶ Dans les années 1950-1970, certains écrivains **remettent en cause les codes du roman.** Sarraute refuse l'effet « trompe-l'œil » qui, sous prétexte de vouloir rendre le réel, détourne le lecteur de la « vérité profonde » de l'être.

▶ Les auteurs du Nouveau roman cherchent à **déconstruire le personnage** : il n'a souvent pas de nom, ou juste une initiale.

▶ Les descriptions sont si détaillées qu'elles en deviennent autonomes et déréalisent toute intrigue.

3 Le roman aujourd'hui

Personnage et intrigue reviennent. Les auteurs jouent souvent sur les limites entre les genres. L'**autofiction**, hybride d'autobiographie et de roman, utilise la fiction pour accéder à la connaissance de soi.

CONCLURE

Les visions du monde exprimées dans les romans sont tributaires de l'Histoire. Cependant certaines formes se retrouvent de siècle en siècle. Ainsi l'anti-roman, qui questionne les conventions romanesques, se trouve aussi bien au XVIIe qu'au XVIIIe ou au XXe siècle.

Lire un roman

15

QUIZ p. 43

Quels liens le lecteur tisse-t-il avec le roman et réciproquement ?

1 Le roman et son lecteur

A Le pacte de lecture

▶ On appelle **incipit** le tout début du roman. Il a trois fonctions :
– donner des informations (lieu, temps, action, personnages) ;
– susciter l'intérêt (début progressif ou *in medias res*) ;
– nouer un pacte de lecture entre le narrateur et le lecteur (orientations quant au type de lecture attendu).

▶ Ce pacte peut être **explicite :** le narrateur s'adresse directement à son lecteur en lui indiquant les conditions dans lesquelles le récit est raconté par exemple, ou en jouant sur la pitié ou le rire. Il peut aussi être **implicite :** le nom de l'auteur, le titre, le style, le nom des personnages, la mise en page, etc., créent un **horizon d'attente** chez le lecteur.

B Le « lecteur modèle »

▶ Les mots du texte ne prennent sens que si le lecteur possède les connaissances encyclopédiques pour les comprendre.

▶ Quand il écrit, l'auteur doit donc prévoir un « lecteur modèle » **capable de recréer le monde romanesque** tel qu'il a lui-même essayé de le construire : il n'écrira pas de la même manière pour un lecteur de dix ans ou de vingt ans.

> Donc, prévoir son Lecteur Modèle ne signifie pas uniquement "espérer" qu'il existe, cela signifie aussi agir sur le texte de façon à le construire. Un texte repose donc sur une compétence, mais, de plus, il contribue à la produire.
>
> ■ Umberto Eco, *Lector in fabula, Le Rôle du lecteur*, 1979.

C Un lecteur actif

▶ Suivant le genre du roman, le lecteur occupe des **postures différentes.** Il est **enquêteur** par exemple quand il lit un roman policier. Pour le roman épistolaire, le lecteur se fait **voyeur** et partage l'intimité des personnages, de même pour le roman-mémoires.

▶ Il crée aussi le personnage : il remplit les vides de la narration, il lui donne une épaisseur. En complétant le personnage, il **instaure une relation quasi personnelle** avec ce dernier.

2 Le personnage et son lecteur

A L'identification

▶ Le lecteur est amené à énoncer un jugement de valeur, à **prendre position** par rapport au personnage, à éprouver des **émotions**. On réduit en général celles-ci à l'identification du lecteur au personnage, mais elles peuvent revêtir d'autres formes (la haine, le dégoût…).

▶ Ce processus implique totalement le lecteur et le fait devenir autre, mettant en marche, comme au théâtre, une **sorte de catharsis**. Il devient le personnage de roman et il est ainsi conduit à faire un travail sur lui-même, à se demander comment il aurait agi lui aussi dans telle ou telle situation.

B Une distance

▶ Pour qu'il y ait identification, l'auteur doit s'effacer afin de permettre l'illusion et la projection du lecteur dans le roman comme dans un monde réel.

▶ Or certains auteurs jouent avec ce code : en **intervenant**, **commentant**, **maniant l'ironie**, ils imposent une distance entre le personnage et son lecteur (par exemple Diderot dans *Jacques le fataliste* ou Stendhal dans *La Chartreuse de Parme*).

▶ Certains romans (*Madame Bovary* de Flaubert, *Don Quichotte* de Cervantès) **mettent en garde** contre l'illusion référentielle qui conduit le lecteur à croire à la réalité de ce qu'il lit.

C Contre l'identification

Les auteurs du Nouveau roman (→ FICHE 14), remettent en cause l'ensemble roman-personnage et sa visée réaliste. Dans leur grande entreprise de **déconstruction** du roman, ils refusent le personnage de type balzacien et interdisent ainsi au lecteur l'entrée dans le roman par la porte de l'identification, quitte à le dérouter et à solliciter un autre type de participation.

CONCLURE

Il faut retenir que le lecteur, en lisant, participe de la création du texte ; le texte ne se transforme en univers romanesque que par son lecteur.

Pour analyser le roman : les principaux outils

16

QUIZ p. 43

De quels éléments doit-on tenir compte pour analyser un extrait de roman ?

1 Texte descriptif et texte narratif

▶ Une **description s'effectue dans l'espace**, une **narration dans le temps**. Le tableau ci-dessous rappelle les principales oppositions entre un texte descriptif et un texte narratif.

	Texte descriptif	Texte narratif
Temps verbaux	imparfait, présent de description	passé simple, passé composé, présent de narration
Types de verbes	verbes d'état	verbes d'action
Connecteurs	prépositions de lieu	adverbes de temps
Lexique	adjectifs, lexique sensoriel	verbes, lexique de l'action
Figures de style	figures d'analogie	pas de figure spécifique

▶ On appelle **effet de réel** ou **illusion référentielle** tous les détails qui servent à donner un aspect réel : dates, références ou allusions à des événements historiques, description des mœurs et modes de vie…

▶ Le **portrait** relève du discours descriptif. Il faut être attentif à l'ordre dans lequel les éléments sont décrits. Un portrait peut être : physique et/ou moral ; élogieux ou dépréciatif ; arrêté ou en mouvement ; précis ou imprécis.
Une absence de portrait doit aussi être analysée.

2 Le mode de narration

A Le rythme du récit

▶ Il dépend de la relation entre le **temps du récit** et le **temps de l'histoire**.

▶ Pour le définir, on compare la durée des faits et la durée du récit :
– lorsque la durée des faits est égale à la durée du récit, on parle de **scène** (un dialogue, par exemple) ;
– lorsque la durée du récit est plus longue que celle des faits, on parle de **pause** (une description, par exemple) ;

– quand un fait est passé sous silence, on parle d'**ellipse** ;
– quand le récit est plus court que les faits, on parle de **sommaire**.

B L'ordre de la narration

▶ La linéarité d'un récit (ordre chronologique) peut être perturbée par des **analepses** (ou retours en arrière), plus rarement par des **prolepses** (narration de faits qui ne se sont pas encore déroulés).

▶ Il faut être attentif aux structures d'**emboîtement** (ou enchâssement) qui permettent soit d'insérer un récit dans le récit (par exemple un narrateur donne la parole à un autre narrateur), soit de croiser plusieurs fils narratifs.

3 *Les types de narrateur*

A Le narrateur extérieur au récit

▶ Le récit est à la 3ᵉ personne.

▶ Le narrateur peut rester totalement **invisible** et neutre.

▶ Il peut laisser deviner sa présence par des **commentaires** ou interrompre son récit par des jugements positifs ou négatifs, voire ironiques, sur le personnage ou sur l'action.

B Le narrateur intérieur au récit

▶ Le récit est à la 1ʳᵉ personne.

▶ Le personnage-narrateur est témoin ou personnage principal de l'action.

CONCLURE

Le texte est-il descriptif ? narratif ? Quel est le mode de narration ? Le narrateur fait-il entendre sa voix ? Quelle est la focalisation (→ FICHE 12) ? Telles sont les premières questions que vous devez poser à un extrait de roman.

Le roman et la peinture

17

QUIZ p. 43

Si le roman est un récit d'actions construit autour de personnages, comment les autres arts, et particulièrement la peinture, réalisent-ils le même programme ?

1 *Les genres picturaux*

Ils ont été longtemps répartis suivant une hiérarchie académique.

A La peinture allégorique et la peinture d'histoire

Au sommet de la hiérarchie, la **peinture allégorique** (sujets mythologiques ou religieux) et la **peinture d'histoire** représentent des faits dont le spectateur peut avoir déjà connaissance. Elles ont valeur didactique ou de propagande.

B Le portrait

▶ Le **portrait** représente une personne réelle. Il est réaliste ou idéalisé. Au XVIIe siècle apparaissent les portraits de pouvoir (rois, aristocrates, hommes d'église). Le portrait peut être en pied (personne entière), en buste (jusqu'à la taille), en demi-grandeur (jusqu'aux cuisses). Il peut être individuel ou de groupe.

▶ L'**autoportrait** est la représentation de l'artiste par lui-même. Il se représente d'abord comme un figurant dans les scènes religieuses, puis l'autoportrait devient tableau à part entière.

C Autres genres picturaux

▶ La **peinture de genre** représente des scènes tirées de la vie quotidienne familiale ou populaire.

▶ Les **paysages** représentent un site, naturel ou construit, réel ou imaginaire, avec ou sans personnages. D'abord fond pour les portraits ou les scènes mythologiques ou religieuses, le paysage conquiert son autonomie au XVIe siècle pour acquérir ses lettres de noblesse au XIXe siècle.

▶ Les **natures mortes** représentent des objets naturels ou manufacturés formant une composition. Les **vanités** en sont une variation : les objets représentés symbolisent la fragilité de la vie et la fuite du temps (sablier, tête de mort, bougie, fleur qui se fane…). Elles ont une portée morale.

2 *Raconter et montrer*

Si le portrait, ou image arrêtée, semble être *a priori* du domaine de la peinture, le récit, ou image en mouvement, semble destiné au roman. Cependant chacun d'eux intervient dans le domaine de l'autre.

A La peinture qui raconte

▶ La peinture allégorique et la peinture d'histoire représentent souvent un épisode que le spectateur sait resituer dans son contexte. Pour représenter plusieurs actions, on peut les reproduire les unes à côté des autres (tapisserie de Bayeux) ou utiliser le **diptyque** et le **triptyque** (tableau qui s'articule en deux ou trois parties).

▶ La peinture de genre est soit **statique** (capture d'un instant de la vie quotidienne), soit **dynamique** : une scène dramatisée incite le spectateur à reconstituer une action.

B La littérature qui montre

▶ Pour décrire, la littérature emprunte à la peinture son lexique, ses techniques picturales : ainsi Balzac utilise-t-il le **clair-obscur** pour le portrait du colonel Chabert.

▶ Quand un texte décrit une œuvre d'art, on parle d'***ekphrasis*** : la littérature **fait voir avec des mots** ce que les yeux ne peuvent voir (par exemple la description du bouclier d'Achille dans l'*Iliade*).

3 *Interactions entre tableaux et romans*

Tableaux et romans se font parfois écho.

▶ Les **portraits** de personnages de la cour d'Henri II peints par François Clouet évoquent ceux de *La Princesse de Clèves* de Mme de La Fayette.

▶ *Le Verrou* de Fragonard montre une scène de séduction qui semble sortie des *Liaisons dangereuses* de Laclos.

▶ Hugo semble s'inspirer de la **peinture d'histoire** de Delacroix, *La Liberté guidant le peuple* (1831), pour créer le personnage de Gavroche lors des scènes de barricades des *Misérables* (1862).

CONCLURE

Qu'on en fasse le portrait ou qu'on relate ses actes, le personnage appartient aussi bien à la peinture qu'au roman. Les deux arts s'empruntent l'un à l'autre, aussi gagne-t-on toujours à se demander comment le texte cherche à nous faire voir et s'il emprunte ses techniques à un art visuel.

Quiz express

Vérifiez que vous avez bien retenu les points importants
fiches 11 à 17

18

1 Le personnage de roman

1. Quel que soit le mouvement littéraire, le personnage principal d'un roman :

- ☐ **a.** est toujours un héros
- ☐ **b.** doit toujours se comporter héroïquement

2. Il est présenté au lecteur :

- ☐ **a.** dès l'incipit
- ☐ **b.** le plus tôt possible
- ☐ **c.** au cours d'une action
- ☐ **d.** dans une description

2 L'histoire du roman

1. Le roman pastoral est un genre romanesque :

- ☐ **a.** du XVIIe siècle
- ☐ **b.** du XVIIIe siècle
- ☐ **c.** du XIXe siècle

2. Le roman d'apprentissage est un roman :

- ☐ **a.** dont les personnages appartiennent à la classe ouvrière
- ☐ **b.** dans lequel on suit l'évolution du personnage principal
- ☐ **c.** sur l'éducation des enfants

3 Lire et analyser un roman

1. Dans tout roman, le lecteur :

- ☐ **a.** doit s'identifier au personnage principal
- ☐ **b.** peut s'identifier au personnage principal

2. L'ellipse narrative permet :

- ☐ **a.** de passer sous silence certains faits
- ☐ **b.** de remonter dans le passé
- ☐ **c.** d'insérer une histoire secondaire dans l'histoire principale

4 Le roman et la peinture

On appelle *ekphrasis* :

- ☐ **a.** une technique picturale
- ☐ **b.** une figure de style qui donne à voir une œuvre d'art
- ☐ **c.** une phrase insérée dans un tableau

Corrigés !

Score : ... / 10

1 *Le personnage de roman*

Fiche 12

1. **Réponse a.** La vogue de l'anti-héros montre bien que, pour être le héros d'un roman, le personnage principal n'est pas obligatoirement héroïque. Il n'en reste pas moins le héros du roman, c'est-à-dire celui dont on suit les actions, heureuses ou malheureuses.

2. **Réponses a, b, c et d.** Le romancier présente son héros au moment qui correspond le mieux à ses visées romanesques.

2 *L'histoire du roman*

Fiches 13 et 14

1. **Réponse a.** Le roman pastoral ainsi que le roman héroïque et précieux sont typiques du XVIIe siècle.

2. **Réponse b.** Le roman d'apprentissage permet de suivre le chemin que parcourt un personnage dans son adaptation au monde.

3 *Lire et analyser un roman*

Fiches 15 et 16

1. **Aucune bonne réponse.** On a tendance à penser que l'on doit s'identifier au personnage principal pour apprécier un roman. En fait, il n'existe aucune obligation. Ainsi le Nouveau roman met tout en œuvre pour éviter cette identification.

2. **Réponse a.** C'est l'analepse qui permet de remonter dans le passé. L'enchâssement, lui, permet d'emboîter une histoire dans une autre histoire.

4 *Le roman et la peinture*

Fiche 17

Réponse b. C'est une figure de style. Quand un texte décrit si bien une œuvre d'art (tableau, sculpture) que le lecteur a l'impression de la voir, on parle d'*ekphrasis*.

Le texte théâtral et sa représentation du XVIIe siècle à nos jours

19

QUIZ p. 59

Quels sont les enjeux de cet objet d'étude ?

1 *Que dit le programme ?*

L'objectif est de faire découvrir des œuvres théâtrales qui renouvellent les formes classiques étudiées en seconde, mais aussi de sensibiliser les élèves à l'**art de la mise en scène**, notamment dans sa capacité à **enrichir l'interprétation**. La réalisation scénique déterminant profondément l'écriture des textes dramatiques et permettant d'en faire jouer pleinement les effets, on s'attache à faire percevoir aux élèves les **interactions entre texte et représentation**. Prenant appui sur une programmation locale ou sur des captations, l'étude proprement littéraire du texte théâtral sera étayée par l'**analyse de mises en scène comparées**, et prendra ainsi en compte les données propres de la **dramaturgie**.

■ Extrait du B.O.

2 *Quels grands axes se dégagent ?*

A Un genre double

▶ Jusqu'en classe de seconde vous avez étudié le texte théâtral, peut-être êtes-vous allé au théâtre mais vous n'avez sans doute pas étudié la relation entre le texte et le spectacle qui le donne à voir. C'est sur ce double aspect du genre théâtral, à la fois **texte et représentation**, que l'on vous demande de réfléchir cette année. (→ FICHES 20 ET 24)

▶ Il faudra donc d'abord s'interroger sur les **spécificités** du genre théâtral : la situation est particulière puisque le lecteur cède la place au spectateur. Comment définir alors le théâtre ? (→ FICHE 20)

B Le texte théâtral et la dramaturgie

▶ Quelles sont les conséquences de cette situation particulière sur l'écriture du texte théâtral ? À quelles **contraintes** doit-il obéir ? (→ FICHES 20 ET 25)

▶ Qu'est-ce qu'un texte de théâtre (l'écrit), comment fonctionne-t-il ? Vous devrez aussi vous demander ce qui dans le texte permet de passer à la mise en voix (l'oral, le sonore, le visuel) dans l'espace du théâtre. Il faudra ainsi être toujours attentif, dans vos analyses, à la **dimension scénique** du texte. (→ FICHES 20, 24 ET 25)

C Le rôle du metteur en scène

▶ Assister à une pièce, c'est voir le travail de l'auteur, du metteur en scène et des acteurs ; quand vous lisez le texte théâtral, vous n'avez pas tous ces intermédiaires. On doit donc se demander **ce qu'apporte au texte le travail du metteur en scène et des acteurs**. (→ FICHE 24)

▶ Vous devrez vous poser deux grands types de questions :
– matériellement, quel est le **travail du metteur en scène** (direction d'acteurs, choix esthétiques...), et quelle est la conséquence de ces choix sur le **sens de la pièce** ? (→ FICHE 24)
– de manière plus générale, quelle part de liberté a-t-il par rapport au texte ? Jusqu'où peut-il infléchir le sens d'une pièce ? Est-il finalement un **créateur** à part entière ou un simple **adaptateur** ? (→ FICHE 24) Pour répondre à ces questions, il est utile de comparer différentes mises en scène d'un même texte.

D L'évolution du genre théâtral

▶ Au-delà des bouleversements qui marquent son histoire, le théâtre, depuis l'Antiquité (→ FICHE 21) jusqu'aux périodes classiques (→ FICHE 22) et contemporaines (→ FICHE 23), est fondé sur des invariants.

▶ La relation entre texte et représentation est différente suivant les **époques**, les **genres** et les **registres**. En effet, certaines périodes de l'histoire littéraire, certains genres, et les registres qui leur sont associés, privilégient le texte sur la représentation, ou l'inverse : le rapport (le jeu, la distance) entre le texte et sa mise en scène n'est pas toujours pensé de la même manière. Toute étude historique de l'évolution du genre doit donc prendre en compte cette dimension. (→ FICHES 21, 22, 23 ET 25)

CONCLURE

Allez au théâtre, faites-vous critiques : comparez, discutez les différentes mises en scène ; constituez-vous une culture personnelle et vivante.

Le théâtre, un genre particulier

20

QUIZ p. 59

Le texte théâtral est un genre littéraire particulier : c'est un texte écrit pour être joué et vu par un spectateur dans l'espace du théâtre. Qu'est-ce que cela implique ?

1 Trois spécificités

A Une action représentée

▶ Pour Aristote le théâtre est une « **mimésis** » : l'action représentée sur scène. n'est pas réelle mais elle mime le réel.

> La tragédie est l'imitation (*mimèsis*) d'une action de caractère élevé et complète, d'une certaine étendue, dans un langage relevé d'assaisonnements d'une espèce particulière suivant les diverses parties, imitation qui est faite par des personnages en action et non au moyen d'un récit, et qui, suscitant pitié et crainte, opère la purgation (*catharsis*) propre à pareilles émotions.
>
> ■ Aristote, *Poétique*, vers 335 av. J.-C.

▶ Contrairement au roman, l'action n'est pas racontée, il n'y a donc pas de narrateur. Tout passe par le **dialogue** et les éléments de la représentation (gestes, voix, déplacements…).

B Les conventions théâtrales

▶ Comme toute œuvre littéraire, le théâtre nous ouvre un monde de fiction ; mais l'**illusion** y est plus présente qu'ailleurs : comment ne pas savoir que le château que je vois sur scène n'est qu'un un décor peint !

▶ Aller voir une pièce de théâtre, c'est donc accepter par convention de croire vrai ce que l'on sait faux.

▶ On dit qu'il y a une **barrière symbolique** qui sépare d'un côté la scène et la représentation qui s'y déroule, de l'autre côté la salle et les spectateurs dans la pénombre.

C La double énonciation

▶ Une **situation d'énonciation singulière** : sur la scène, des personnages se parlent (**premier niveau** d'énonciation), mais c'est un jeu dont le véritable destinataire est le spectateur (**second niveau** d'énonciation).

▶ Le spectateur **en sait donc plus** que les personnages : il assiste à toute l'intrigue, alors que les personnages ne sont pas censés savoir ce qui se passe quand ils sont absents de la scène.

▶ La double énonciation joue sur la **complicité** entre personnages et spectateurs. Elle peut être exploitée de différentes manières et peut donner lieu à une **tension tragique** (Racine, *Britannicus*, 1669) ou à un **effet comique** (Molière, *Tartuffe*, 1664).

2 Texte et représentation

A Les didascalies

On en trouve deux sortes :

▶ Les **didascalies externes** sont les instructions que le dramaturge destine au metteur en scène et aux acteurs, pour indiquer les tours de parole, les gestes et le ton. Les décors et accessoires peuvent être mentionnés au début d'un acte, d'une scène ou au cours même d'une scène.

▶ Les **didascalies internes** appartiennent au dialogue lui-même. Elles peuvent donner des indications sur un **accessoire** : « Prends un siège » (Corneille, *Cinna*, 1639) ; une **attitude** ou un **mouvement** : « Montre-moi tes mains » (Molière, *L'Avare*, 1668).

▶ Quasi inexistantes dans la tragédie classique du XVIIe siècle, les didascalies externes prennent de plus en plus d'importance du XIXe au XXe siècle.

B Une relation complexe entre texte et représentation

▶ Certaines pièces **n'ont pas été écrites en fonction des contraintes de la scène** (Musset, *Un spectacle dans un fauteuil*, 1832-34). Trop complexes pour les moyens techniques de l'époque, elles sont cependant jouées sans problème de nos jours.

▶ Certaines pièces n'ont d'autre texte qu'une sorte de canevas à partir duquel les acteurs improvisent, c'est le cas de la ***commedia dell'arte*** (→ FICHE 22).

▶ Il ne faut pas oublier qu'au XVIIe siècle, par exemple, le texte d'une pièce peut être publié bien après sa création.

CONCLURE

Le théâtre est un genre double. Pour étudier un texte de théâtre, il faut tenir compte des éléments de sa représentation.

Le théâtre et l'Antiquité gréco-romaine

21

? QUIZ p. 59

FRANÇAIS

Le théâtre trouve ses racines dans l'Antiquité gréco-romaine.

1 Les origines du théâtre

A Une origine religieuse

▶ Le théâtre naît en Grèce de la célébration du culte du dieu Dionysos, au cours de laquelle le **dithyrambe (chants et danses) accompagne** le sacrifice d'un bouc.

▶ Du dithyrambe originel, le théâtre grec conserve une structure qui alterne chants et paroles. Il comporte **deux lieux** : au fond, la scène réservée aux personnages et, devant, l'orchestre pour le chœur.

B La représentation dans l'Antiquité grecque

▶ Au Vᵉ siècle av. J.-C., la cité organise des **concours** entre dramaturges qui doivent présenter chacun trois tragédies et un drame. Les **archontes**, hauts magistrats, choisissent les auteurs qui vont concourir ; les **chorèges**, riches citoyens, sont désignés pour prendre en charge les frais.

▶ Les premières pièces n'ont qu'un seul acteur :

> Eschyle porta d'un à deux le nombre des acteurs, diminua l'importance du chœur et donna le premier rôle au dialogue ; Sophocle porta le nombre des acteurs à trois et fit peindre la scène.
>
> ■ Aristote, *Poétique*, vers 335 av. J.-C.

▶ Le théâtre est en plein air. Les **acteurs** sont **grandis** par des perruques et des cothurnes (hauts souliers), ils portent des **masques**. Les **décors** sont **quasi inexistants**.

▶ Le **chœur** ne participe pas à l'action, mais dialogue avec les personnages.

C Éléments de dramaturgie

▶ **La tragédie**. Au IVᵉ siècle av. J.-C., Aristote en rassemble les principes dans sa *Poétique* et en énonce la visée : la **catharsis**. C'est une **purgation des passions** rendue possible par les sentiments de terreur et de pitié que le spectateur doit ressentir à la vue des malheurs dans lesquels sombrent les personnages.

– Elle est composée d'un prologue, de l'arrivée du chœur (*parodos*), de deux à cinq épisodes (entrecoupés par les chants du chœur), et de la sortie du chœur (*exodos*)
– En général, les sujets sont pris dans les épopées qui fondent la culture grecque, à l'exception d'une pièce d'Eschyle, *les Perses*, qui traite d'un épisode historique.

▶ **La comédie**. Aristote la définit ainsi :

> [Elle est] une **imitation d'hommes sans grande vertu**, non qu'elle traite de vice dans sa totalité, puisque le comique n'est qu'une partie du **laid**. Le comique tient en effet à un **défaut** et à une laideur qui n'entraînent ni douleur ni dommage.

2 Dramaturges grecs et latins

A La tragédie et la comédie grecques

▶ Trois grands auteurs tragiques nous sont connus.

- **Eschyle** (vers 525-vers 456 av. J.-C.) : *Les Perses* ; trilogie de *l'Orestie (Agamemnon, Les Choéphores, Les Euménides)*.
- **Sophocle** (vers 497-405 av. J.-C.) : *Antigone, Les Trachiniennes, Ajax, Œdipe roi, Philoctète, Électre, Œdipe à Colonne*.
- **Euripide** (484-406 av. J.-C.) : *Médée, Hippolyte, Électre, Les Troyennes*.

▶ Deux auteurs comiques à retenir. **Aristophane** écrit des comédies polémiques (*L'Assemblée des femmes*) et fantaisistes (*Les Grenouilles*). **Ménandre** écrit des comédies d'intrigue avec quiproquos et reconnaissances soudaines.

B La tragédie et la comédie latines

▶ Un auteur tragique. **Sénèque** (4 av. J.-C.-65 apr. J.-C.) réinvente la tragédie grecque avec des pièces comme *Agamemnon*, *Hercule furieux*, *Les Phéniciennes*, *Les Troyennes*, *Médée*, *Œdipe*, *Phèdre*.

▶ Deux auteurs comiques. **Plaute** (vers 254-184 av. J.-C.), s'attache à ridiculiser un caractère : le mari trompé (*Amphitryon*), l'avare (*L'Aululaire*). **Térence** (vers 190-159 av. J.-C.) écrit des comédies de mœurs plus moralisatrices : *Les Adelphes*, *L'Eunuque*.

CONCLURE

Nous sommes doublement tributaires du théâtre de l'Antiquité. Les principes énoncés dans la Poétique d'Aristote ont modelé le théâtre du XVIIe siècle. Leurs sujets inspirent jusqu'aux dramaturges d'aujourd'hui.

Les formes théâtrales aux XVIIe et XVIIIe siècles

22

QUIZ p. 59

Le XVIIe siècle est le grand siècle du théâtre. Au XVIIIe siècle, la tragédie s'épuise au profit d'autres formes.

1 *Le théâtre au XVIIe siècle*

A La tragédie classique

▶ Son action se déroule dans l'Antiquité ou à l'époque biblique. Les personnages, de haut rang, sont pris entre des passions contraires. Les pièces, composées de cinq actes, sont écrites en vers.

▶ Corneille et Racine en sont les deux grands représentants. Pour **Corneille**, la tragédie doit traiter d'« une action illustre, extraordinaire… » et montrer « quelque passion plus noble et plus mâle que l'amour ». **Racine** met en scène des personnages « ni tout à fait coupable[s], ni tout à fait innocent[s] », en proie à des passions qui les déchirent.

▶ Le respect de la **règle des trois unités** (pas plus de 24 h, un seul lieu, une seule action) est le critère de réussite d'une tragédie. La **bienséance** interdit de représenter sur scène toute action violente. La **vraisemblance** est essentielle : rien ne doit détourner l'attention du spectateur pour que la **catharsis** puisse s'effectuer. (→ FICHE 21)

▶ La tragédie accorde plus d'attention à la **déclamation** des acteurs qu'aux jeux de scène ou aux décors.

B La tragi-comédie

Elle présente un **dénouement heureux**, comme dans *Le Cid* de Corneille.

C La comédie

▶ Son action se déroule à une époque, dans des lieux proches du spectateur. Les personnages appartiennent à la bourgeoisie ou à la petite noblesse. La **relation maître-valet** est souvent centrale. La comédie est en prose ou en vers, en cinq ou en trois actes, voire un seul acte. Pour **Molière**, qui en est le grand représentant. son but est « de corriger les vices des hommes » (Préface du *Tartuffe*, 1664).

▶ Si la **farce** que Molière continue de pratiquer est uniquement comique, ses « grandes comédies » mêlent comique et tragique. Ainsi *Dom Juan*, pièce complexe au carrefour du baroque et du classicisme, comporte des scènes de farce, de comédie, mais aussi de tragédie.

▶ La comédie est **visuelle** : comique de gestes, déguisements, **quiproquos** en sont la marque. Les changements de lieux sont permis et impliquent des changements de décors. La diction est souvent naturelle.

D La comédie-ballet et la comédie-machine

Ce sont des spectacles à part entière : le vraisemblable n'est plus la norme ; au contraire, musique, danse, effets scéniques l'emportent.

2 Le théâtre au XVIIIe siècle

A Comédie et *commedia dell'arte*

▶ La comédie du XVIIe siècle est renouvelée par des dramaturges comme **Marivaux** (1688-1763) et **Beaumarchais** (1732-1799). Leur propos n'est plus la critique des mœurs et des caractères ; il s'agit de montrer les changements de valeur et les interrogations d'une société en pleine transformation.

▶ La ***commedia dell'arte***. Née en Italie au XVIe siècle, elle remporte un vif succès au XVIIe et au XVIIIe siècle et influence le théâtre de Marivaux par exemple. Le jeu de scène l'emporte sur le texte réduit à un canevas, support de l'**improvisation** des acteurs.

B Le drame bourgeois

▶ Il donne à voir des **scènes proches du quotidien** de la moyenne et grande bourgeoisie : sa visée est l'édification, le registre est pathétique, voire didactique.

▶ **Diderot** le fonde théoriquement. Dans son *Paradoxe sur le comédien* (1773-1777), il définit le jeu du comédien en insistant sur l'importance du corps, des **pantomimes** et d'un langage naturel.

CONCLURE

Le XVIIe siècle installe pour longtemps les règles de la dramaturgie, mais la fonction de metteur en scène n'existe pas encore. Le XVIIIe siècle réfléchit et débat sur le jeu des acteurs et sur la relation entre texte et représentation.

Les formes théâtrales du XIXe siècle à nos jours

23

QUIZ p. 59

FRANÇAIS

Le renouveau des formes théâtrales accompagne une nouvelle conception de la mise en scène.

1 Le théâtre au XIXe siècle

A Le drame romantique

▶ Le drame romantique **refuse la règle des trois unités** ; seule est conservée l'unité d'action. Les lieux sont nombreux. L'allongement du temps de la fiction permet au personnage d'évoluer au cours de l'action.

▶ L'action se déroule sur un fond **historique** ; les didascalies sont détaillées, les décors sont riches, par souci de la « couleur locale ».

▶ Le principe esthétique est le **mélange** et le **multiple**. Le comique succède au tragique et au dramatique dans une même pièce. Le grotesque est le mélange du style haut et du style bas. On développe le goût des **antithèses**.

INFO En 1830, la création d'*Hernani*, drame de Hugo, donne lieu à une « bataille » entre tenants du classicisme et jeunes romantiques. Elle est considérée comme l'acte de naissance du mouvement romantique.

B Le théâtre naturaliste

▶ Moins connu mais important parce qu'il nourrit la réflexion sur le théâtre, il s'inscrit dans le mouvement **naturaliste** de la fin du XIXe siècle. (→ FICHE 8)

▶ Le metteur en scène Antoine cherche à montrer la vie telle qu'elle est : la diction est naturelle, les éléments du réel s'invitent sur la scène. Il fait scandale parce que, dans une de ses pièces, *Les Bouchers* (1888), il fait accrocher de vraies carcasses animales sur scène.

C Le vaudeville

▶ À l'origine chanson satirique, puis petite comédie entrecoupée de chansons, le vaudeville s'épanouit au XIXe siècle. C'est une comédie légère pleine de rebondissements.

▶ L'action repose sur le **quiproquo** et le **comique de situation**. Feydeau (1862-1921) et Labiche (1815-1888) en sont les représentants.

2 Le théâtre au XXe siècle

A Le théâtre de l'absurde

▶ Il met en scène l'absurdité de la condition humaine, l'absence ou l'impossibilité de la communication. L'action est insignifiante, les personnages sont peu nombreux, les décors presque inexistants ou à valeur symbolique.

▶ Ce **théâtre de dérision** révèle nos incohérences et nos contradictions ; il associe comique et tragique et donne à voir un monde privé de sens.

▶ Ses principaux représentants sont **Ionesco** (*La Cantatrice chauve*) et **Beckett** (*En attendant Godot*).

B Un théâtre expérimental

▶ Le théâtre de la seconde moitié du XXe siècle multiplie les expériences : acteurs dans la salle, spectateurs sur la scène ; exhibition du faux, des rouages des machineries, jeux avec l'envers du décor…

▶ Les réflexions d'**Artaud** dans *Le Théâtre et son double* (1938) influencent durablement le théâtre, le Living Theater, par exemple, qui travaille sur le geste, le visuel, le sacré ; la parole (donc le texte) n'est plus privilégiée mais devient un mode d'expression comme un autre.

C Le renouveau de la tragédie

Des auteurs comme **Giraudoux** (1882-1944) et **Anouilh** (1910-1987) revisitent les grandes tragédies antiques, montrant ainsi qu'à travers les temps ce sont toujours les mêmes questions que se posent les hommes.

D Le théâtre contemporain

▶ Il continue de s'interroger sur le langage, de **remettre en question les codes** du théâtre (Vinaver, Koltès, Novarina, Dario Fo par exemple). Mais il revisite aussi les pièces du répertoire classique.

▶ Des vidéos, des images peuvent être projetées sur scène, faisant intervenir ainsi **différents niveaux de fiction**.

CONCLURE

À la fin du XIXe siècle, avec Antoine, on commence à parler de « metteur en scène », nouvelle fonction qui prend tout son sens au XXe siècle quand le théâtre se fait lieu d'expérimentation et interroge son rapport au texte.

Réflexions sur la mise en scène

24

QUIZ p. 59

La représentation est-elle un prolongement naturel du texte ou une recréation ?

1 Trois conceptions de la mise en scène

A Un lecteur

▶ Le metteur en scène est **au service du texte.**

> Pour aborder un chef-d'œuvre, pour répondre à sa sollicitation, pour l'entendre, il n'est qu'une attitude : la soumission.
>
> ■ Louis Jouvet, *Témoignages sur le théâtre*, 1952.

▶ Des metteurs en scène du XXe siècle comme Copeau, Pitoëff, Dullin, Jouvet, Barrault, Vilar prônent le respect total du texte : leur travail consiste alors à **révéler au mieux sa vérité**.

B Un interprète

▶ Le metteur en scène peut vouloir donner sa propre interprétation d'un texte tout en lui restant fidèle.

▶ Prenons l'exemple de *Dom Juan* de Molière. Cette pièce complexe appelle de multiples interprétations : le héros n'est-il qu'un personnage cynique qui se joue des femmes ? Est-il un libertin humaniste ? Qui gagne : lui ou les valeurs de la société ? Le texte ne donne pas de réponse

▶ C'est au **spectateur** de **jouer avec les différentes propositions** de mise en scène d'un même ouvrage, et de les comparer.

C Un créateur

▶ Le texte est une matière comme une autre, il est **désacralisé**. Le metteur en scène s'autorise à le remanier, transformer, couper… pour en faire un des éléments de sa propre création, au même titre que la lumière, les décors, les acteurs. L'**auteur** du texte passe **à l'arrière-plan**. Craig (1872-1966) adopte cette position radicale, il s'affirme comme « régisseur » au sens où c'est lui qui doit tout diriger, tout régir.

▶ Dans les années 1960, le théâtre s'inspire des déclarations d'**Artaud** : « Pour moi nul n'a droit de se dire auteur, c'est-à-dire créateur, que celui à qui revient le maniement direct de la scène. »

Le metteur en scène relègue le texte dans les accessoires du passé et s'engage dans un **théâtre du corps**, du geste.

2 Renouveler le sens d'un texte, quelques exemples

A La redécouverte

On a longtemps réduit **Marivaux** au marivaudage, « propos d'une galanterie délicate et recherchée » (*Petit Robert*). Or, c'est maintenant un lieu commun des mises en scènes que d'ignorer cette étiquette pour montrer que, derrière le jeu subtil des sentiments et de la langue policée du XVIIIe siècle, se cache une analyse pointue de la cruauté des rapports humains et des relations sociales.

B La transposition

Ariane Mnouchkine, sans changer un mot du texte, transpose *Tartuffe* dans un contexte nord-africain, dénonçant alors tous les intégrismes et les faux dévots quelle que soit leur religion (représentation à la Cartoucherie en 1995).

C La réécriture

▶ *Électre* de Giraudoux (1937) et *Antigone* d'Anouilh (1944) sont des reprises, des réécritures de grandes tragédies grecques. L'histoire est connue du lecteur-spectateur, il n'y a pas d'effet de nouveauté quant à la trame narrative ; l'intérêt est donc ailleurs.

CITATION « L'*Antigone* de Sophocle, lue et relue, et que je connaissais par cœur depuis toujours, a été un choc soudain pour moi pendant la guerre, le jour des petites affiches rouges. Je l'ai réécrite à ma façon, avec la résonance de la tragédie que nous étions alors en train de vivre ». Anouilh, 1946

▶ Le **mythe** est **actualisé** et **revitalisé** par sa confrontation avec une autre époque et un autre mode de pensée. Il pose la question du tragique pour le monde occidental de la première moitié du XXe siècle.

CONCLURE

Le travail du metteur en scène est avant tout de sortir les virtualités du texte et de les exposer au public. Quand vous étudiez une pièce, mettez-vous en situation : quelle mise en scène feriez-vous ? Vous verrez alors que vous êtes face à des choix qui ont des conséquences sur le sens et la réception de la pièce.

Pour analyser le texte théâtral : les principaux outils

25

? QUIZ p. 59

Du texte à la scène : les éléments constitutifs du texte théâtral.

1 Le texte théâtral

A Le dialogue

▶ On appelle **répliques** les prises de paroles des personnages. Leur longueur est variable.

▶ Dans le **monologue**, un personnage seul sur scène prend la parole. Le destinataire est le public. Le monologue peut avoir :
– une **fonction délibérative** : analyse d'une situation, exposition d'une difficulté devant une prise de décision ;
– ou une fonction **épique** : récit d'événements que le spectateur ne voit pas sur scène ;
– ou une fonction **lyrique** : expression des sentiments.
Les fonctions délibérative et lyrique se rejoignent pour exprimer le **dilemme**.

▶ L'**aparté** est une réplique qu'un personnage prononce à l'insu des autres personnages ; en général, il est court et sert le comique. La **tirade** est une longue réplique. La **stichomythie** est une succession de répliques rapides et vives, en principe d'un vers. On étend le terme à tout échange de répliques brèves.

B La structure d'une pièce

Une pièce de théâtre est généralement composée de cinq actes, mais leur nombre est variable selon le genre ou l'époque.

Exposition	Elle est ce par quoi la pièce débute. Elle doit donner les informations nécessaires à la compréhension du spectateur : quand ? où ? qui ? quoi ?
Obstacle	Il est ce par quoi l'action arrive.
Nœud	Il correspond au moment où l'intrigue semble inextricablement emmêlée
Dénouement	Il correspond à la fin de la pièce. Tous les conflits doivent être résolus. On parle de *deus ex machina* quand le dénouement ne semble pas naturel mais est provoqué par une intervention extérieure.

2 La scène

A Un texte incarné

▶ Le passage du texte à la scène crée un **monde tangible**. Il n'est pas anodin : le choix d'une couleur, d'une lumière construit le sens et a une **valeur symbolique**.

▶ Les vêtements informent sur le statut social, sur le caractère de celui qui les porte. Que Phèdre porte une robe rouge passion, ou qu'elle soit voilée de noir en dit long sur l'**interprétation** du metteur en scène.

▶ Que l'acteur incarnant Tartuffe soit « gros et gras, le teint frais et la bouche vermeille » comme le présente Dorine, ou un acteur au physique ascétique change le sens du personnage, voire de la pièce.

B Des choix de mise en scène

▶ Le décor (et les costumes) peut être en **concordance avec** le **temps** et le **lieu** de l'intrigue On peut aussi jouer le **décalage** : choisir des costumes d'aujourd'hui pour une pièce du XVIIe siècle permet de l'actualiser. (→ FICHE 24)

▶ Pour une même pièce, les décors peuvent être chargés ou sobres. On cherche à mimer le réel, à installer la pièce dans un univers réaliste pour faire marcher l'illusion. Ou, inversement, on vide la scène d'accessoires jugés inutiles : le théâtre du XXe siècle aime les décors épurés suggérant le sens.

C L'espace théâtral

▶ Il y a trois types d'espace : l'espace référentiel, lieu de l'action ; l'espace scénique, la scène proprement dite où jouent les acteurs ; le « hors-scène », lieu d'origine ou de destination des personnages.

▶ L'occupation de l'espace scénique par les personnages peut renforcer le schéma actantiel (→ FICHE 12) et **expliciter leur fonction** : ils peuvent être au centre de la scène, par groupes d'opposants, au second plan du plateau…

CONCLURE

Pour bien analyser un texte théâtral, il faut étudier le dialogue. Mais il faut aussi être attentif à la mise en scène que suggère le texte.

Quiz express 26

Vérifiez que vous avez bien retenu les points importants fiches 19 à 25

1 Le genre théâtral

1. Complétez avec : *convention, illusion, joue, vrai.*

On appelle .... théâtrale tout ce qui concourt à nous faire croire que ce qui se .... sur la scène de théâtre est .... alors que ce n'est qu'......... .

2. Cochez la ou les bonnes réponses.

Le spectateur en sait :

- ☐ **a.** plus que les personnages
- ☐ **b.** autant qu'eux
- ☐ **c.** moins qu'eux

2 Le théâtre romantique

Le drame romantique :

- ☐ **a.** s'oppose point par point au théâtre classique
- ☐ **b.** annonce le théâtre de l'absurde
- ☐ **c.** prend ses sources dans la tragédie grecque

3 Dramaturges célèbres

	Vrai	Faux
1. Anouilh est un dramaturge du XVIIIe siècle.	☐	☐
2. Corneille est un dramaturge du XVIIe siècle.	☐	☐
3. Labiche est un dramaturge du XXe siècle.	☐	☐

4 Texte et représentation

La mise en scène :

- ☐ **a.** est indispensable au texte de théâtre
- ☐ **b.** en révèle la vérité
- ☐ **c.** en propose une nouvelle interprétation

5 Un procédé théâtral

Une stichomythie est :

- ☐ **a.** une longue tirade
- ☐ **b.** une réplique que seuls les spectateurs sont censés entendre
- ☐ **c.** un échange de répliques très brèves
- ☐ **d.** un type de décor

Corrigés

Score : ... / 10

1 Le genre théâtral

Fiche 20

1. On appelle convention théâtrale tout ce qui concourt à nous faire croire que ce qui se joue sur la scène de théâtre est vrai alors que ce n'est qu'illusion.

2. **Réponse a.** Le spectateur en sait plus que les personnages puisque, contrairement à eux, il assiste à toute l'action.

2 Le théâtre romantique

Fiches 21, 22 et 23

Aucune réponse n'est totalement juste. Rien dans le drame romantique n'annonce le théâtre de l'absurde. Comme tout le théâtre occidental, le théâtre romantique est tributaire du théâtre grec, mais beaucoup moins que le théâtre classique. Il s'oppose violemment à ce dernier sur la question des règles, mais conserve néanmoins l'unité d'action.

3 Dramaturges célèbres

Fiches 22 et 23

1. **Faux.** Anouilh est un auteur du XXe siècle.

2. **Vrai.** Corneille est un dramaturge du XVIIe siècle. Il est connu pour ses tragédies, pour ses tragicomédies (*Le Cid*) et ses comédies (*L'Illusion comique*).

3. **Faux.** Labiche est un dramaturge du XIXe siècle, auteur de nombreux vaudevilles.

4 Texte et représentation

Fiche 24

Réponses a, b et c. La représentation est indispensable au texte de théâtre qui est écrit (à de rares exceptions près) pour être vu plus que pour être lu. Les metteurs en scène peuvent vouloir révéler la vérité du texte et/ou mettre en avant leur interprétation.

5 Un procédé théâtral

Fiche 25

Réponse c. On appelle stichomythie un échange de répliques très brèves. La tirade est, au contraire, une longue réplique. L'aparté est une réplique destinée à être entendue par les seuls spectateurs.

Écriture poétique et quête du sens du Moyen Âge à nos jours

27

QUIZ p. 75

FRANÇAIS

Quels sont les enjeux de cet objet d'étude ?

1 *Que dit le programme ?*

L'objectif est d'approfondir [...] la relation qui lie, en poésie, le travail de l'écriture à une manière singulière d'interroger le monde et de construire le sens, dans un usage de la langue **réinventé**. On fait ainsi appréhender un trait essentiel de la littérature comme « **art du langage** », faisant appel à l'**imagination** et à la **matérialité sensible** de la langue. Sans négliger l'émotion qui peut s'exprimer et se communiquer à travers les textes poétiques, on s'attache également à contextualiser la lecture de la poésie, en donnant aux élèves des éléments de son **histoire**, dans ses continuités, ses évolutions et ses ruptures, et en leur faisant approcher les mouvements esthétiques et culturels avec lesquels elle entre en résonance.

■ Extraits du B.O.

2 *Quels grands axes se dégagent ?*

B L'alliance de la forme et du sens

▶ Définir la poésie n'est pas chose facile. On se contente souvent de vagues définitions : ce serait le domaine de l'imagination, le sentiment, les fleurs… pour finir par dire, ah la poésie, on ne peut pas la définir, c'est personnel !

▶ Pour éviter les banalités, il faut établir au préalable que la poésie est un **travail sur les mots, sur le langage**. Est poète celui qui réinvente la langue (→ FICHE 28).

▶ Il est toujours nécessaire de lier analyse du sens et analyse de la forme, mais en poésie plus qu'ailleurs. Vous devez donc maîtriser les principes de la **versification** (→ FICHE 32) et savoir en reconnaître l'intérêt dans les poèmes que vous aurez à étudier.

B La quête du sens

▶ La poésie ne consiste pas seulement à respecter des règles de la versification, sinon comment expliquer le poème en prose ? Alors, à quoi est-elle due ?

▶ En inventant une langue, la **poésie invente un monde**. Elle nous le donne à voir autrement. Elle le révèle et nous invite à le déchiffrer (→ FICHE 29). Elle est création à part entière (→ FICHE 33).

▶ Le poète est souvent pensé comme un être à part, qui a accès à une autre vérité que celle donnée par la linéarité de la prose ou par notre langue de tous les jours. Cela incite à vous interroger sur la **fonction du poète**, et sur ses différentes manières d'être au monde (→ FICHE 29).

C La poésie et son époque

▶ Comme tout art, ou comme toute expression, la poésie appartient à une époque. On peut alors s'intéresser à l'**histoire de la poésie**. Comment la poésie évolue-t-elle dans ses formes et dans le traitement de ses thèmes du Moyen Âge à nos jours ? Qu'invente-t-elle de nouveau, mais aussi que reprend-elle du passé et comment le retravaille-t-elle ? (→ FICHES 30 ET 31)

▶ Certains courants d'idées et mouvements littéraires privilégient la poésie comme moyen d'expression. Il faut donc bien connaître ces mouvements (→ FICHE 7). La **Renaissance** et l'**humanisme**, le **romantisme**, le **baroque**, le **surréalisme**, par exemple, sont des mouvements qui touchent particulièrement la poésie.

▶ Il est toujours intéressant de comparer les différentes formes d'art d'une même époque. Comment s'exprime par exemple le baroque en poésie, en architecture ou en sculpture ? (→ FICHE 33)

CONCLURE

Lire de la poésie pour le plaisir n'empêche pas de l'explorer et de l'analyser. La poésie peut être conçue comme une forme condensée dont l'analyse permettra de déployer le sens.

Écriture poétique et travail sur la langue

28

QUIZ p. 75

Quel est le matériau premier de la poésie ?

1 Spécificité du travail poétique sur le langage

A L'usage courant de la langue

▶ Un mot a une face matérielle, le **signifiant** (ensemble de sons et de lettres), et une face immatérielle qui est dotée d'un sens : le **signifié.**

▶ Signifié et signifiant sont indissociables l'un de l'autre et renvoient à un objet du monde (le **référent**), qu'il soit concret (*la table*) ou abstrait (*le bien*).

▶ Une table est un objet concret, que je peux toucher ; que je le nomme « table » ou « tavola » (en italien) ne change pas son existence. On dit que le signe est **arbitraire** ou **immotivé** : il n'y a pas de lien direct entre lui et l'objet désigné.

B L'usage poétique de la langue

▶ Mallarmé (→ FICHE 31) regrette que les mots de la langue soient si mal assortis à leur référent. Il considère, par exemple, que les **sonorités** des mots « jour » et « nuit » ne correspondent pas à la réalité qu'ils désignent : alors que le mot « nuit » a un timbre clair, le mot « jour » a un timbre sombre.

▶ Selon lui, c'est à la poésie de « **rémunérer le défaut des langues** », c'est-à-dire de chercher à ce que les mots soient plus près des choses, deviennent les choses mêmes. Dans l'usage poétique de la langue, le poète cherche à faire correspondre forme et sens, à **remotiver les mots.**

C Un exemple

> Le poète, vois-tu, est comme un ver de terre
> il laboure les mots, qui sont comme un grand champ
> où les hommes récoltent les denrées langagières ;
> mais la terre s'épuise à l'effort incessant !
> sans le poète lombric et l'air qu'il lui apporte
> le monde étoufferait sous les paroles mortes.
>
> ■ Jacques Roubaud, *Les Animaux de tout le monde*, 1983.

▶ L'homonymie « vers » et « ver » n'est pas, dans la langue courante, fondée sur une ressemblance de sens. Pourtant, l'**assimilation** du poète à un ver de terre nous frappe. Elle nous fait remarquer que les deux [ver] sont linéaires, se coupent, renaissent et sont formés d'éléments articulés.

▶ Roubaud nous donne une leçon de poésie en la mettant en pratique : la poésie renouvelle les images, elle renouvelle la langue et lui donne du sens et de la vie.

2 *L'apport des contraintes*

On pourrait penser que les contraintes de la versification (→ FICHE 32) brident l'imagination, empêchent le sens de se développer. Or, comme l'écrit Baudelaire à propos du sonnet, « parce que la forme est contraignante, l'idée jaillit plus intense ». On peut, à partir de là, donner quelques caractéristiques essentielles de la poésie et leur effet sur le sens.

▶ L'**intensité**. Les formes sont souvent brèves, l'idée doit se mouler dans le mètre du vers, cela oblige à chercher l'intensité plutôt que la longueur.

▶ Les **rapprochements**. Les mots mis à la rime ont du poids. Ils sont mis en relation, et ce rapprochement peut créer du sens. Ainsi, il n'est pas anodin de mettre à la rime *tyrannique* et *république* (La Fontaine).

▶ Les **mises en relief**. L'alexandrin et sa césure à l'hémistiche peuvent renforcer le poids d'une antithèse : « Ton bras est invaincu mais non pas invincible. » (Corneille)

▶ La **suggestion**. La poésie n'est pas explicative, elle montre, elle suggère. Pour cela, elle se sert d'images. Toutes les figures de l'analogie sont privilégiées : comparaison, métaphore, allégorie, personnification.

▶ La **création d'un monde**. « Manier savamment une langue c'est pratiquer une espèce de *sorcellerie évocatoire*. » Comme l'écrit Baudelaire, le travail sur la langue permet de créer un monde. C'est ce que fait la poésie.

CONCLURE

La langue est la matière première du poète. C'est à partir d'elle qu'il peut créer de nouvelles images, créer un monde.

Écriture poétique et quête du sens

29

? QUIZ p. 75

Dire l'amour, dire la souffrance, combattre, crier, observer... Que dit la poésie ?

1 Le poète et le sacré

A Le lyrisme

▶ À l'origine du **lyrisme** (→ FICHE 7), on trouve la **légende d'Orphée**, poète s'accompagnant de la **lyre** pour charmer, par la beauté de ses chants, les dieux, les hommes, les animaux, la nature même.

▶ Lorsque meurt sa femme Eurydice, il obtient des dieux une faveur accordée à nul autre mortel : descendre aux Enfers, en ramener sa femme, à condition de la précéder sans se retourner. Or il se retourne et sa femme meurt une seconde fois. Revenu chez les hommes, il chante sa douleur.

▶ Cette légende fait d'Orphée l'**emblème du poète.** Il est associé au lyrisme heureux (l'hymne à la nature et à l'amour) et au **lyrisme élégiaque** (la déploration, la douleur du « je » face à la mort, à l'absence).

▶ Elle fait surtout du **poète** un homme qui, **seul parmi les hommes**, accède au **sacré**, à l'**interdit** et en rapporte une **parole autre.**

B La fureur poétique et l'enthousiasme

▶ Le XVIe siècle reprend une conception ancienne pour expliquer l'inspiration et l'imagination du poète : on parle de **fureur poétique** ou d'**enthousiasme.**

▶ Le poète, comme le prophète biblique ou la pythie grecque, est habité d'une parole divine, qui peut emprunter la voie du rêve et de tout ce qui relève du domaine de l'**onirique.**

C Fonction du poète

Cet arrière-fond culturel éclaire les conceptions de Victor Hugo et d'Arthur Rimbaud.

▶ Pour Hugo, le poète est un **prophète** qui détient la vérité et éclaire la nuit des hommes.

CITATION

« Peuples ! écoutez le poète !
Écoutez le rêveur sacré ! »
V. Hugo, 1840

▶ Pour Rimbaud, c'est par un travail sur lui-même, qui le met dans un état hors du commun, que le « poète se fait **voyant** par un long, immense et raisonné *dérèglement de tous les sens.* »

2 Le poète et le monde

A Des thèmes universels

▶ On parle de *topos* (au pluriel, *topoï*) au sens large pour désigner des **thèmes récurrents** dans la littérature. La poésie a ses propres *topoï* : la **rencontre amoureuse**, le **sonnet adressé à une dame**, le **poète conversant avec la mort**, la **fuite du temps**, par exemple.

▶ L'amour est un thème universel qui traverse les époques. Au XVIe siècle, la poésie de Ronsard exploite le *topos* de l'***innamoramento***. Les poèmes de l'*innamoramento* présentent les mêmes étapes : le moment de la rencontre, le souvenir de la rencontre ; et les mêmes caractéristiques : l'amour est soudain, imprévisible, foudroyant et le regard est souvent comparé à une flèche.

ATTENTION ! Chaque auteur a sa propre esthétique. Il faut donc être attentif à reconnaître le *topos* et à en voir la singularité.

B L'engagement dans le monde

▶ Célébrer. La poésie sert l'**éloge** par exemple dans l'**ode** (hymne à la gloire de la nature) ou le blason (qui célèbre une partie du corps féminin).

▶ Combattre. Ronsard et d'Aubigné instaurent un dialogue **polémique** entre deux camps opposés, les catholiques et protestants. La poésie devient violente.

▶ Dénoncer. Le pouvoir d'évocation de la poésie peut être mis au service de la **dénonciation** d'actes barbares : Hugo dans « Souvenir de la nuit du 4 », Éluard dans « La victoire de Guernica ».

▶ Réfléchir. Tout poème dans lequel le poète expose sa conception de la poésie et la met en pratique est appelé un « **art poétique** ».

CONCLURE

Le poète est à la fois hors du monde et dans le monde. En ce sens on peut dire que toute parole poétique est une parole engagée.

La poésie du Moyen Âge au XVIIIe siècle

30

QUIZ p. 75

FRANÇAIS

Au cours de cette période, la poésie connaît renouveau et ruptures.

1 Le Moyen Âge (du XIe au XIIIe siècle)

▶ La poésie est la forme littéraire dominante puisque les premiers romans sont en vers. Les longs poèmes assonancés (→ FICHE 32) sont chantés, les rimes ne sont introduites qu'au XIIIe siècle.

▶ La **chanson de geste** narre les hauts faits guerriers et les amours des chevaliers (*Chanson de Roland*). La **chanson courtoise** s'adresse à une noble dame dont l'amour est inatteignable. La **pastourelle** est un poème dans lequel un aristocrate courtise une jeune bergère.

2 Les XIVe et XVe siècles

▶ La poésie se dégage de la narration et devient plus lyrique, plus personnelle. Les formes fixes comme la **ballade** et le rondeau (→ FICHE 32) sont introduites (Villon, Charles d'Orléans).

> Frères humains qui après nous vivez,
> N'ayez les cœurs contre nous endurcis,
> Car, si pitié de nous pauvres avez,
> Dieu en aura plus tôt de vous mercis.
>
> ■ François Villon, *La Ballade des pendus*, vers 1462.

▶ À la fin du XVe siècle, ceux qu'on appelle les « **grands rhétoriqueurs** » font de la poésie le domaine de la prouesse formelle.

3 Le XVIe siècle

▶ Les auteurs de la **Pléiade** renouvellent la poésie française par l'apport de formes imitées de l'Antiquité (odes, hymnes) et de la renaissance italienne (le **sonnet**). Les poètes retrouvent des formes anciennes comme la **satire**, l'**épigramme** et l'**épître** (Marot, *Petite Épître au roi*).

▶ Les thèmes dominants sont la célébration de la nature, la souffrance amoureuse d'inspiration **pétrarquiste** ou la glorification d'une **femme idéalisée** (Scève, du Bellay, Ronsard).

▶ Le ***carpe diem***, invitation à profiter des plaisirs de la vie, est un thème cher à Ronsard. Du Bellay exprime sa **nostalgie** dans *Les Regrets* et *Les Antiquités de Rome*.

▶ Quelques poètes (Ronsard, Agrippa d'Aubigné) se mobilisent au temps des guerres de religion : ils manient le **poème comme une arme**.

4 Le XVIIe siècle

Le siècle est partagé entre baroque et classicisme (→ FICHE 6).

A Le baroque

▶ Pour dire l'illusion, l'instabilité du monde, les poètes utilisent **antithèses**, **oxymores**, **répétitions** et **métaphores**.

▶ Le versant burlesque du baroque est illustré par Théophile de Viau, Tristan l'Hermite et Saint-Amant. Ils pratiquent une poésie irrévérencieuse qui traite d'**objets du quotidien** ou qui se moque des figures de la mythologie.

B Le classicisme

▶ Le classicisme rompt ouvertement avec le siècle précédent. Boileau, dans son *Art poétique*, prend position pour Villon, Marot et contre Ronsard à qui il reproche d'être tombé dans une pédanterie « grotesque ». Il fixe les **règles à suivre** (régularité du mètre, place des césures et des coupes). Les **sujets** doivent être **nobles**. Le **vers classique** se développe **dans la tragédie**.

▶ La **poésie précieuse** du XVIIe siècle (Voiture, *Sonnet d'Uranie*) est critiquée par Boileau parce qu'elle s'éloigne du « droit sens », elle ne serait que « faux brillant », jeux mondains dénués de sens.

▶ Poète singulier, **La Fontaine** renouvelle les **fables en vers** et pratique une poésie galante (*Adonis*).

5 Le XVIIIe siècle

Le siècle des Lumières, siècle de la raison, délaisse un peu la poésie. On peut néanmoins citer **André Chénier** (*La Jeune Tarentine* et *La Jeune Captive*) considéré par les romantiques comme un de leurs précurseurs.

CONCLURE

La place de la poésie et son évolution vont de pair avec l'évolution de la vie sociale. Elle dépend aussi de la manière dont est pensée la langue française.

La poésie aux XIXe et XXe siècles

31

QUIZ p. 75

Le début du XXe siècle explore et approfondit les pistes ouvertes par le XIXe siècle.

FRANÇAIS

1 Le XIXe siècle

A Le renouveau romantique

▶ **Victor Hugo**, chef de file du romantisme, veut libérer le vers c'est-à-dire casser la monotonie de l'alexandrin en usant du trimètre romantique et des enjambements.

▶ La poésie mêle **lyrisme personnel** et **engagement** dans l'Histoire. Mais après l'échec des révolutions de 1830 et de 1848, certains poètes se replient sur une écriture du « je » et de ses souffrances.

> Faire une perle d'une larme,
> Du poète ici-bas voilà la passion.
>
> ■ Alfred de Musset, *Impromptu*, 1839.

▶ Les poètes reprennent le sonnet, mais aussi des formes plus amples comme l'ode et la ballade. **Aloysius Bertrand** innove avec le **poème en prose**.

B Le Parnasse

Lassés du lyrisme romantique qu'ils jugent débordant, ainsi que du réalisme et du naturalisme, certains poètes (Gautier, Leconte de Lisle, Heredia, Banville, Villiers de l'Isle-Adam) revendiquent une poésie qui cherche le Beau et non l'utile. Ils prônent une poésie impersonnelle. La beauté de la forme l'emporte sur le sens : c'est **l'Art pour l'Art**.

C Le symbolisme

Issu du Parnasse, le symbolisme s'en démarque néanmoins.

▶ Le sens est restauré mais n'est pas donné d'emblée, il est suggéré par des images, le **symbole**, mystère à déchiffrer dont le poète donne les clés ; c'est ce que fait **Baudelaire** dans ***Correspondances***.

▶ **Verlaine** cherche des harmonies musicales inouïes, **Rimbaud** un langage inédit derrière lequel le « je » s'efface pour laisser parler le monde tandis que **Mallarmé** s'engage dans une poésie exigeante, voire hermétique.

2 Le XXᵉ siècle

A Le renouveau poétique

CITATION « [Les poètes sont] les hommes du vrai, en tant qu'il permet de pénétrer dans l'inconnu, si bien que la surprise, l'inattendu, est un des principaux ressorts de la poésie d'aujourd'hui. » G. Apollinaire, 1918

▶ Il est représenté par Guillaume **Apollinaire** et Blaise **Cendrars**. Les poètes gardent les grands thèmes de la poésie lyrique, mais introduisent des éléments de la **modernité** : la ville, la « rue industrielle », le quotidien prosaïque.

▶ Ils recherchent une écriture nouvelle, suppriment toute ponctuation, utilisent le **vers libre**, travaillent les **calligrammes**.

▶ Ils sont fortement influencés par la peinture qui connaît, elle aussi, de grandes évolutions avec les débuts du cubisme.

B Les poètes surréalistes

▶ La poésie est le genre littéraire privilégié du **surréalisme** (→ FICHE 9). Mais elle ne se cantonne pas aux normes du genre ; elle doit être la vie même : « liberté, amour, poésie » ces trois termes définissent l'idéal surréaliste. Toute écriture doit relever de l'**acte poétique** conçu comme un acte révolutionnaire.

▶ Les procédés du **rêve** sont pris comme modèle de l'écriture. L'**amour** et l'**éloge de la femme** sont des thèmes importants pour des écrivains (Éluard, Aragon) qui écrivent aussi une **poésie engagée**.

C Une grande diversité

▶ Valéry et Claudel redonnent un **souffle lyrique** au monde dans de **grandes odes** ou de longs poèmes.

▶ L'**OuLiPo** (Ouvroir de Littérature Potentielle) retrouve la joie de la forme et des **contraintes**.

▶ Les descriptions attentives des **objets du quotidien** offrent une réflexion sur la poésie et le langage (Ponge, Jaccottet, Bonnefoy).

CONCLURE

Le XIXᵉ siècle est très important pour la poésie : les mouvements réagissent les uns aux autres, et en fait se complètent. Il est le ferment de la poésie du XXᵉ siècle.

Pour analyser un poème : éléments de versification

32

QUIZ p. 75

Le poète travaille sur la langue etcertaines contraintes formelles.

1 Les jeux sur les sonorités

▶ L'**allitération** est une répétition de sons consonantiques : « Pour qui sont ces serpents qui sifflent sur vos têtes ? » (Racine, *Andromaque*).

▶ L'**assonance** est une répétition de sons vocaliques : « Les mains des amantes d'antan jonchent ton sol » (Apollinaire, *Alcools*).

▶ Les **rimes** sont **plates** ou suivies (aabb), **embrassées** (abba) ou **croisées** (abab). La rime est dite **pauvre** si un seul phonème est répété, **suffisante** pour deux phonèmes, et **riche** à partir de trois.

2 Les jeux sur le rythme

A La strophe et le vers

▶ On nomme la **strophe** par le nombre de ses vers ; soit de 1 à 10 : monostiche, distique, tercet, quatrain, quintil, sizain, septain, huitain, neuvain, dizain.

▶ Le **vers** est reconnaissable **graphiquement** (retour à la ligne) et **auditivement** par le retour de la rime qui délimite un mètre défini par le nombre de syllabes du vers. Les plus courants sont l'**octosyllabe**, le **décasyllabe** et l'**alexandrin**.

B Le décompte des syllabes

▶ Le [ə] n'est prononcé ni en fin de vers ni devant une voyelle. Il est prononcé (et compté) quand il précède un mot commençant par une consonne ou par un h aspiré ainsi qu'à l'intérieur d'un mot : [muvəmɑ̃].

▶ En fonction du mètre les sons [j], [je], [jœ], [jɛ]… se prononcent en une seule syllabe (**synérèse** -ion-, -ier-…) ou en deux syllabes (**diérèse** -i-on-, -i-er- …).

C Césures et coupes

▶ La césure est la coupe principale du vers. Elle n'est ni fixe ni obligatoire dans les octosyllabes. Elle est obligatoire pour les décasyllabes (4//6 ou 6//4) et pour les alexandrins (6//6, dite césure à l'hémistiche).

▶ Les **coupes** sont des rythmes secondaires. Par exemple ces vers d'Éluard : « Dieux d'argent /qui tenaient //des saphirs /dans leurs mains » (3/3//3/3) forment un tétramètre régulier.

▶ Le **trimètre romantique** refuse la césure à l'hémistiche : « Je suis banni ! /je suis proscrit ! /je suis funeste ! » (Hugo)

D Le vers et la phrase

Il arrive que la syntaxe ne s'assujettisse pas au moule du vers créant un effet de discordance. On distingue trois cas, par exemple dans « L'horloge » de Baudelaire.

▶ L'**enjambement** : la phrase déborde sur deux vers ;

> Les vibrantes Douleurs dans ton cœur plein d'effroi
> Se planteront bientôt comme dans une cible ;

▶ Le **rejet** : partie d'un groupe syntaxique rejeté dans le vers suivant ;

> Trois mille six cents fois par heure, la Seconde
> Chuchote : *Souviens-toi* ! [...]

▶ Le **contre-rejet** : la partie brève est en fin de vers, la suite du groupe syntaxique dans le vers suivant.

> Les minutes, mortel folâtre, sont des gangues
> Qu'il ne faut pas lâcher sans en extraire l'or !

3 *Les formes de poèmes*

A Les formes fixes

▶ Des formes anciennes : la **ballade** (trois strophes et un envoi ou demi-strophe). l'**ode** (poème lyrique) et le **rondeau** (un quintil, un tercet, un quintil), et un refrain au début, au milieu et en fin de poème.

▶ Le **sonnet** : il comprend deux quatrains et deux tercets dont les rimes suivent le schéma abba abba ccd ede (ou eed, ou ccd).

B Les formes dites libres

▶ Le **poème en prose** joue sur les sonorités, les rythmes et les images sans s'astreindre aux contraintes du vers.

▶ Le **verset** est un vers très long qui prend la forme de brefs paragraphes.

▶ Le **vers libre** est libéré de la régularité du mètre, des césures et des coupes. Il remplace souvent les rimes par des assonances.

CONCLURE

Connaître la versification est nécessaire à l'analyse d'un poème.

La poésie et l'histoire des arts

33

QUIZ p. 75

Quelles relations entretiennent la poésie et l'art ?

1 La poésie et les arts visuels

A La poésie, un art du « faire »

Le mot *poésie* vient du verbe grec *poïein* « **faire**, **créer** ». On comprend alors que la poésie est un **art du langage**. Sa matière première, ce sont les mots, comme la couleur pour le peintre ou le marbre pour le sculpteur.

B Le poème comme un tableau...

▶ Le poème, forme souvent brève, peut, **comme un tableau**, et contrairement aux textes longs en prose, être appréhendé d'un seul coup d'œil…

▶ Le poème est **graphique** : le vers s'inscrit dans le blanc de la page, les strophes sont séparées par un blanc typographique.

▶ Certains poètes jouent plus explicitement que d'autres avec cette caractéristique : Apollinaire en explorant le **calligramme** cherche une poésie qui se voit ; Cendrars travaille la **typographie** de ses textes.

▶ Réciproquement, les peintres abstraits de la première moitié du XXe siècle introduisent des **lettres comme motif** dans leurs tableaux. C'est le cas de Picasso et de George Braque, par exemple.

2 L'exemple du baroque

Les caractéristiques de certains courants artistiques sont communes aux arts (peinture, architecture, etc.) et aux genres littéraires. C'est le cas du baroque.

A Architecture et sculpture baroques

▶ **Le Bernin** (1598-1680) et **Borromini** (1599-1667), deux architectes et sculpteurs qui marquent l'art de leur époque ont construit des églises, sculpté fontaines et statues. Leurs fontaines permettent des jeux d'eau et de reflet, et représentent souvent des personnages en pleine **métamorphose**. Leurs statues sont caractérisées par le mouvement et la violence des expressions.

▶ Églises et monuments mêlent les formes arrondies et des lignes verticales.

B Des points communs avec la poésie

▶ Le baroque s'interroge sur le monde, ses incertitudes et le jeu trompeur des apparences.

▶ L'architecture baroque aime les jeux d'échos, de miroir, les perspectives (vraies ou fausses), les mises en abyme, le multiple, comme s'il était à la recherche d'une stabilité introuvable. La **ligne courbe**, les **volutes**, les **jeux d'eaux**, les superpositions et l'alliance des contraires sont sa marque.

▶ La poésie baroque aime le complexe, le **mélange des genres**, fait l'éloge du mensonge, de l'inconstance, s'amuse des métamorphoses, des déguisements et des trompe-l'œil.

▶ Le tableau ci-dessous récapitule certaines de ces caractéristiques.

Architecture	Poésie
Volonté d'impressionner	Hyperboles, mises en scène de la mort, dramatisation, surnaturel, merveilleux
Exhibition de puissance matérielle	Goût du spectacle, démesure
Importance des superpositions décoratives	Richesses des images, des figures de style (tendance à la préciosité)
Goût du singulier et de l'insolite	Métamorphoses, êtres hybrides, déformations, antithèses

CONCLURE

Pour réfléchir à la correspondance entre poésie et art, on peut suivre deux pistes : se demander en quoi la poésie peut être considérée comme un art ; voir comment un courant d'idée s'exprime en poésie ou dans les autres arts.

? Quiz express

34

Vérifiez que vous avez bien retenu les points importants **fiches 27 à 33**

FRANÇAIS

1 Le travail sur la langue

La poésie se définit essentiellement par :

- ☐ **a.** ses thématiques romantiques
- ☐ **b.** l'importance accordée au mot
- ☐ **c.** l'expression d'un « je »

2 Écriture poétique et quête du sens

1. Un *topos* est :

- ☐ **a.** un court exposé destiné à résumer une situation
- ☐ **b.** un poème décrivant un lieu
- ☐ **c.** un lieu commun

2. Un « art poétique » désigne :

- ☐ **a.** une technique d'écriture propre à un poète
- ☐ **b.** un poème dans lequel le poète explique sa conception de la poésie

3 Poètes et courants littéraires

Associez chaque poète au courant littéraire qui lui correspond.

Paul Éluard •	• **A.** Parnasse
Théophile Gautier •	• **B.** romantisme
Victor Hugo •	• **C.** surréalisme
Stéphane Mallarmé •	• **D.** symbolisme

4 Éléments de versification

	Vrai	Faux
1. Le sonnet est un poème de douze vers.	☐	☐
2. Une strophe de dix vers est un quintil.	☐	☐
3. On appelle hémistiche la moitié d'un vers.	☐	☐
4. La césure à l'hémistiche est une coupe secondaire dans un vers.	☐	☐
5. Une assonance est une répétition de sons consonantiques (consonnes).	☐	☐

Corrigés !

Score : ... / 12

1 *Le travail sur la langue*

Fiche 28

Réponse b. S'il est vrai que l'expression du « je » est primordiale et définit la poésie lyrique, c'est l'importance accordée au mot, à sa forme et à son sens qui permet le mieux de définir la poésie.

Attention ! On ne peut parler de « romantique » que pour désigner le mouvement romantique.

2 *Écriture poétique et quête du sens*

Fiche 29

1. **Réponse c.** Un topos est un thème souvent traité par les poètes : la rencontre amoureuse, la fuite du temps, l'angoisse de la mort, la beauté de la nature, la mélancolie de l'automne...

2. **Réponse b.** Un art poétique est un poème dans lequel le poète explique sa conception de la poésie et la met en pratique.

3 *Histoire de la poésie*

Fiches 30 et 31

A. Après avoir, dans sa jeunesse, pris une part active au mouvement romantique, Théophile Gautier (1811-1872) est considéré, pour ses œuvres poétiques de la maturité, comme le chef de file des Parnassiens.

B. Victor Hugo (1802-1885).

C. Paul Éluard (1895-1952) a participé avec Aragon et Breton aux débuts du surréalisme. *Capitale de la douleur* (1926) et *L'Amour la Poésie* (1929) appartiennent à cette période.

D. Stéphane Mallarmé (1842-1898).

4 *Éléments de versification*

Fiche 32

1. **Faux.** Un sonnet, forme fixe, comprend quatorze vers répartis en deux quatrains (2 x 4 vers) et deux tercets (2 x 3 vers).

2. **Faux.** Le quintil est une strophe de cinq vers. Une strophe de dix vers est un dizain.

3. **Vrai.** L'hémistiche désigne la moitié d'un vers (le mot est d'origine grecque : *hémi* signifie « moitié », *stikos* signifie « vers »)

4. **Faux.** La césure est la coupe principale d'un vers. Pour l'alexandrin, on parle de césure à l'hémistiche quand le vers est coupé en son milieu (6/6).

5. **Faux.** Une assonance est une répétition de sons vocaliques (voyelles).

La question de l'homme dans les genres de l'argumentation du XVIe siècle à nos jours

35

QUIZ p. 93

Quels sont les enjeux de cet objet d'étude ?

1 *Que dit le programme ?*

L'objectif est de permettre aux élèves d'accéder à la **réflexion anthropologique** dont sont porteurs les **genres de l'argumentation** afin de les conduire à réfléchir sur leur propre condition. [...] Dans cette perspective, on s'attache à mettre en évidence les liens qui se nouent entre les idées, les formes qui les incarnent et le contexte dans lequel elles naissent. Le fait d'aborder les œuvres et les textes étudiés en s'interrogeant sur la **question de l'homme** ouvre à leur étude des entrées concrètes et permet de prendre en compte des aspects divers, d'ordre politique, social, éthique, religieux, scientifique par exemple, mais aussi de les examiner dans leur dimension proprement littéraire, associant **expression**, **représentation** et **création**.

■ Extrait du B.O.

2 *Quels grands axes se dégagent ?*

A Le texte argumentatif

▶ Il vous faudra étudier des textes argumentatifs, mais aussi en produire et savoir mener une réflexion par vous-même. La première des choses est donc de comprendre quelles sont les **bases** d'un texte argumentatif (→ FICHE 36).

▶ Argumenter, c'est chercher à agir sur l'autre pour emporter son adhésion. Deux voies s'ouvrent : **convaincre** l'autre, le **persuader** (→ FICHE 36).

▶ Pour comprendre ou produire un texte argumentatif, il faut :
- savoir différencier thèse soutenue, thèse réfutée ;
- ne pas confondre arguments et exemples ;
- reconnaître les types de raisonnements.

Bref, savoir analyser un **schéma argumentatif** et évaluer une **stratégie argumentative** (→ FICHE 42).

B Les genres de l'argumentation

▶ Dans l'**argumentation directe** (→ FICHE 37) la parole est prise en charge par l'auteur. En revanche, dans l'**argumentation indirecte** (→ FICHE 38) la parole est déléguée à un narrateur, à des personnages.

▶ À l'intérieur de cette grande distinction, les **genres sont multiples**. Vous devez les connaître et les différencier (→ FICHES 37 ET 38).

ATTENTION ! Il faut se garder d'opposer de manière caricaturale argumentation directe et argumentation indirecte (→ FICHE 42).

C « La question de l'homme »

▶ La problématique de votre objet d'étude suppose que les textes argumentatifs soient **porteurs d'une réflexion anthropologique**, c'est-à-dire axés sur la connaissance de l'homme, ses mœurs, ses croyances, ses modes d'organisation sociale, sa relation à la religion, à la science…

▶ Menée sous cet angle, l'étude des genres de l'argumentation permet de comprendre **comment l'homme se pense**, comment il **construit ses rapports aux autres**, **ce qu'il veut faire du monde** et comment il le transforme (→ FICHE 39).

▶ Vous devrez ainsi être aptes à envisager les questionnements relatifs à la « condition humaine ».

D Une dimension historique

▶ Les hommes se posent toujours les mêmes questions. Toute argumentation engage donc celui qui la tient dans un **débat d'idées** préexistant (→ FICHE 36).

▶ Ces débats d'idées s'expriment selon les époques, avec des **différences portant sur le sens** : si les questions sont les mêmes, les réponses sont différentes (→ FICHES 39, 40 ET 41) ; **et sur la forme** : certaines formes s'adaptent mieux à certains débats ou à certains contextes (→ FICHES 37 ET 38).

▶ Mener une réflexion anthropologique sur l'homme c'est aussi aller chercher à la source les **mythes fondateurs**, ce qu'il cultive et a fait sien (→ FICHE 41).

CONCLURE

Il s'agit donc de vous permettre de réfléchir, par l'étude des genres de l'argumentation et des grandes problématiques qui les parcourent, à la place de l'homme dans le monde.

Les bases de l'argumentation

36

QUIZ p. 93

Quels sont les éléments essentiels d'une argumentation ?

1 Qu'est-ce qu'argumenter ?

▶ Pour qu'il y ait argumentation il faut qu'il y ait un **langage**, un **émetteur**, un **destinataire**, et une **thèse** ou point de vue à défendre. Il s'agit de tout mettre en œuvre pour agir sur le destinataire et le faire se ranger à la thèse de l'émetteur.

▶ Le destinataire peut participer à l'argumentation (**dialogue**) mais elle peut lui être destinée sans qu'il interagisse (le **discours**, par exemple).

▶ Le destinataire peut être clairement identifiable (apostrophes, impératifs, pronoms personnels de seconde personne…) ou non (utilisation du pronom indéfini « on » à valeur inclusive, et du pronom « nous »…).

2 Comment agir sur le destinataire ?

Pour emporter l'**adhésion** du destinataire, l'argumentateur doit convaincre et/ou persuader.

A Convaincre

▶ Pour convaincre, il faut s'appuyer sur des arguments intégrés dans une structure logique bien mise en évidence. Les arguments et les exemples doivent être incontestables.

▶ On cherche à atteindre la **raison** et l'**intelligence** du destinataire. Le registre didactique est souvent employé (→ FICHE 55).

B Persuader

▶ Persuader, c'est jouer sur la **sensibilité** et les **sentiments** du destinataire. Quel est son système de valeurs ? Comment trouver ce qui pourrait lui plaire, le faire rire ou au contraire le choquer, de manière à obtenir son adhésion.

▶ Dans ce cas, on déploie l'**art de la rhétorique** et on joue sur divers **registres** (→ FICHE 55).

C Délibérer

▶ Délibérer, c'est **débattre** de deux opinions différentes pour aboutir à une prise de décision. Ainsi dans un jury, chacun donne son avis et défend sa position jusqu'à la décision finale.

▶ Le **dialogue** est le lieu privilégié de la délibération, et le théâtre en donne de nombreux exemples.

▶ Dans une tragédie, le **monologue délibératif** place le héros face à un dilemme : il se demande que faire et expose les arguments en faveur des choix auxquels il est confronté.

3 *Situations et enjeux de l'argumentation*

A Polyphonie et dialogisme

▶ Une argumentation fait toujours entendre plusieurs voix (**polyphonie**). En effet, même en l'absence totale des marques d'un destinataire, l'argumentateur n'est jamais seul : il se situe dans un débat déjà ouvert ; il prend position par rapport à d'autres thèses déjà énoncées.

▶ Quand l'auteur fait entendre thèse soutenue et thèse réfutée, on parle de **dimension dialogique**. Ainsi Diderot pour dénoncer l'esclavage, dans la *Contribution à l'*Histoire des deux Indes *de l'abbé Raynal* (1780), donne la parole à un « on » qui reprend les arguments habituels des défenseurs de l'esclavage et à un « je » qui contre-argumente.

▶ Il faut alors étudier attentivement l'**énonciation** (→ FICHE 53) : on ne doit pas se tromper dans l'attribution des propos.

B Les valeurs

▶ Argumenter c'est aussi s'inscrire dans un **système de valeurs** selon lequel l'auteur construit son argumentation, et dans un **monde de croyances** qui constitue le socle de sa réflexion.

▶ Le système de valeur est souvent explicité par l'utilisation d'un **lexique évaluatif** (→ FICHE 51). Quant au monde de croyances, c'est souvent au lecteur de le déceler en analysant l'**implicite** et les **présupposés** de tel ou tel énoncé.

CONCLURE

L'argumentation met en jeu tous les éléments constitutifs de la communication.

Les formes de l'argumentation directe

37

QUIZ p. 93

L'argumentation directe, qui relève du « convaincre », emprunte différentes formes.

1 L'essai

A Une définition minimum

▶ L'essai fait partie des grands genres littéraires. Il est défini comme un **texte d'idées**. Son but n'est pas de construire un monde fictif, qu'il soit sous forme de récit ou de pièce de théâtre, mais de développer une réflexion sur un thème d'ordre littéraire, politique, religieux, scientifique, etc.

▶ La réflexion est personnelle : un « **je** » s'exprime, que l'auteur choisisse une énonciation à la première personne ou qu'il s'efface derrière les pronoms « nous » ou « on ».

▶ L'essai est l'exemple même du texte d'argumentation directe, il mobilise les éléments propres à cette forme de discours : thèse(s), arguments, exemples, connecteurs logiques (→ FICHE 42).

B *Les Essais* de Montaigne

▶ Il est le premier à employer ce terme. Ses *Essais*, dont la rédaction et les diverses rééditions s'étalent sur une vingtaine d'années (entre 1572 et 1592), comportent trois livres divisés en chapitres qui se donnent, chacun, un **thème** de réflexion.

INFO Michel de Montaigne (1533-1592) reçoit une éducation humaniste. Magistrat puis maire de Bordeaux, il se consacre à l'écriture des *Essais* à partir de 1571.

▶ L'auteur revendique une **écriture très personnelle** sans souci apparent de remise en ordre :

> Mes fantaisies se suivent, mais parfois c'est de loin, et se regardent mais d'une vue oblique.

▶ Pour caractériser le genre de l'essai tel qu'il le pratique, il faut être attentif au sens du mot : c'est une « **tentative** », qui revendique son caractère inabouti.

▶ Montaigne invite son lecteur à suivre ses pensées dans leurs **détours** et leurs méandres. Il présente ainsi son travail :

> Ce sont ici mes humeurs et mes opinions ; je les donne pour ce qui est en ma croyance, non pour ce qui est à croire ; je ne vise ici qu'à découvrir moi-même qui serait autre demain si un nouvel apprentissage me changeait...

▶ On peut opposer à l'essai selon Montaigne le **traité** et la **dissertation** qui, eux, proposent une réflexion exhaustive et organisée, en vue de démontrer une thèse ou d'expliciter un point de vue.

2 Autres formes de l'argumentation directe

A Le pamphlet

C'est un texte assez court et très **violent** dans lequel l'auteur s'attaque au pouvoir en place ou à une position de pouvoir (personne connue, institution). L'auteur exprime son indignation et défend sa propre vérité.

B La maxime

C'est un texte très **bref** (quelques lignes) qui énonce une opinion au présent de vérité générale sans réellement argumenter. La maxime peut tracer une ligne de conduite, elle a une **visée moraliste**.

C La lettre

La lettre, qu'elle soit réelle, fictive ou ouverte, peut être le support d'une argumentation. La **lettre ouverte** a un destinataire désigné mais s'adresse à un large public puisqu'elle est divulguée dans la presse ou sous forme de livre. Ce public est pris à témoin et doit prendre partie dans le débat. Le texte, souvent **polémique**, peut **dénoncer** une injustice.

CONCLURE

L'essai est le genre principal de l'argumentation directe. Il se décline de diverses façons ; c'est pourquoi, s'il est facile à définir (un texte d'idées), il n'est pas facile à délimiter.

Les formes de l'argumentation indirecte

38

QUIZ p. 93

FRANÇAIS

L'argumentation indirecte relève de la persuasion et passe par le récit. De manière générale, on appelle « apologue » les récits brefs de fiction à visée argumentative.

1 *La fable*

A Définition

▶ Les termes **fable** (du latin *fabula*, « parole ») et **apologue** (du grec *apologos*, « discours sur quelque chose, narration ») sont employés de manière synonymique. On le voit dans cette définition de La Fontaine :

> L'apologue est composé de deux parties, dont on peut appeler l'une le Corps, l'autre l'Âme. Le Corps est la Fable ; l'Âme, la Moralité.

▶ Le récit s'organise autour d'animaux, de végétaux, ou d'hommes. Il peut être lu au premier degré, mais il a un sens second, souvent à caractère moral, que le lecteur doit déchiffrer. L'apologue a donc une **visée didactique**.

▶ On analyse le **récit** (ou fable proprement dite) comme un **exemple argumentatif** et la **moralité** comme la **thèse**.

B Les fabulistes

▶ Les apologues du grec **Ésope** (VIe siècle av. J.-C.), sont écrits en **prose**. Le poète latin **Phèdre** s'en inspire et écrit des recueils de fables en vers.

▶ **La Fontaine** puise chez eux la plupart de ses sujets mais aussi chez le fabuliste perse **Pilpay**. Il choisit le **vers** (souvent hétérométrique) et veut rendre les fables plaisantes tout en conservant leur caractère didactique.

> Je chante les héros dont Esope est le père,
> Troupe de qui l'histoire, encor que mensongère,
> Contient des vérités qui servent de leçons.
> Tout parle en mon ouvrage, et même les poissons :
> Ce qu'ils disent s'adresse à tous tant que nous sommes ;
> Je me sers d'animaux pour instruire les hommes.
>
> ■ Jean de La Fontaine, *Fables*, Livre I, 1668.

▶ Au XXe siècle, certains auteurs s'amusent à la **réécriture** des fables, souvent pour en détourner le sens et la moralité.

2 Le conte philosophique

▶ Comme le conte, c'est un texte court. Les **personnages** sans épaisseur psychologique **incarnent une idée** ou un comportement.

▶ Le conte philosophique **développe**, en passant **par le récit**, des **idées** qui pourraient aussi bien faire l'objet d'un essai philosophique. Ainsi, dans *Candide*, Voltaire se moque du philosophe Leibniz et de sa conception de l'optimisme.

▶ De plus, la trame narrative est prétexte à passer en revue les grands thèmes sur lesquels porte la réflexion des philosophes des **Lumières :** fanatisme, intolérance, monarchie, esclavage, religion…

3 L'utopie

▶ En grec, *topos* signifie « lieu », *u-* peut renvoyer au préfixe privatif *ou*, ou au préfixe *eu* (« bien ») : l'utopie se définit donc comme un **monde idéal** et heureux dans un **non-lieu**, c'est-à-dire qui ne saurait exister.

▶ L'utopie est un genre qui suit des règles précises. Le récit se déroule dans un **lieu clos.** Cette clôture permet de mettre en scène un monde isolé, autonome qui, privé du contact avec notre monde, a développé sa propre organisation, ses propres valeurs et ses propres règles.

▶ Le monde de l'utopie **inverse nos règles** et **nos valeurs** pour mieux en démontrer l'inanité. Sa fonction est avant tout **critique.** Elle permet une réflexion philosophique et politique.

▶ **Thomas More** fonde le genre en écrivant *L'Utopie* (1516). Du XVIe au XVIIIe siècle, les utopies tendent à démontrer qu'il peut exister une organisation sociale autre, bénéfique à l'homme et dont il serait bon de s'inspirer (Rabelais, Montesquieu, Voltaire…).

▶ Au XXe siècle, des auteurs comme Orwell et Huxley écrivent des **contre-utopies.** Les caractéristiques narratives sont les mêmes que dans l'utopie, mais le monde représenté est un monde totalitaire.

CONCLURE

La fable délivre, de manière plus ou moins explicite, une moralité. Le conte philosophique et l'utopie ne délivrent pas forcément de moralité, mais demandent une lecture au second degré pour bien en comprendre le sens.

La question de l'homme dans l'argumentation du XVIᵉ au XVIIIᵉ siècle

39

QUIZ p. 93

Les choix argumentatifs ne sont pas liés au hasard. Ils dépendent de ce que l'on veut dire, du public auquel on s'adresse, et plus largement du contexte dans lequel naissent les idées que l'on a à défendre, à expliciter, à explorer.

1 *Au XVIᵉ siècle*

▶ La forme de l'**essai** telle que la définit **Montaigne** correspond bien à son **scepticisme**, à sa conception d'un **savoir en construction** qui va chercher ses racines dans la culture de l'Antiquité mais qui s'ouvre aussi aux **autres mondes** que le siècle découvre. L'homme n'est pas un être figé, pourquoi alors devrait-on en figer l'écriture ?

▶ L'humanisme se définit aussi par le partage des valeurs et des connaissances entre les hommes. C'est un mouvement européen (→ FICHE 44). C'est alors par les **lettres** que les humanistes réfléchissent ensemble à ce nouvel homme qu'ils cherchent à construire. La correspondance d'**Érasme** en est un exemple.

▶ L'**utopie** (**Rabelais**, **Thomas More** → FICHE 38) permet, par le récit, de tester les conceptions de l'éducation, du rapport à la religion, au pouvoir, thématiques au centre des débats humanistes (→ FICHE 46).

▶ La **poésie** peut être aussi utilisée à des fins argumentatives. ***Songe*** de **du Bellay** met en scène la décadence de Rome et de ses valeurs, la fragilité du monde et du pouvoir par rapport au seul recours absolu, Dieu. **Ronsard**, dans le ***Discours des misères de ce temps***, prend position dans le conflit des guerres de religion en s'adressant au roi et à la reine.

2 *Au XVIIᵉ siècle*

▶ Le XVIIᵉ siècle oscille entre deux pôles, la conscience baroque de l'instabilité du monde, et la revendication par l'homme de sa maîtrise de celui-ci. La **place de l'homme dans le monde** est **l'enjeu des débats.**

▶ L'argumentation directe peut prendre la forme du **discours**, défini ainsi par Descartes (1637) : « Je ne mets pas *Traité de la méthode* mais ***Discours de la méthode***, pour montrer que je n'ai pas dessein de l'enseigner, mais seulement d'en parler. »

▶ Elle peut prendre une **forme plus discontinue** : les *Pensées* de Pascal.

▶ Les **sermons** de Bossuet (*Sermon sur la mort*, *Sermon sur l'ambition*) rappellent à l'homme sa petitesse face à la grandeur de Dieu.

▶ Le XVIIe siècle est aussi l'époque des **grands moralistes**, qui traitent de l'homme social, de l'**honnête homme** (→ FICHE 6).
– La Rochefoucauld (*Maximes*) privilégie les **formes brèves**. C'est au lecteur, ou à l'interlocuteur d'en développer l'argumentation.
– La Bruyère (*Les Caractères*) emprunte une forme de l'argumentation indirecte pour dénoncer les défauts des hommes : le **portrait satirique**.

3 Au XVIIIe siècle

▶ Pour instaurer le règne de la raison et diffuser les connaissances, les philosophes des Lumières vont explorer toutes les formes de l'argumentation.

▶ La forme de l'**essai** est employée par Montesquieu (*De l'esprit des lois*). Dans l'*Encyclopédie*, les auteurs rédigent des **articles** où ils défendent leurs conceptions de l'homme, de la science, etc. Rousseau se fait connaître par ses ***Discours***. Voltaire publie son ***Dictionnaire philosophique***.

▶ Les mêmes auteurs empruntent les formes de l'apologue (**contes philosophiques** de Voltaire) ou de la **correspondance fictive** (*Lettres persanes* de Montesquieu). Ils passent aussi par une écriture plus **autobiographique** (*Rêveries du promeneur solitaire* de Rousseau), ou jouent sur les limites entre réel et fictif dans des **formes dialoguées** (*Supplément au voyage de Bougainville* de Diderot).

▶ On retrouve l'**utopie** sous une forme plus critique qu'au XVIe siècle (Voltaire, Montesquieu).

CONCLURE

Au cours de ces trois siècles, le monde et l'idée que l'homme se fait de la place qu'il y occupe connaissent de grandes transformations. Nous pouvons en lire l'histoire dans la grande diversité des genres de l'argumentation.

La question de l'homme dans l'argumentation du XIXe au XXe siècle

40

QUIZ p. 93

1 Au XIXe siècle

A Des débats politiques

▶ Pendant la **période romantique**, poètes et romanciers prennent part au débat d'idées sur la politique. Ils s'intéressent aux conditions de vie des hommes, à la misère, ils dénoncent les injustices sociales.

▶ Ainsi **Hugo** utilise toutes les ressources de la littérature pour défendre ses positions. Sa **poésie** se fait **dénonciatrice** dans *Les Châtiments* où il attaque Napoléon III. Son roman *Le Dernier Jour d'un condamné* emprunte la forme du journal pour dresser un réquisitoire contre la peine de mort. Son roman *Les Misérables* indique dès le titre son intérêt pour ceux que la société malmène. Dans *Choses vues*, il intervient à la première personne comme **témoin de son temps.**

▶ Pendant **la période réaliste et naturaliste**, le roman l'emporte sur les formes courtes de l'apologue. L'argumentation est moins liée à une forme déterminée mais l'essor de la presse permet la prise de parole publique dans les **lettres ouvertes** (le fameux « J'accuse » d'Émile Zola).

B Des débats esthétiques

▶ La modernisation et l'industrialisation de l'Europe changent les valeurs esthétiques. On assiste à des débats sur l'esthétique moderne, une **nouvelle conception du beau** apparaît, et surgissent de nouvelles valeurs pour l'homme.

▶ Baudelaire développe sa conception de la **modernité** dans ses **Salons.** Les réalistes et les naturalistes, qu'ils soient peintres (Gustave Courbet) ou écrivains (Maupassant, J. K. Huysmans, Zola), écrivent des **préfaces** ou des **manifestes** où ils défendent leur conception du beau.

2 Au XXe siècle

A La guerre et la condition humaine

▶ Les deux guerres mondiales marquent le XXe siècle. La poésie devient **chant de guerre** ou de **refus de la guerre** (Robert Desnos, Boris Vian, Jacques Prévert, Paul Éluard, Louis Aragon).

▶ La prise de conscience de ce que l'homme peut faire subir à l'homme, de la déshumanisation accomplie par le nazisme, rouvre une **interrogation sur ce qu'est l'homme**. Elle est au cœur du témoignage de Primo Levi, *Si c'est un homme*.

B La pensée de l'absurde

Que reste-t-il à l'homme dans un **monde sans Dieu** et **qui a perdu tout sens** ? Quelles sont ses valeurs, quelle est sa part de liberté ? La pensée de l'absurde est exposée dans des essais comme *Le Mythe de Sisyphe* d'Albert Camus.

> Les dieux avaient condamné Sisyphe à rouler sans cesse un rocher jusqu'au sommet d'une montagne d'où la pierre retombait par son propre poids. Ils avaient pensé avec quelque raison qu'il n'est pas de punition plus terrible que le travail inutile et sans espoir.
>
> ■ Albert Camus, *Le Mythe de Sisyphe*, 1942.

C Une réflexion sur l'engagement

▶ Au moment où le monde change, où des idéaux révolutionnaires semblent devenir réalité, le théâtre de Camus et de Jean-Paul Sartre se veut un débat sur l'**engagement de l'homme dans l'action politique**.

▶ Pour **Sartre**, l'écrivain doit s'engager dans son temps, et s'y engage de fait dès qu'il écrit : « la littérature efficace, c'est la littérature qui entraîne l'homme vers l'amélioration de la condition des hommes et vers l'humanité » (*Situations*).

D Le retour de l'apologue

▶ Les dictatures qui prétendent vouloir le bonheur de tous sont dénoncées dans les **contre-utopies** (G. Orwell, H. G. Wells).

▶ La vogue des nouvelles remet en faveur l'apologue. Ainsi la nouvelle de Marguerite Yourcenar « Comment Wang-Fô fut sauvé » (dans les *Nouvelles orientales*) est en fait une **réflexion sur les pouvoirs de l'art**.

CONCLURE

Les formes de l'argumentation directe ou indirecte sont variées ; elles peuvent différer selon leur contexte historique. Vous aurez à vous demander ce qu'apporte la forme choisie par un auteur à l'efficacité de son argumentation.

Cultures de l'Antiquité et réflexion sur l'homme

41

QUIZ p. 93

FRANÇAIS

Que peuvent apporter les cultures de l'Antiquité à notre connaissance de l'homme ?

1 Aux commencements est la parole

▶ Les **mythes** (le mot vient du grec *muthos* qui signifie « parole »), constituent les premières paroles énoncées par les hommes pour organiser et comprendre le monde dans lequel ils vivent. Présents dans toutes les civilisations, ils prennent la forme de **récits de création du monde**, de conflits entre les dieux, de légendes, ou de simples histoires.

▶ La **fable**, qui signifie aussi « parole » (→ FICHE 38), raconte sous une autre forme les mœurs et les habitudes des hommes. Elle délivre aussi des leçons de vie, sur le plan moral, et parfois sur le plan pratique.

▶ On peut dire que l'apologue, la fable, le conte populaire sont nos **recueils d'us et coutumes**, et cela, que ce soit au VIe siècle av. J.-C., au XVIIe siècle ou de nos jours.

▶ Au XXe siècle, Lévi-Strauss, **anthropologue** français, recueille ce type de paroles fondatrices auprès de certaines tribus, dont celles d'Amazonie.

CITATION « L'anthropologie est une discipline dont le but premier, sinon le seul, est d'analyser et d'interpréter les différences. » C. Lévi-Strauss, 1958.

▶ De quelles représentations du monde ces « paroles » sont-elles la trace ? C'est la question que l'on peut se poser au contact des grands récits des cultures de l'Antiquité.

2 Des récits fondateurs

▶ La Bible, la mythologie gréco-romaine, les premiers grands récits épiques (l'*Épopée de Gilgamesh*, l'*Iliade* et l'*Odyssée* d'Homère) placent d'emblée **l'homme face au monde**, à ses mystères et à ses dangers.

▶ Toute civilisation a besoin de fonder sa légitimité, de raconter ses commencements et de les glorifier. Ainsi des **grands mythes fondateurs** de Rome : l'histoire de Remus et de Romulus, par exemple.

▶ Ces légendes donnent lieu à des grands poèmes comme *L'Énéide* de Virgile (Ier siècle av. J.-C.) qui permet de relier la fondation de Rome à la Troie antique.

▶ Ces textes, longtemps étudiés dans les écoles et dans les lycées, ont irrigué l'écriture des écrivains de tous les siècles, que les **références soient explicites** (Fénelon, *Les Aventures de Télémaque*, 1699 ; Gide, *Thésée*, 1946 ; Butor, *L'Emploi du temps*, 1956) **ou implicites** (Philippe Claudel, *Le Rapport de Brodeck*, 2007).

3 La tragédie

▶ La tragédie grecque (→ FICHE 21) n'est pas seulement une forme d'art, elle donne à voir aussi les **conflits de l'homme avec la cité**. Elle correspond, selon certains spécialistes, à un moment où la cité doit régler son compte avec les dieux, avec les anciennes légendes.

▶ Ce sont les **valeurs de la cité**, anciennes et nouvelles, qui sont **en débat** dans la tragédie grecque du Ve siècle av. J.-C.

4 Les « enquêtes » : connaître et identifier l'autre

▶ Hérodote (484-425 av. J.-C.) est un historien grec considéré comme le père de l'anthropologie. Il réalise neuf « enquêtes » regroupées dans un ouvrage intitulé *Histoires*.

▶ Une partie relève de l'Histoire : Hérodote relate les guerres médiques (l'empire Perse contre les cités grecques). Une autre partie consiste en observations sur les **coutumes de différents peuples**.

▶ Il travaille avec **méthode** ; il voyage et se documente. Il fait la distinction, dans ce qu'il rapporte, entre ce qu'il a vu lui-même et ce qu'il sait par ouï-dire.

▶ Dans sa description des autres peuples (modes de vie, géographie du pays), Hérodote compare souvent avec le mode de vie des Grecs. On dit qu'il est l'adepte de la **relativité des coutumes** : sans vouloir adopter les coutumes des autres, il les accepte.

CONCLURE

Les grands textes de l'Antiquité (mythologie, textes littéraires, textes historiques) sont au fondement de notre culture et de nos manières d'envisager l'homme, sa condition et son rapport au monde.

Pour analyser le texte argumentatif : les principaux outils

42

? QUIZ p. 93

Quels sont les éléments constitutifs du texte argumentatif ?

1 Les marques de la subjectivité

Un texte argumentatif appartient au « système du discours » (→ FICHE 53). Il en a les caractéristiques : présence du système de la première personne et de la seconde personne, présent d'énonciation, verbes d'opinion, modalisateurs ; lexique évaluatif, affectif, appréciatif (→ FICHE 51).

2 Les constituants du texte argumentatif

▶ Le **thème** est ce dont on parle.

▶ La **thèse** est ce que l'on en dit. Elle n'est pas toujours explicite, c'est parfois au lecteur de la reformuler. On distingue thèse(s) réfutée(s) et thèse soutenue.

▶ Les **arguments** sont comme des preuves apportées à la thèse.

l'argument d'autorité	L'argumentation s'appuie sur une personne qui fait autorité – un spécialiste reconnu, l'opinion commune…
l'argument *ad hominem*	L'argumentateur attaque personnellement son adversaire.
l'argument constat	L'argumentateur s'appuie sur un fait.
l'argument logique	L'argument s'inscrit dans un raisonnement logique.

▶ Les **exemples** servent à renforcer l'argumentation :
– l'exemple **illustratif** rend l'argument plus concret ;
– l'exemple **argumentatif** remplace un argument : c'est le cas du récit dans une fable (→ FICHE 38).

3 Les types de raisonnement

▶ Le **raisonnement déductif** va du général au particulier. On part d'une loi, d'un axiome, d'une vérité donnée comme indiscutable, et on l'applique pour résoudre un cas particulier. Il est utilisé en mathématiques.

▶ Le **syllogisme** relève du raisonnement déductif, mais au lieu de partir d'un axiome, on en utilise deux (ou prémisses) : « Tous les hommes sont mortels, or Socrate est un homme, donc Socrate est mortel. »

▶ Le **raisonnement inductif** va du particulier au général. On tire de l'observation de faits une conclusion d'ordre général. Il est utilisé dans les sciences expérimentales.

▶ Le **raisonnement dialectique** oppose des argumentations, pèse le pour et le contre pour trouver une solution.

▶ Le **raisonnement concessif** procède en deux étapes : il s'agit d'abord de concéder (admettre) une partie de la thèse adverse, pour finalement la réfuter.

▶ Le **raisonnement analogique** fonctionne par comparaisons et permet d'expliquer quelque chose d'inconnu en passant par le connu : « Le fanatisme est à la superstition ce que la rage est à la colère. » (Voltaire)

▶ Le **raisonnement par l'absurde** cherche à tirer les conséquences absurdes d'une thèse pour la disqualifier.

4 Les connecteurs logiques

▶ Les connecteurs logiques permettent de relier les idées entre elles.

relation d'addition	*et, de plus, en outre, d'une part… d'autre part…*
relation de disjonction	*soit… soit, ou… ou…*
relation de comparaison	*comme, de même, ainsi…*
relation d'opposition	*mais, au contraire, cependant, toutefois…*
relation de concession	*il est vrai que […] cependant…*
relation de cause	*parce que, car, en effet, puisque…*
relation de conséquence	*donc, c'est pourquoi, si bien que…*

▶ Attention, les relations logiques ne sont **pas toujours explicitées** par des connecteurs. La ponctuation, le jeu sur les temps, noms et verbes, peuvent les exprimer.

CONCLURE

Marques de la subjectivité, inscription des arguments et des exemples dans des types de raisonnement, grandes articulations d'une démonstration, tels sont les éléments que vous devez mettre à jour quand vous étudiez le schéma argumentatif d'un texte.

Quiz express

Vérifiez que vous avez bien retenu les points importants **fiches 35 à 42**

43

FRANÇAIS

1 Les bases de l'argumentation

L'étude de l'énonciation dans un texte argumentatif est fondamentale car :

- ☐ a. elle donne des indices sur la valeur des arguments
- ☐ b. elle permet de repérer les exemples
- ☐ c. elle sert à distinguer thèse réfutée et thèse soutenue

2 Les formes de l'argumentation

1. Quel(s) genre(s) relèvent de l'argumentation directe ?

☐ a. l'essai ☐ b. la parodie ☐ c. l'apologue

2. L'utopie est :

- ☐ a. un rêve inaccessible
- ☐ b. un monde imaginaire
- ☐ c. un genre littéraire qui a une fonction critique

3 La question de l'homme dans l'argumentation

L'anthropologie est :

- ☐ a. l'étude de la société
- ☐ b. l'étude de l'homme d'un point de vue médical
- ☐ c. l'étude de l'homme à travers ses modes de vie et ses valeurs

4 Culture de l'Antiquité et question de l'homme

Il est intéressant de se replonger dans les textes de l'Antiquité

- ☐ a. parce qu'ils nous racontent des histoires divertissantes
- ☐ b. parce qu'ils sont au fondement même de notre culture
- ☐ c. parce qu'ils nous permettent de nous comparer à des civilisations dépassées

5 Lire et analyser un texte argumentatif

Complétez avec les termes : *concessif, déductif, général* (2 fois), *particulier* (2 fois), *partie, réfuter, thèse.*

1. Le raisonnement inductif va du ……… au ……… . Au contraire, le raisonnement ……… va du ……… au ……… .

2. Le raisonnement ……… permet de concéder une ……… de la ……… adverse pour mieux la ……… .

Corrigés !

Score : … / 7

1 Les bases de l'argumentation

Fiche 36

Réponse c. Toute argumentation est un débat d'idées. L'étude de l'énonciation permet d'identifier émetteur et récepteur et de ne pas confondre thèse soutenue et thèse réfutée.

2 Les formes de l'argumentation

Fiches 37 et 38

1. **Réponse a.** L'essai est un texte d'idées pris en charge par son auteur. Il s'oppose à l'apologue qui passe par la fiction pour faire comprendre une idée. Si la parodie peut être utilisée comme élément de persuasion, elle n'appartient pas pour autant aux genres de l'argumentation.

2. **Réponse b.** En littérature, l'utopie désigne un récit qui suit certaines règles : un lieu et un temps hors du monde réel, une organisation sociale qui inverse les valeurs de notre monde. Ce jeu de miroir a une fonction critique.

3 La question de l'homme

Fiches 39 et 40

Réponse c. L'anthropologie est l'étude de l'homme dans tous ses aspects (organisations sociales, mœurs, valeurs).

4 Culture de l'Antiquité et question de l'homme

Fiche 41

Réponse b. Pensez au théâtre occidental qui prend ses racines dans le théâtre grec. Les textes de l'Antiquité sont au fondement de notre culture et nous permettent de mieux la comprendre.

5 Lire et analyser un texte argumentatif

Fiche 42

1. Le raisonnement inductif va du général au particulier. Au contraire, le raisonnement déductif va du particulier au général.

2. Le raisonnement concessif permet de concéder une partie de la thèse adverse pour mieux la réfuter.

Vers un espace culturel européen : Renaissance et humanisme •1re L

44

? QUIZ p. 107

Quels sont les enjeux de cet objet d'étude ?

1 *Que dit le programme ?*

L'objectif est d'élargir le champ des références culturelles des élèves et de leur faire découvrir, à partir de textes littéraires de divers genres, un **mouvement culturel et artistique d'ampleur européenne**. On s'attache à leur donner une vue d'ensemble des grands traits de l'humanisme renaissant, de son **histoire**, des **valeurs** qu'il promeut et des **mutations** religieuses, éthiques, scientifiques et esthétiques qui en accompagnent le développement. On amène ainsi les élèves à réfléchir sur les sources antiques de la culture européenne et à découvrir les **racines communes** des représentations et des valeurs qui transcendent la diversité des langues et des États.

■ Extrait du B.O.

2 *Quels grands axes se dégagent ?*

A L'humanisme, un mouvement européen

▶ L'humanisme part de l'Italie au XIVe siècle (**Pétrarque** devient le modèle du poète) et s'étend progressivement à l'Europe entière (**Érasme** est hollandais) : vers 1530, toute l'Europe est marquée par ce nouveau mode de pensée.

INFO Figure majeure de la Renaissance, Érasme (1469-1536) voyage beaucoup en Europe et tient une position nuancée dans les conflits religieux. Il est l'auteur de *L'Éloge de la folie* (1509).

▶ Il est important de comprendre cette dimension européenne. En effet, les conditions qui l'ont vu naître dépassent le cadre d'un seul pays (→ FICHE 45).

B Un espace culturel commun

▶ Il ne s'agit pas simplement de mouvement littéraire et artistique mais de mouvement culturel, ce qui veut dire qu'on ouvre à **tous les domaines de réflexion** : idéologiques, économiques, politiques ;

tout ce qui fait l'arrière-plan de la production artistique et qui la nourrit, tout ce qui caractérise une époque.

▶ Vous demande-t-on alors d'être historien, sociologue ou autre ? Non, mais on vous demande d'avoir une **connaissance suffisamment précise d'une époque** pour lier par exemple l'humanisme et la redécouverte des textes antiques. Ces problèmes dépassent bien souvent le cadre français, l'exemple des guerres de religion en est la preuve.

▶ Si l'on peut parler d'un **espace commun** malgré la diversité des langues, c'est que les lettrés partagent les mêmes connaissances, les mêmes sources et les **mêmes valeurs** (→ FICHE 46).

C Renaissance et humanisme

▶ La Renaissance correspond à une période de l'histoire de l'Europe que l'on situe à la fin du Moyen Âge. On a longtemps opposé l'obscurité du Moyen Âge à l'ouverture sur le monde que la **métaphore de la renaissance** suggère. Les études contemporaines sur cette période remettent en cause cette opposition peu nuancée, mais le terme Renaissance continue à être employé.

▶ Pendant cette période, on disait de quelqu'un qui étudiait le latin et le grec qu'il faisait ses « humanités ». Le mot *humanisme* n'était pas employé. C'est dans les années 1830-1840 que ce terme est créé par des critiques allemands pour identifier le courant culturel du XVIe siècle. On définit alors l'humanisme comme une **déclaration de foi en l'homme et ses valeurs**, à un moment de l'histoire où le monde semble s'ouvrir.

▶ L'humanisme du XVIe siècle est un **humanisme chrétien** qui ne remet pas en cause l'existence de Dieu. Ce même terme est employé aujourd'hui de manière courante pour caractériser toute personne qui semble partager les valeurs d'ouverture et de tolérance. L'humanisme n'est plus forcément chrétien.

CONCLURE

Cet objet d'étude vous dessine un vaste programme et vous invite à devenir vous-mêmes des humanistes, c'est-à-dire à viser un savoir encyclopédique qui s'appuie sur la connaissance des textes et du monde.

Le contexte historique et son influence sur les idées

•1re L

45

? QUIZ p. 107

Dans quelles circonstances émerge l'humanisme ?

1 *Un monde qui s'ouvre*

▶ Les Européens naviguent vers des **terres lointaines.** Christophe Colomb découvre l'Amérique (1492) et Vasco de Gama trace la route des Indes (1497), ce qui apporte des richesses nouvelles et la connaissance de nouvelles civilisations.

▶ L'**organisation de l'univers** est remise en question. Copernic (1473-1543) démontre que la Terre n'est pas le centre du monde (héliocentrisme) ce que Galilée (1564-1642) confirme.

▶ Les médecins approfondissent la **connaissance du corps humain** (pratique de la dissection). C'est la naissance de la médecine moderne (Ambroise Paré).

▶ Gutenberg invente l'imprimerie vers 1450, ce qui permet une meilleure **diffusion des connaissances.**

2 *Une identité qui s'affirme*

▶ François 1er (1515-1547) renforce le pouvoir centralisateur.

▶ L'édit de Villers-Cotterêts en 1539 fait du **français** la **langue officielle** pour les actes juridiques qui étaient jusque-là rédigés en latin.

▶ En France, Ronsard, du Bellay, Jean-Antoine du Baïf fondent la **Pléiade.** Du Bellay en rédige le texte programmatique, *Défense et illustration de la langue française* (1549). Il s'agit d'**enrichir la langue française** grâce à une réflexion linguistique passant par une comparaison avec le latin et le grec.

3 *Un retour aux sources*

▶ Après la chute de Constantinople (1453), les savants, emportant ce qu'ils ont pu sauver de textes latins et grecs, se réfugient en Italie, ce qui permettra de redécouvrir l'héritage culturel antique en ayant **accès aux textes originaux.**

▶ Budé (1468-1540) fonde un collège où sont enseignés le latin et le grec. Une grande activité de **traduction** voit le jour.

▶ La lecture des textes anciens irrigue la littérature du XVIe siècle qui défend le **principe de l'imitation** (→ FICHE 48).

> Les abeilles pillotent deçà delà les fleurs, mais elles en font après le miel qui est tout leur ; ce n'est plus thym ni marjolaine ; ainsi les pièces empruntées d'autrui, il les transformera et confondra, pour en faire un ouvrage tout sien, à savoir son jugement.
>
> ■ Michel de Montaigne, *Essais*, I, 26, 1580-1588.

▶ À la fin du XIXe siècle, Émile Faguet crée le mot « **innutrition** » pour nommer cette pratique littéraire du XVIe siècle.

4 Un nouveau mode de vie : l'influence italienne

▶ Au XVe siècle, les peintres et sculpteurs italiens s'inspirent de la **statuaire gréco-romaine** qu'ils redécouvrent.

▶ **François 1er** joue un rôle important dans l'évolution culturelle de la France. Il fait venir architectes et peintres italiens pour construire les châteaux de la Loire.

▶ Les châteaux ne sont plus des forteresses : **douceur de vivre** et **arts** sont les maîtres mots de la cour de France. Les princes se font mécènes et favorisent ainsi le développement des arts.

5 Des bouleversements religieux

▶ L'étude des textes sacrés, débarrassés de leurs commentaires et lus dans la langue nationale sans l'intermédiaire du clergé, **renouvelle la pratique de la religion**.

▶ En France, les évangélistes souhaitent revenir à un christianisme plus près des textes. Luther (moine allemand, 1483-1546) dénonce les abus de l'Église catholique, ainsi s'amorce la **Réforme protestante**. Calvin (1509-1554) va propager cette Réforme en France puis se réfugier à Genève.

▶ En 1562 commencent **les guerres de religion** entre catholiques et protestants français.

CONCLURE

Tous ces événements vont conduire à penser autrement le rapport au monde : c'est ce nouveau mode de pensée que l'on a appelé *a posteriori* l'humanisme.

Les valeurs de l'humanisme

46

•1re L

QUIZ p. 107

On peut reconnaître l'humanisme de la Renaissance au partage de certaines valeurs.

FRANÇAIS

1 Éducation et savoir encyclopédique

▶ C'est un homme cultivé, équilibré et ouvert sur le monde que cherche à construire l'éducation humaniste.

▶ « **Que rien ne te soit inconnu** » écrit Gargantua à son fils Pantagruel dans une longue lettre qui lui détaille son programme d'études (Rabelais, *Pantagruel*, 1532). Langues anciennes, histoire, mathématiques, musique, astronomie, droit, sciences naturelles, médecine, hygiène, éducation physique, philosophie, tel est le **programme idéal** de tout lettré qui doit devenir « un abîme de science ».

CITATION « Ils étaient si bien éduqués qu'il n'y avait aucun ni aucune d'entre eux qui ne sache lire, écrire, chanter, jouer d'instruments de musique, parler cinq ou six langues… » F. Rabelais, 1534

▶ Mais il ne s'agit pas d'être savant pour être savant : « **science sans conscience n'est que ruine de l'âme** » comme le rappelle Gargantua dans la même lettre. Il faut aussi acquérir sagesse et vertus morales pour vivre dans le monde.

▶ Une **pédagogie empirique** est privilégiée. Bernard Palissy (1510-1590), artiste céramiste et savant, rappelle que les connaissances livresques ne servent de rien si elles ne s'appuient pas sur des **expérimentations.**

2 Un idéal politique

▶ Érasme, dans son *Éloge de la folie* (1511), se livre à l'exercice de l'éloge paradoxal. Il **s'attaque aux défauts des hommes mais aussi aux princes** :

> Représentez-vous maintenant le Prince tel qu'il est fréquemment. Il ignore les lois, est assez hostile au bien général, car il n'envisage que le sien ; il s'adonne aux plaisirs, hait le savoir, l'indépendance et la vérité, se moque du salut public et n'a d'autres règles que ses convoitises et son égoïsme.

▶ À ce même principe renvoient ces vers pour Charles IX :

> Sire, ce n'est pas tout que d'être Roi de France,
> Il faut que la vertu honore votre enfance.
> Un Roi, sans la vertu, porte le sceptre en vain
>
> ■ Pierre de Ronsard, *Institution pour l'adolescence de Charles IX*, 1562.

3 Un idéal de liberté

▶ L'idéal de liberté est mis en récit dans les **utopies** (→ FICHE 38).

▶ La seule règle que connaisse l'abbaye de Thélème dans le *Gargantua* de Rabelais est « Fais ce que tu voudras », « parce que les **gens libres, bien nés, bien éduqués, vivant en bonne société**, ont naturellement un instinct, un aiguillon qu'ils appellent honneur et qui les pousse toujours à agir vertueusement et les éloigne du vice ».

4 Beauté et amour : une conception philosophique

▶ Les humanistes subissent l'influence de **Marsile Ficin** (1433-1499) dont la traduction du *Banquet* de Platon met le néoplatonisme à l'honneur.

▶ Le thème de l'idéal féminin se teinte de philosophie : par le culte de la Beauté et de l'Amour pur, l'âme s'élève jusqu'aux **Idées et aux Essences**, passant du monde de l'illusion à celui du souverain bien.

▶ La **poésie** est la voie privilégiée vers ce monde supérieur.

5 Un idéal confronté à la réalité

▶ Mais les **guerres fratricides de religion** vont ébranler la foi en l'homme et en ses valeurs, et teinter l'humanisme de **scepticisme**.

▶ Montaigne s'interroge par exemple dans ses *Essais* :

> Est-il possible de rien imaginer d'aussi ridicule que cette misérable et chétive créature, qui n'est pas seulement maîtresse de soi, exposée aux offenses de toutes choses, se dise maîtresse et impératrice de l'univers, duquel il n'est pas en sa puissance de connaître la moindre partie, tant s'en faut de la commander ?

CONCLURE

L'humanisme est un mouvement caractérisé par l'ouverture : ouverture au monde, ouverture à l'autre. Mais ces valeurs positives, qui s'expriment souvent par l'utopie, n'empêchent pas la conscience aiguë des problèmes.

Les réécritures du XVIIe siècle à nos jours

•1re L

47

QUIZ p. 107

FRANÇAIS

Quels sont les enjeux de cet objet d'étude ?

1 Que dit le programme ?

L'objectif est de faire réfléchir les élèves sur la création littéraire en l'abordant sous l'angle des relations de **reprise** et de **variation** par rapport aux œuvres, aux formes et aux codes d'une tradition dont elle hérite et dont elle joue.
On leur fait ainsi prendre conscience du caractère relatif des notions d'originalité et de **singularité** stylistique, et du fait que l'écriture littéraire suppose des références et des modèles qui sont **imités, déformés, transposés** en fonction d'intentions, de situations et de contextes culturels nouveaux.
On aborde dans cette étude les questions de genre, de registre et d'**intertextualité** et on travaille sur les phénomènes de **citation**, d'**imitation**, de **variation** et de **transposition**.
Ce travail sera l'occasion d'entrer plus avant dans **l'atelier de l'écrivain**, mais aussi d'aborder l'œuvre dans son rapport au contexte historique et social qui la détermine.

■ Extrait du B.O.

2 Quels grands axes se dégagent ?

A « Réécritures » et intertextualité

▶ Le mot « texte » vient du latin *textus* qui signifie « **tissu** », « trame ». Cette étymologie nous rappelle que le texte est matière, qu'il est composé de multiples éléments et que c'est la manière dont ces éléments sont mis ensemble qui en font la singularité et l'éclat.

▶ On parle d'**intertextualité** quand apparaissent dans la matière du texte, de manière explicite ou non, des références, des traces, des influences d'autres textes : les **textes s'entrecroisent** pour former un nouveau texte, ainsi que l'écrit Julia Kristeva : « Dans l'espace d'un texte plusieurs énoncés pris à d'autres textes se croisent et se neutralisent. »

▶ On arrive à l'idée que toute écriture réécrit quelque chose qui a déjà été écrit, que ce soit de manière inconsciente ou de manière volontaire. L'**originalité** d'un écrivain réside alors dans sa manière singulière d'écrire après les autres, mais aussi avec les autres.

B Les formes de réécriture

Il existe différents types de réécritures (→ FICHE 49). On peut les regrouper en trois catégories.

▶ L'**intertextualité** proprement dite regroupe la citation, le plagiat et l'allusion.

▶ L'**hypertextualité**, dérivation d'un texte à partir d'un texte antérieur, regroupe le pastiche, la parodie et, de manière large, tout texte issu d'une transformation d'un autre texte, que ce soit par transposition ou imitation.

▶ La **métatextualité** désigne tout commentaire qui unit un texte à un autre sans obligatoirement le citer.

C Les strates de l'écriture

▶ L'homme n'écrit, ne parle que de lui, de ses rapports avec les autres, et avec le monde. Lisez l'*Iliade* et l'*Odyssée*, lisez les textes les plus anciens, vous serez dépaysés, mais vous comprendrez parce que les **questions essentielles** sont toujours les mêmes ; seules les manières de les traiter diffèrent selon les époques.

▶ On arrive alors à l'idée que tout texte se lit dans un **réseau de textes**. Un texte n'est jamais seul (→ FICHE 48). Il se lit aussi dans son épaisseur. Cette lecture active suppose, bien sûr, une solide culture littéraire.

D Qu'entend-on par « imitation » ?

L'imitation est souvent présentée de manière péjorative. Il ne faut pas copier, nous dit-on. Il nous faut donc reposer le problème autrement pour comprendre la **portée du concept d'imitation** en littérature, et de manière plus générale dans les arts (→ FICHE 48).

CONCLURE

Une bonne connaissance de l'histoire littéraire et des auteurs vous permet de repérer les phénomènes d'intertextualité. N'oubliez pas de mettre en œuvre ces connaissances lors de vos commentaires de textes.

Reprises, variations, imitations

48

•1re L

QUIZ p. 107

Comment penser l'imitation ?
Peut-on la justifier ?

1 *Des thèmes intemporels*

A Les mythes et les grandes figues héroïques

▶ Les mythes, et plus particulièrement la mythologie gréco-romaine, sont pris et repris à travers l'histoire littéraire, qu'on en **enrichisse** le récit, qu'on le **transpose** dans une autre époque, qu'on en **réinterprète** le sens.

▶ Certains personnages prennent le statut de mythe dans la mesure où ils sont suffisamment riches pour donner lieu à de nombreuses réécritures et interprétations. Ainsi le personnage de **Don Juan** devient une **figure mythique**, qu'il soit l'expression d'une révolte contre Dieu, contre les codes et croyances de la société du XVIIe siècle, qu'il soit figure de la conquête et du plaisir ou de l'ennui et de la mort.

INFO Don Juan a inspiré Molière (théâtre, 1665), Mozart (opéra, 1787), Mérimée (nouvelle, 1834) et Baudelaire (poème, 1857). Son nom est passé dans le langage courant pour désigner un séducteur.

B Les *topoï* ou lieux communs

▶ On parle de *topoï* pour désigner les passages obligés (→ FICHE 29). Ils s'organisent selon de **grandes thématiques** : « la fuite du temps », « la rencontre amoureuse », « la scène d'aveu »…

▶ Il faut toujours apprécier la **manière singulière** qu'un auteur a de traiter ce « lieu commun », la façon dont il s'en empare.

2 *L'imitation, histoire d'une idée*

A L'imitation est une source d'invention

▶ Au XVIe siècle, on redécouvre les textes anciens et l'imitation est un mot d'ordre : du côté de la langue française, pour l'**enrichir**, la **revitaliser** ; du côté des textes et des sources, pour les revendiquer et **s'en nourrir** (→ FICHE 45).

▶ Au XVIIe siècle, les dramaturges, non seulement puisent leurs sources chez les Anciens, mais suivent de près la poétique notée par Aristote. Ils en tirent des tragédies françaises du XVIIe siècle et non de pâles copies des pièces antiques.

B Imiter n'est plus inventer

▶ La notion d'œuvre originale date de l'émergence de l'écrivain comme **auteur propriétaire** de son œuvre et protégé par la loi (à partir de la loi Le Chapelier en 1791).

▶ Les causes de ce changement de statut sont la plus large diffusion des œuvres et les changements de mentalité : culte de l'individu, importance accordée au « moi » et à l'expression de ses propres sentiments. Tout le XIXe siècle ira dans ce sens.

▶ On recherche alors dans l'œuvre l'**originalité** qui **fait l'artiste**. Dès ce moment, la copie est considérée comme un **plagiat**, et le plagiaire peut être attaqué en justice.

C Imiter pour démythifier

▶ Au XXe siècle, « l'originalité » et la propriété individuelle d'une œuvre ont été remises en question, entre autres, par les surréalistes : les cadavres exquis sont des **œuvres collectives**.

▶ De nombreux peintres reprennent des motifs anciens pour les parodier, ou les détourner dans un processus de remise en question et de **désacralisation** du patrimoine culturel.

D L'intertextualité

▶ Dans la seconde moitié du XXe siècle, on prend acte du caractère **intertextuel** de toute écriture. Il n'est plus question de poser le problème de l'écriture en termes d'opposition entre imitation et invention, entre copieur et créateur.

▶ Toute production littéraire est considérée comme la résultante d'un ensemble de textes. Ainsi se tisse l'infini des textes à venir. Le **lecteur** occupe une place nouvelle dans ce dispositif, dans la mesure où c'est à lui d'expliciter les liens, de retrouver le texte sous le texte.

CONCLURE

Que l'on parle d'imitation ou d'intertextualité, l'essentiel est de comprendre que toute écriture est une réécriture. Au lecteur de décrypter le jeu intertextuel.

« L'atelier de l'écrivain »

•1re L

QUIZ p. 107

Quels sont les différents types de réécritures dont dispose un écrivain ?

1 *Variations sur un texte*

A Le travail de l'écrivain

Le travail de l'écrivain est parfois déjà une réécriture : l'étude des **variantes** et des **brouillons** le montre. Ainsi, Montaigne, de 1572 à 1592, modifie ses *Essais*.

B L'amplification

Le texte source devient une sorte de **matrice** à partir duquel le texte second se développe. L'exemple type est celui des **réécritures des apologues** d'Ésope par La Fontaine.

2 *La transposition*

A D'un genre à l'autre, tout est possible

- **Du récit au théâtre** : les tragédiens français du XVIe et du XVIIe siècle transposent au théâtre les récits bibliques ou les récits des historiens latins et grecs.
- **De la prose à la poésie** : les *Fables* d'Ésope sont de courts récits en prose, La Fontaine leur donne une forme versifiée.
- **D'un genre théâtral à un autre** : « […] Voilà le fond, dont on eût pu faire, avec un égal succès, une tragédie, une comédie, un drame, un opéra, *et caetera* », explique Beaumarchais dans sa *Lettre sur la chute et la critique du* Barbier de Séville.
- **De l'essai à l'apologue** : les chapitres que Montesquieu consacre aux Troglodytes dans les *Lettres persanes*, reprennent, dans le genre de l'apologue, les idées développées dans *De l'esprit des lois*.

B D'un art à l'autre

- La **peinture d'histoire** retrace les grandes scènes historiques, mythologiques ou religieuses (→ FICHE 17).
- L'***ekphrasis*** (→ FICHE 17) transpose l'art en littérature.
- Le **cinéma** s'empare de tous les genres (on parle alors d'**adaptation**) pour les mettre en images.

C À l'intérieur du texte

▶ Dans *Exercices de style* (1947), Queneau propose quatre-vingt-dix-neuf versions d'un même événement, en variant les registres, les niveaux de langue, etc.

▶ À l'intérieur d'un récit, les jeux sur les changements de focalisations présentent des variantes d'une même scène. Le **roman épistolaire** procède de cette manière.

3 *L'imitation*

▶ La **parodie** (du grec : *para-* « à côté de » et *odê* « chant ») emprunte à un genre ses caractéristiques pour s'en moquer :
– dans la parodie **burlesque**, le modèle est noble mais le registre utilisé est bas ;
– dans la parodie **héroï-comique**, le sujet est bas (vulgaire, quotidien) et on le traite de manière exagérément noble.

▶ Le **pastiche** est une écriture « à la manière de ». Il suppose une étude attentive du style du texte-source.

4 *Le commentaire*

Un auteur fait clairement allusion à un autre et commente son œuvre, comme dans ce passage évoquant Rousseau :

> le voyant en train de lire [...] chacun des vingt-trois volumes de prose larmoyante, idyllique et fumeuse, ingurgitant pêle-mêle les filandreuses et genevoises leçons d'harmonie, de solfège, d'éducation, de niaiseries, d'effusions et de génie [...].
>
> ■ Claude Simon, *La Route des Flandres*, 1960.

5 *La citation, l'allusion et le plagiat*

▶ La **citation**, littérale, est rendue visible par la typographie.

▶ Le **plagiat** est un emprunt non déclaré mais littéral.

▶ L'**allusion** est plus ou moins implicite et non littérale. Elle demande au lecteur une activité de décryptage.

CONCLURE

Les formes de réécriture sont très diverses. L'écrivain peut en jouer à sa guise. Mais il ne faut pas oublier qu'elles supposent un lecteur capable de tisser lui aussi des réseaux entre les textes et les auteurs.

Quiz express 50

Vérifiez que vous avez bien retenu les points importants **fiches 44 à 49**

1 *Le contexte historique de l'humanisme*

1. L'innutrition est :
- ☐ a. une maladie découverte par Christophe Colomb
- ☐ b. une manière de se nourrir des textes anciens
- ☐ c. un style architectural

2. Quel événement a le plus marqué l'humanisme ?
- ☐ a. les débuts de l'imprimerie
- ☐ b. la redécouverte des textes anciens
- ☐ c. les guerres d'Italie

2 *Les valeurs de l'humanisme*

Complétez avec les termes : *Pantagruel, Gargantua, humanisme, lettre, Rabelais, savoirs, valeurs.*

.... de .... est un bon exemple de ce qu'est l'......... . En effet, la .... de .... à son fils énumère les domaines de .... et les .... caractéristiques de ce mouvement.

3 *L'imitation*

Le recours à l'imitation est :
- ☐ a. le propre des mauvais écrivains
- ☐ b. la marque d'une pauvreté d'imagination
- ☐ c. source d'invention

4 *Formes de réécriture*

	Vrai	Faux
1. Une citation est une référence implicite à un autre texte.	☐	☐
2. L'intertextualité regroupe citation et allusion	☐	☐
3. On appelle hypertextualité toute dérivation d'un texte antérieur	☐	☐

5 *« L'atelier de l'écrivain »*

Le jeu sur les réécritures suppose :
- ☐ a. un lecteur cultivé
- ☐ b. une lecture en réseau
- ☐ c. une complicité entre l'écrivain et le lecteur

Corrigés !

Score : … / 12

1 *Le contexte historique de l'humanisme* Fiche 45

1. **Réponse b.** Le terme créé au XIXe siècle désigne la manière dont les écrivains du XVIe siècle revendiquent le droit d'utiliser et d'imiter les textes anciens pour nourrir leurs propres textes.

2. **Réponses a, b et c.** C'est la convergence de tous ces événements qui a créé les conditions de l'émergence de l'humanisme.

2 *Les valeurs de l'humanisme* Fiche 46

Pantagruel de Rabelais est un bon exemple de ce qu'est l'humanisme. En effet, la lettre de Gargantua à son fils énumère les domaines de savoirs et les valeurs caractéristiques de ce mouvement.

3 *L'imitation* Fiche 48

Réponse c. Quand on parle de réécritures, imiter n'est pas copier. C'est prendre conscience de l'intertextualité à l'œuvre dans toute tentative d'écriture, et en jouer pour créer du nouveau.

4 *Formes de réécriture* Fiche 47

1. **Faux.** Une citation est une référence explicite à un autre texte, elle est rendue visible par l'usage des guillemets.

2. **Vrai.** L'intertextualité regroupe la citation et l'allusion, elle suppose une relation de coprésence entre des textes.

3. **Vrai.** L'hypertextualité désigne toute écriture qui dérive d'un texte antérieur (imitation, transposition, parodie, pastiche).

5 *« L'atelier de l'écrivain »* Fiche 49

Réponses a, b et c. Les jeux sur les réécritures n'ont d'intérêt que si le lecteur y participe activement.

Analyser le lexique

51

La connaissance d'un lexique adapté est nécessaire tant pour la compréhension et l'analyse des textes que pour la précision de votre expression écrite et orale.

1 *Champ lexical et réseau lexical*

Les mots du langage désignent des réalités du monde, qu'elles soient concrètes ou abstraites (les idées).

▶ On appelle **champ lexical** l'ensemble des termes désignant une même réalité : *guerre, arme, bataille*. Attention ! on ne doit jamais se contenter de relever un champ lexical, il faut l'analyser précisément pour mettre à jour les sous-thèmes et les relations de sens.

▶ Le **réseau lexical** est un champ lexical étendu aux autres termes qui, par leur connotation ou leur emploi en contexte, relèvent de la même thématique. Ainsi *guerrier, armes, combattre, munition, fusil* font partie du champ lexical de la guerre et *mutilation, hôpital, panique* font partie de son réseau lexical.

▶ Le champ lexical et le réseau lexical sont repérables dans les **métaphores filées** (→ FICHE 54). Ainsi, dans ce passage, Proust file la métaphore guerrière :

> [Le] monocle du général, resté entre ses paupières comme un éclat d'obus dans sa figure vulgaire, balafrée et triomphale, au milieu du front qu'il éborgnait comme l'œil unique du cyclope, apparut à Swann comme une blessure monstrueuse qu'il pouvait être glorieux d'avoir reçue, mais qu'il était indécent d'exhiber.
>
> ■ Marcel Proust, *Du côté de chez Swann*, 1913.

▶ La **connotation** est la charge affective et subjective ajoutée à la **dénotation** d'un terme (la définition du dictionnaire) en fonction de la culture personnelle du lecteur. Les textes littéraires jouent sur ce pouvoir d'évocation des mots.

2 *Polysémie, synonymie, antonymie*

▶ Un même terme peut avoir plusieurs sens, il est dit **polysémique**. La polysémie permet de jouer sur différents niveaux de sens. Ainsi dans la phrase « une harmonie telle qu'il n'y en eut jamais en enfer »,

Voltaire joue sur le double sens d'*harmonie*, « formation musicale » et « entente, paix », pour intriguer son lecteur.

▶ Des termes différents peuvent recouvrir une même réalité, ils sont dits **synonymes**. Cependant, un mot n'est jamais l'exact équivalent d'un autre, il y a toujours une nuance de sens entre les synonymes. Dans une **énumération** ou une **gradation** (→ FICHE 54), il faut être attentif aux apports de sens de chacun des termes. Par exemple : « Je vois partout [...] la force, la brutalité, la cruauté, le sadisme » (Aimé Césaire).

▶ Des termes peuvent avoir des relations de sens opposés, ils sont dits **antonymes** : *généreux/avare*. Il est indispensable de les analyser dans une antithèse ou un oxymore (→ FICHE 54).

3 *Les types de lexique*

Vous devez savoir reconnaître et utiliser au moins ces quatre types de lexique.

▶ Le **lexique appréciatif** permet d'exprimer une appréciation ; elle peut être positive, on parle de lexique **mélioratif** (*admirable, magnifique*) ; elle peut être négative, on parle de lexique **péjoratif** (*fade, néfaste, borné*). On le trouve dans l'éloge et le blâme, et dans l'expression de la subjectivité.

▶ Le **lexique évaluatif** permet d'exprimer un jugement de valeur sur une échelle graduée (*petit/moyen/grand/géant, chaud/tiède/froid/glacé*) dans divers domaines : pragmatique (*utile/inutile)* moral (*juste/injuste*), etc.

▶ Le **lexique affectif** permet d'exprimer la manière dont on est affecté par quelque chose. C'est le lexique des sentiments et des émotions (*admiration, souffrance*). Les adjectifs sont souvent formés sur un nom de sentiment : si je dis que quelque chose est *pitoyable*, c'est que je suis affecté par le sentiment de la *pitié*. Ce lexique est aussi utilisé dans l'expression de la subjectivité.

▶ Le **lexique abstrait** est le lexique des opérations de la pensée (*réfléchir, méditer ; notion, concept*) ; du jugement (*apprécier, concéder, réfuter*) ; de la morale (*vertu, droit, devoir*) ; de la philosophie (*liberté, conscience, être*) ; des catégories artistiques (*baroque, classique*) ; du sentiment esthétique (*beau, sublime*), etc. Vous aurez à utiliser ce lexique pour le commentaire et la dissertation.

Analyser les phrases 52

La phrase est une unité complète et autonome construite selon un ensemble de règles. La description de ces règles concerne la syntaxe. Elle peut aussi être étudiée du point de vue de son rythme.

1 La phrase et la proposition

▶ On distingue la phrase de la proposition. Une phrase peut comporter une seule ou plusieurs propositions.

▶ Une phrase constituée d'une seule proposition est une **phrase simple**. Une phrase constituée de plusieurs propositions est une **phrase complexe**.

▶ Les propositions d'une phrase complexe peuvent être :
– **coordonnées** par une conjonction de coordination (*Je sors car il fait beau*) ou par un adverbe (*Il neige, alors je prends les skis*) ;
– **juxtaposées** (*Il la voit, il en tombe amoureux, il lui déclare sa flamme*) ;
– liées entre elles par une relation de **subordination**, conjonctive ou relative (*Je dors quand je le peux*).

2 Modalités de la phrase

A Les types de phrase

▶ On distingue **quatre types de phrases**.
• La phrase **déclarative** (ou assertive) sert à affirmer quelque chose. C'est la phrase canonique [groupe nominal, groupe verbal].
• La phrase **interrogative** sert à poser une question. Elle est marquée par un point d'interrogation et, en principe, par l'inversion du sujet et l'utilisation d'un terme interrogatif.
• La phrase **impérative** sert à donner un ordre (injonction). Elle est marquée par l'impératif et l'absence de sujet.
• La phrase **exclamative** permet au locuteur d'exprimer son sentiment. Elle est marquée par la présence d'un point d'exclamation.

▶ Chacune d'entre elles peut être affectée par la **négation** (*ne… pas, ne… jamais, personne… ne,* etc.), la passivation (*il mord/ il est mordu*), l'emphase (*il vient/ c'est lui qui vient*).

B Les phrases atypiques

▶ Les phrases à **présentatif** : *Voilà quelqu'un. C'est Pierre qui arrive. Il y a un loup dans les bois. Il était une fois…*

▶ Les phrases **nominales** : phrases sans verbe, elles peuvent être déclaratives (*Fin de la piste*), interrogatives (*La sortie ?*), exclamatives (*Génial, ce film !*).

▶ Les **incises** : courtes, elles comportent un verbe de parole ou de pensée et un sujet inversé ; elles sont insérées au milieu ou en fin de phrase dans le discours direct (*dit-il*).

3 Étude du rythme

A L'intonation de la phrase

Une phrase est caractérisée par une intonation **variant selon le type de phrase** : par exemple, l'intonation diffère dans une phrase assertive ou interrogative.

▶ On appelle la première inflexion de la phrase, la **protase**, et la seconde, l'**apodose** ; l'articulation entre protase et apodose s'appelle l'**acmé**.

▶ La phrase canonique comporte une protase plus courte (cadence majeure). *Si j'étais sûr qu'il vînt/ j'organiserais les choses autrement.*

▶ Il y a donc effet stylistique lorsque l'apodose est plus longue (cadence mineure) : « Un corps humain, même aimé comme était celui d'Albertine, nous semble à quelques mètres, à quelques centimètres, distant de nous » (Proust).

B La période

▶ C'est une **phrase complexe**, **ample**, qui combine les différents types de construction syntaxique des propositions.

▶ Il faut toujours en examiner l'impact d'un point de vue rhétorique : ton oratoire ? lyrisme ? éloge ? blâme ? etc.

C Rythme binaire et rythme ternaire

▶ Le **rythme binaire** consiste à grouper les termes par deux : *Tu viens et je suis heureux.*

▶ Le **rythme ternaire** les regroupe par trois : « Le loriot siffle, l'hirondelle gazouille, le ramier gémit » (Chateaubriand).

Étudier l'énonciation

53

L'énonciation est l'acte individuel de production d'un énoncé par un locuteur. On peut chercher à analyser les textes en fonction de leur type d'énonciation.

1 La situation d'énonciation

▶ Tout énoncé s'inscrit dans une situation d'énonciation. Un locuteur produit un énoncé, dans un lieu et temps donné, adressé à quelqu'un (l'allocutaire).

▶ Quand, pour comprendre l'énoncé, il faut connaître les conditions de l'énonciation, on parle d'**énoncé « ancré » dans la situation d'énonciation**. Pour comprendre l'énoncé *Je suis ici*, l'allocutaire doit savoir qui est le « je » et où il se trouve, c'est-à-dire la situation dans laquelle l'énoncé a été produit.

▶ Quand il n'est pas nécessaire de connaître les conditions de l'énonciation, on parle d'**énonciation « coupée » ou** d'**énonciation historique**. Pour comprendre l'énoncé *Louis XIV est mort en 1715*, il n'est pas nécessaire de connaître les conditions de l'énonciation.

2 L'énoncé « ancré » dans la situation d'énonciation

On le reconnaît à la présence des éléments suivants.

▶ Le **système de la 1re et 2e personne** : pronom personnel (*je, me, tu, te, nous, vous*), déterminant et pronom possessif (*mon, ma, votre, le tien*…) et le **présent d'énonciation**, qui correspond au moment même de l'énonciation ; le **passé composé** est utilisé pour évoquer un moment du passé.

▶ Des **déictiques**, qui sont des termes ne se comprenant que s'ils sont accompagnés d'un geste. *Prends ce livre* ne se comprend que si je désigne du doigt le livre en question. Le déterminant et le pronom démonstratif (*ce, cet, cette, ces, celui-là*) et les adverbes de lieu et de temps (*ici* et *maintenant*) sont typiquement des déictiques.

▶ Des **temps verbaux**. Le **présent d'énonciation** correspond au moment même de l'énonciation ; le **passé composé** est utilisé pour évoquer un moment du passé.

▶ Des **modalisateurs**, qui indiquent le degré d'adhésion de l'énonciateur à son énoncé : *il pleuvra sans doute, peut-être, certainement…* Ils peuvent être des adverbes (*probablement, certainement…*), des locutions adverbiales (*peut-être, sans doute…*), des auxiliaires de mode (*devoir, pouvoir, vouloir…*), certains adjectifs qualificatifs (*possible, certain, probable…*). Le conditionnel peut indiquer aussi une distance de l'énonciateur à son énoncé : *on pourrait dire qu'il a raison mais…*

▶ Des **marques de la subjectivité** : utilisation d'un lexique évaluatif, appréciatif, affectif (→ FICHE 51).

▶ Des **marques du jugement** : verbes de jugement (*je pense, je crois, j'affirme*).

N.B. : Certaines grammaires regroupent tous les termes qui ne se comprennent qu'à l'intérieur d'une situation d'énonciation sous l'appellation « déictiques ».

3 L'énoncé « coupé » de la situation d'énonciation

▶ Il s'oppose point par point à l'énoncé ancré dans la situation d'énonciation. On le reconnaît à la présence des éléments suivants :
– le **système de la 3e personne** : pronom personnel (*il, ils*) ; déterminant possessif (*son, sa, sien, leurs*) ;
– le **présent de narration** et le **passé simple** ;
– des indices **spatio-temporels**, qui permettent un **repérage absolu** dans le temps et dans l'espace ;

▶ On le reconnaît aussi à l'**absence** de marques de la subjectivité et du jugement.

4 L'énonciation et l'analyse de texte

▶ La distinction entre les deux types d'énonciation sert à repérer ce qui, dans les textes, relève du **discours** (énoncé « ancré ») et ce qui relève du **récit** (énoncé « coupé »).

▶ Un autre enjeu peut être de voir si, dans un texte apparemment neutre, on trouve des traces de la subjectivité, des modalisateurs, etc. Ainsi, dans une narration à la troisième personne, on cherchera tous les indices qui pourraient indiquer l'**intrusion du narrateur et de ses commentaires**.

Reconnaître les figures de style 54

Identifier les figures de style aide à mieux commenter un texte à condition de les mettre en relation avec l'analyse du sens.

1 Les figures de sens

A Les figures d'analogie

Elles créent de nouvelles images en reliant entre elles, par des points communs, des réalités différentes.

▶ La **comparaison**. Deux éléments, comparé et comparant, sont mis en relation par un outil explicite. Celui-ci peut être une préposition (*comme*), une conjonction (*de même que, ainsi que*…), un verbe (*ressembler*…), un adjectif (*semblable*…). Ainsi les albatros, évoqués dans un poème de Baudelaire : « Laissent piteusement leurs grandes ailes blanches / Comme des avirons traîner à côté d'eux ».

▶ La **métaphore** est une comparaison sans outil explicite. Elle est filée quand elle se prolonge sur plusieurs vers ou phrases : « Bergère ô tour Eiffel le troupeau des ponts bêle ce matin » (Apollinaire).

▶ La **personnification** consiste à donner à des objets les caractéristiques d'êtres humains : « Tu lis les prospectus les catalogues les affiches qui chantent tout haut » (Apollinaire).

▶ L'**allégorie** permet de représenter sous une forme concrète une idée abstraite : « […] et l'Angoisse atroce, despotique, / Sur mon crâne incliné plante son drapeau noir. » (Baudelaire).

B Les figures de substitution

Elles substituent un mot à un autre, selon des rapports plus ou moins proches.

▶ La **métonymie**. Elle rapproche un mot d'un autre mot ayant avec lui un rapport de contiguïté ou un rapport logique : *boire un verre, croiser le fer, une fine lame*. La **synecdoque** est une sorte de métonymie qui permet de dire le tout par sa partie : *un trois-mâts*.

▶ La **périphrase** consiste à substituer au nom qui désigne une personne, un objet ou une abstraction, une expression complexe : *l'oiseau de Jupiter* = l'aigle.

C Les figures d'atténuation et d'exagération

Elles permettent d'atténuer ou d'amplifier le sens.

▶ L'**euphémisme** est une évocation détournée d'un fait pour en atténuer la violence : *il est parti* au lieu de *il est mort*.

▶ La **litote** permet de dire peu pour dire beaucoup :
« Va, je ne te hais point » (= *Je t'aime* ; Corneille, *Le Cid*).

▶ L'**hyperbole** fait employer des termes exagérés par rapport à la réalité qu'ils désignent : *souffrir mille morts*.

D Les figures d'opposition

Elles mettent en relation des termes ou des idées qui s'opposent par le sens.

▶ L'**antithèse.** Deux termes de sens contraire s'opposent au niveau de la phrase ou d'un ensemble de phrases : « Songe aux cris des vainqueurs, songe aux cris des mourants » (Racine).

▶ L'**oxymore.** Deux termes s'opposent par le sens au sein d'un même groupe syntaxique : « Le soleil noir de la mélancolie » (Gérard de Nerval).

▶ L'**antiphrase,** figure de l'ironie, fait comprendre le contraire de ce que l'on semble dire : *Quel beau temps*, alors qu'il pleut.

2 Les figures de construction

Ces figures ont trait à la construction des phrases.

▶ L'**anaphore** consiste à répéter en début de vers (ou de phrase) un même mot ou groupe syntaxique :

> Voilà comme Pyrrhus vint s'offrir à ma vue ;
> Voilà par quels exploits il sut se couronner ;
> Enfin voilà l'époux que tu me veux donner.
>
> ■ Racine, *Andromaque*.

▶ La **gradation** est une **énumération** ordonnée suivant un ordre croissant ou décroissant ; le dernier terme est souvent hyperbolique : « C'est un roc !… C'est un pic !… C'est un cap ! Que dis-je, c'est un cap ? C'est une péninsule ! » (Rostand, *Cyrano de Bergerac*).

▶ Le **chiasme** consiste, à partir d'un parallélisme de construction, à croiser la fonction syntaxique de termes qui peuvent s'opposer par le sens : « Mon berceau a de ma tombe, ma tombe a de mon berceau » (Chateaubriand).

Identifier le registre littéraire 55

Tout texte fait ressentir un type d'émotion au lecteur. En repérant un registre, on cherche à identifier la nature de cette émotion.

1 *Les registres lyrique et épique*

A Le registre lyrique

C'est l'**expression forte des sentiments** sur des thèmes comme l'amour, la mort, la nature. Le texte est à la première personne. Le lyrisme peut être déploration ou hymne joyeux.

B Le registre épique

En relation avec l'épopée, c'est une narration d'épisodes guerriers qui tend à **magnifier les combats** et **les exploits des héros** jusqu'à les diviniser. L'exemple typique est l'*Iliade*, d'Homère.

2 *Les registres tragique, comique et pathétique*

A Le registre tragique

Le héros tragique est aux prises avec le destin ou avec des **forces qui le dépassent.** Le lexique, noble et solennel, fait référence aux dieux, au destin, à une fatalité. On parle d'ironie tragique, quand le héros, cherchant à trouver une issue favorable, prend des décisions qui vont se retourner contre lui et le mèneront droit là où le destin l'attend.

B Le registre comique

La visée est le rire. Il joue sur le décalage entre ce qui est attendu et ce qui est produit. On le reconnaît précisément à trois types de comique : le comique de mots (jeux de mots, inventions langagières, répétitions) de gestes (gesticulations, poursuites, chutes…) et de situation (situations incongrues, quiproquos, amant dans l'armoire…).

C Le registre pathétique

Il caractérise un texte qui cherche à **émouvoir le lecteur** et à lui faire ressentir le sentiment de la pitié et de la compassion. On le reconnaît à l'expression de la souffrance physique ou morale, à des images violentes, à des invocations. Il joue sur la capacité d'identification du lecteur.

3 Les registres merveilleux et fantastique

A Le registre merveilleux

C'est le **monde des contes de fées.** Dans le monde merveilleux, il est naturel que les humains côtoient fées, ogres et animaux qui parlent… Contrairement au fantastique, le surnaturel ne provoque pas l'angoisse.

B Le registre fantastique

Des **éléments surnaturels** font irruption **dans le réel.** On ne sait pas si ces événements sont explicables rationnellement ou non. L'angoisse ressentie est due au doute qui est maintenu jusqu'à la fin du récit. Le lexique de l'étrangeté et de la peur est employé. Le texte est souvent à la première personne ou en focalisation interne, le lecteur suit le narrateur dans ses doutes et ses peurs.

4 Les registres liés à l'argumentation

A Le registre didactique

La **visée est l'enseignement.** On le reconnaît à une argumentation claire qui cherche à guider le lecteur dans sa compréhension. On peut trouver des impératifs et tous les modes d'expression du conseil.

B Le registre polémique

Le mot vient du grec *polemos* qui veut dire « guerre ». Il caractérise un débat conflictuel, une argumentation menée de manière violente. Les **mots servent d'armes.** On cherche l'implication du destinataire.

C Le registre satirique

La **visée est la critique.** On se moque d'une catégorie professionnelle ou sociale, en la mettant en situation. Ainsi Molière fait la satire des médecins dès qu'il en a l'occasion.

D Le registre ironique

L'ironie fait entendre le contraire de ce qui est énoncé. **Jeu sur le second degré**, elle suppose la complicité de l'interlocuteur qui accepte de décrypter le sens. L'ironie se définit par l'antiphrase. L'ironie peut servir une visée critique. Voltaire l'utilise beaucoup.

Sciences

Cochez la case quand vous avez révisé ☑ la fiche ou la partie

SOMMAIRE
SCIENCES

CHECK LIST

REPRÉSENTATION VISUELLE

L'œil : système optique et formation des images
OK ☐

Vision du monde : de l'œil au cerveau
OK ☐

Couleurs et arts
OK ☐

NOURRIR L'HUMANITÉ

Vers une agriculture durable

OK ☐

Qualité des sols et de l'eau

OK ☐

Qualité et innocuité des aliments

OK ☐

FÉMININ/MASCULIN

Prendre en charge sa vie sexuelle de façon conjointe et responsable

OK ☐

Les conditions pour voir un objet

56

? QUIZ p. 131

1 Théories anciennes de la vision

▶ La **philosophie grecque** s'est beaucoup intéressée à la relation œil-objet, en particulier Aristote (384-322 av. J.-C.) qui écrivait dans *La Métaphysique* : « La vue est, de tous les sens, celui qui nous fait acquérir le plus de connaissances… »

• Pour les **Pythagoriciens** et **Platon**, les yeux projettent un flux vers l'objet (DOC. 1). Dans le *Timée* de Platon (427-348 av. J.-C.), les yeux sont porteurs de lumière. Un feu visuel jaillit de l'œil sous l'action de la lumière du jour et va rencontrer le feu qui provient des objets. De cette rencontre naît la vision.

• Pour les **atomistes** (Démocrite, Épicure, Lucrèce, etc.), les corps émettent en continu des images d'eux-mêmes : de fines particules – les simulacres – se détachent des objets, voltigent en tous sens et pénètrent, pour certaines, dans l'œil.

▶ Une avancée capitale vers l'optique moderne est faite en Perse au Xe siècle avec **Ibn Al Haytam** ou Alhazen. Pour lui, les rayons lumineux vont de l'objet vers l'œil, celui-ci devenant récepteur de lumière.

Doc. 1 « Les rayons sortent de l'œil et vont palper l'objet ».

SCIENCES

2 « Les conditions de visibilité d'un objet »

A Les objets lumineux

▶ Un objet visible par l'œil est un **objet lumineux**.

▶ L'objet qui produit sa propre lumière est une **source lumineuse primaire**. Le Soleil, les étoiles sont de telles sources.

▶ L'objet qui renvoie, dans toutes les directions, une partie de la lumière qu'il reçoit est une **source lumineuse secondaire**.
On dit que cet objet **diffuse** la lumière. La Lune, la plupart des objets courants sont des objets diffusants.
Il faut remarquer qu'un objet noir absorbe toute la lumière reçue : il n'est donc pas théoriquement « visible ».

B La propagation de la lumière

▶ Un objet lumineux ne peut être vu que si la lumière qu'il émet arrive dans l'œil de l'observateur. L'objet ne sera donc pas visible si un obstacle opaque se trouve entre l'objet lumineux et l'œil. La lumière se propage par contre dans le vide et dans les milieux transparents (l'air, l'eau ou le verre).

▶ La fumée intercalée sur le trajet d'un faisceau laser, l'étude de la chambre noire ou celle des ombres portées nous montrent que dans un milieu transparent et homogène, la lumière se propage de manière **rectiligne**. On peut ainsi modéliser le cheminement de la lumière, **le rayon lumineux**, par une ligne orientée dans le sens de la propagation de la lumière.

Doc. 2 Conditions pour voir un objet.
Le personnage est visible pour l'observateur n° 1 mais pas pour l'observateur n° 2 (la boîte constitue un obstacle).

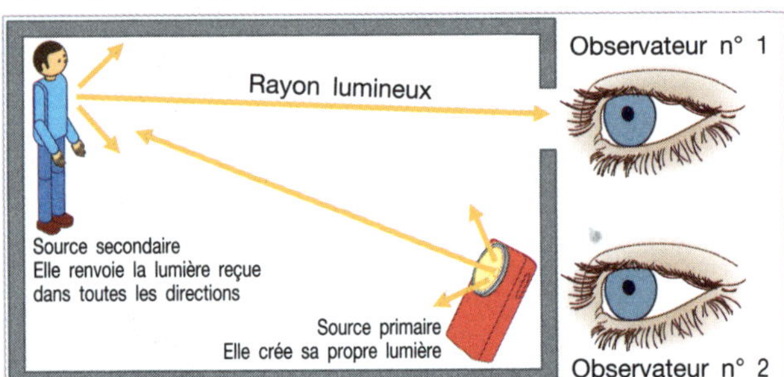

L'œil : système optique et formation des images

57

QUIZ p. 131

L'**œil** est l'organe sensoriel qui nous permet la perception visuelle du monde extérieur. Il capte les signaux lumineux et les transforme en influx nerveux envoyés au cerveau.

1 *L'anatomie de l'œil*

▶ L'œil est une sphère délimitée par trois membranes emboîtées de l'extérieur vers l'intérieur de la manière suivante.

- La **sclérotique** est une enveloppe blanche et résistante. En avant de l'œil, elle devient transparente et bombée : la **cornée**.
- La **choroïde**, de couleur noire, tapisse l'intérieur de la sclérotique dans la partie antérieure de l'œil où elle laisse place à l'**iris** coloré.
- La **rétine**, tissu nerveux très mince, est riche en photorécepteurs (neurones sensibles à la lumière) (→ FICHE 61). Elle se prolonge par le nerf optique.

Doc. 1 Structure interne de l'œil.

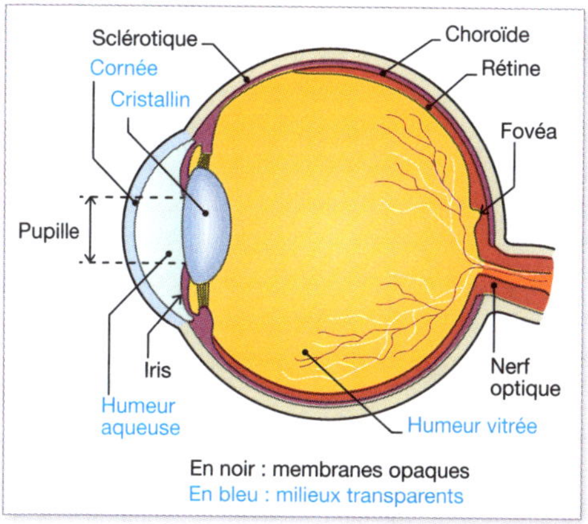

▶ L'intérieur du globe oculaire est constitué d'un ensemble de milieux transparents :

– le **cristallin,** lentille biconvexe (→ FICHE 58) à la courbure changeante ;

SCIENCES

– les liquides, nommés humeurs : l'**humeur aqueuse**, liquide situé entre la cornée et le cristallin, l'**humeur vitrée**, substance gélatineuse située entre le cristallin et le fond de l'œil.

▶ Entre la cornée et le cristallin, se trouve la partie colorée opaque de l'œil : l'**iris**. Son ouverture centrale, la **pupille**, laisse passer la lumière jusqu'au fond de l'œil. Sous une forte luminosité, la pupille se rétrécit, réduisant ainsi la quantité de lumière transmise à la rétine.

2 *La formation des images*

▶ Les milieux transparents de l'œil (cornée, cristallin, humeurs aqueuse et vitrée) permettent, à la manière d'une lentille convergente (→ FICHE 58), la formation d'une image sur la rétine. La **cornée** assure la plus grande partie de la convergence des rayons lumineux tandis que le cristallin donne au globe oculaire la possibilité d'une mise au point de l'image sur la rétine selon que l'objet regardé est lointain ou bien proche.

▶ Pour comprendre la formation d'une image sur la rétine, on peut assimiler l'œil à un système optique comprenant les éléments optiques essentiels (DOC. 2) :
– un **diaphragme** pour réguler la quantité de lumière entrant dans l'œil : il modélise le système iris-pupille ;
– une **lentille convergente** de distance focale OF' variable : elle représente l'ensemble des milieux transparents de l'œil ;
– un **écran** pour recevoir l'image de l'objet regardé : il est comparable à la rétine.

DOC. 2 Œil réel – œil réduit.

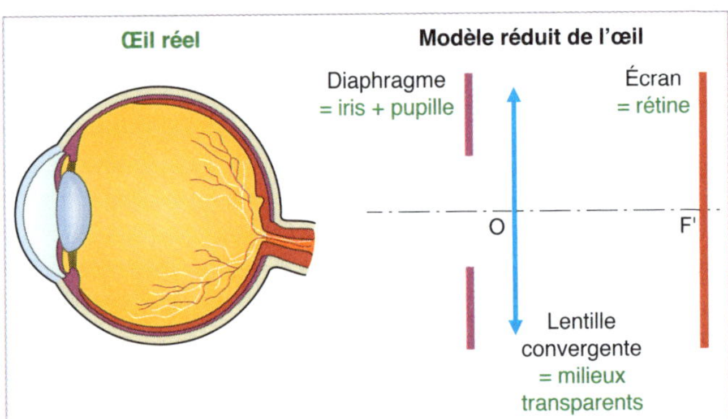

Les lentilles minces convergentes, divergentes

58

QUIZ p. 131

Une lentille est un milieu transparent en verre ou en matière plastique dont l'une au moins des deux faces n'est pas plane. Elle est dite mince si son épaisseur est de petite dimension par rapport à son diamètre.

1 *Les lentilles convergentes*

Ces lentilles se reconnaissent à leurs **bords plus minces** que le centre (DOC. 1a).

- À quelques centimètres d'un texte, la lentille le grossit.
- Un faisceau incident de lumière parallèle à l'axe optique va émerger de la lentille en se rapprochant de cet axe (DOC. 1b).
- Lorsqu'un objet lumineux est suffisamment loin sur l'axe de la lentille, l'image nette se forme au foyer image de celle-ci. La distance entre le foyer image F'et le centre optique O de la lentille est appelée **distance focale** ; elle est notée f (DOC. 1c).

Doc. 1 Lentilles convergentes.

a. Différentes lentilles convergentes

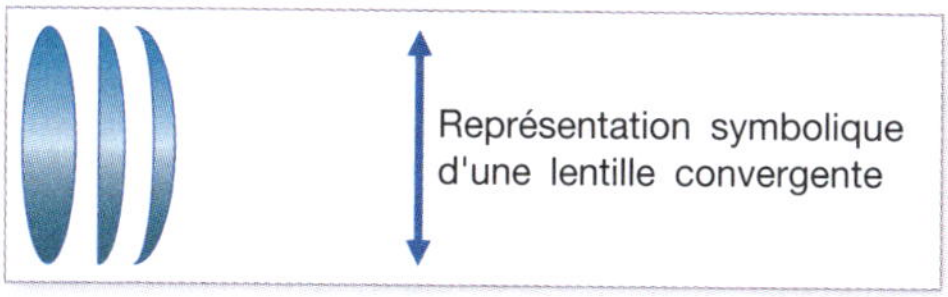

b. Effet sur un faisceau de lumière

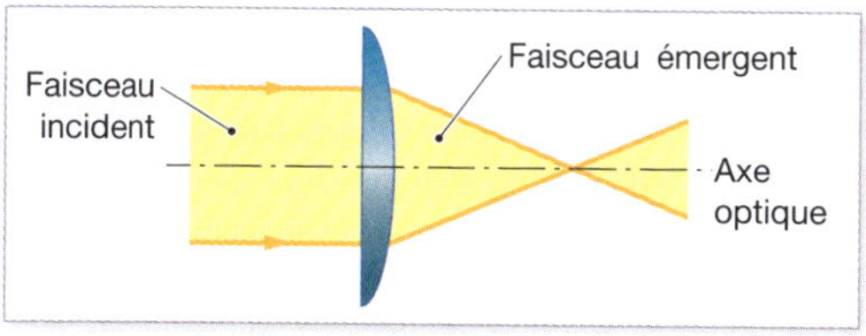

SCIENCES

c. Éléments caractéristiques d'une lentille convergente

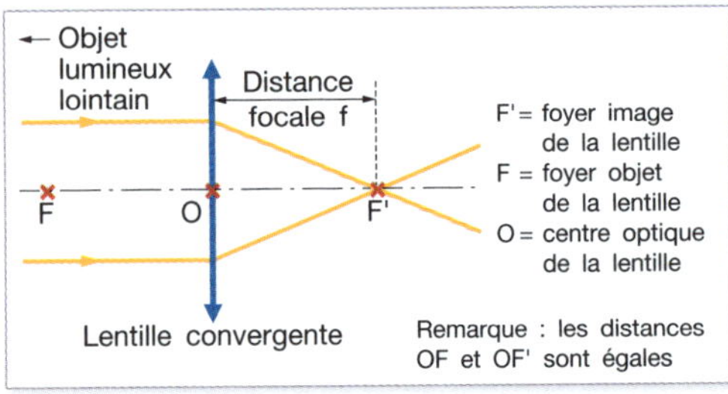

2 *Construire l'image à travers une lentille convergente*

Trois règles simples permettent de déterminer la position et la taille de l'image formée par une lentille :
– le rayon incident parallèle à l'axe optique émerge en passant par le foyer image de la lentille ;
– le rayon passant par le centre optique de la lentille n'est pas dévié ;
– le rayon incident passant par le foyer objet de la lentille émerge parallèlement à l'axe optique de la lentille.

3 *Les lentilles divergentes*

Ces lentilles se reconnaissent à leurs **bords plus épais** que le centre (DOC. 2a).

▶ À quelques centimètres d'un texte, la lentille le rétrécit.

▶ Un faisceau de lumière parallèle à l'axe optique va émerger de la lentille en s'écartant de l'axe optique (DOC. 2b).

Doc. 2 Lentilles divergentes.

a. Différentes lentilles divergentes

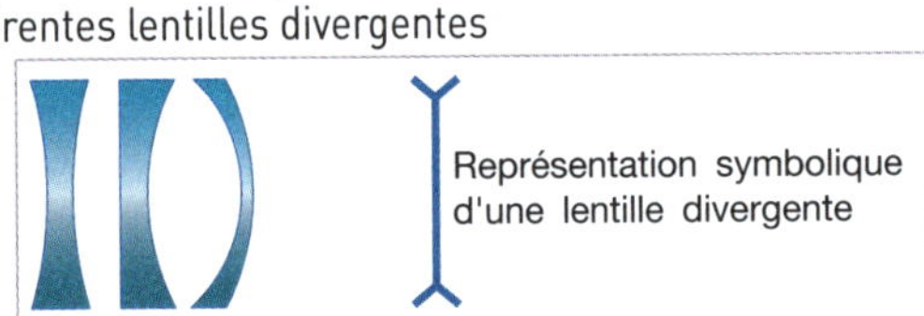

b. Effet sur un faisceau de lumière

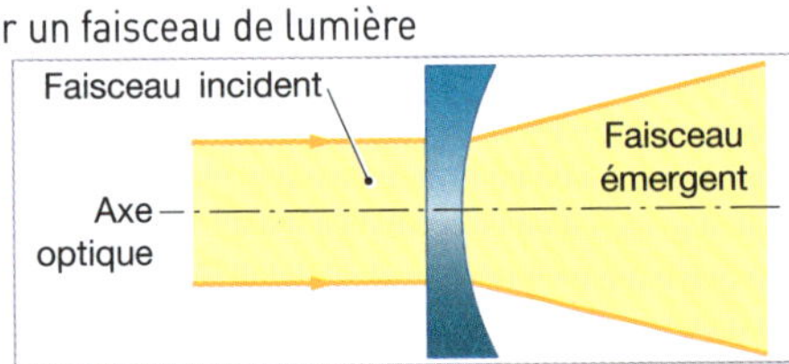

L'œil : accommodation, défauts et corrections

59

QUIZ p. 131

1 L'œil normal (ou emmétrope)

▶ Comme l'objet regardé n'est pas toujours à la même distance, l'œil doit « s'adapter » (→ FICHE 57). La profondeur de l'œil n'étant pas modifiable, le cristallin assure la fonction de **mise au point** en modifiant sa vergence (il sera plus ou moins convergent).

▶ En vision de loin, l'œil est au repos, l'image nette se forme sur la rétine. En vision de près, l'image nette se forme « en arrière » de la rétine : la perception sera donc floue (DOC. 1). Pour que l'image nette se forme sur la rétine, la vergence de l'œil doit augmenter (l'œil accentue ses capacités de convergence). Le cristallin fait la mise au point en adaptant sa forme (DOC. 2). Ce processus oculaire s'appelle l'**accommodation.**

DOC. 1 Mécanisme de l'accommodation.

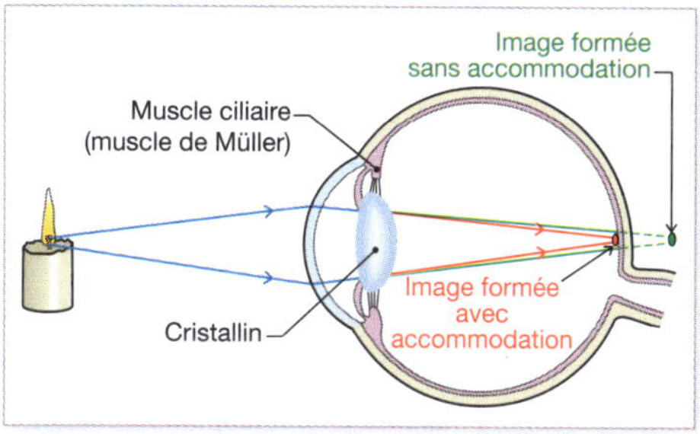

DOC. 2 Le cristallin adapte sa forme.

	Avec accommodation	Sans accommodation
Muscle ciliaire	contracté	relâché
Cristallin	épais et bombé	mince et allongé

▶ La **vergence** C d'un système optique correspond à l'inverse de sa distance focale f :

$$C = \frac{1}{f}$$

C en dioptrie (δ) ;
f en mètre (m).

La vergence d'une lentille convergente est positive. Celle d'une lentille divergente est négative.

SCIENCES

EXEMPLE Un œil normal au repos – regard porté sur un paysage lointain, par exemple – a une distance focale de f de 17 mm, c'est-à-dire une vergence C de 59 dioptries : c'est la vergence minimale de l'œil. En vision proche la vergence de l'œil est maximale (environ 63 δ).

▶ Le point le plus proche sur lequel l'œil peut accommoder la vision se nomme le **punctum proximum**. Cette distance augmente avec l'âge (de 15 cm à 30 ans, elle passe à 50 cm à 50 ans) car le cristallin vieillit, perd en élasticité donc en capacité d'accommodation.

▶ Le **punctum remotum** est le point le plus éloigné que l'on peut observer nettement ; il est à l'infini pour un œil normal.

2 Quelques défauts de l'œil

Certains défauts de l'œil proviennent d'une inadaptation entre la longueur du globe oculaire et sa vergence : l'œil est amétrope (disproportionné).

A Myopie

L'œil est **myope** lorsque l'image nette d'un objet éloigné se forme en avant de la rétine. Le plus souvent l'œil est « trop long », mais parfois la vergence de la cornée ou du cristallin est excessive. La myopie peut être corrigée à l'aide de verres divergents (lunettes ou lentilles de contact) ou encore par chirurgie (techniques laser ou implants intra-oculaires). Les techniques laser – très employées aujourd'hui – utilisent le laser Excimer : celui-ci permet de modeler la cornée pour en modifier la courbure aussi bien pour l'œil myope que pour l'œil hypermétrope.

B Hypermétropie

L'œil est **hypermétrope** lorsque l'image nette d'un objet éloigné se forme en arrière de la rétine. L'œil est « trop court » ou encore sa vergence trop faible. Contrairement au myope, la vision d'un hypermétrope sera toujours plus satisfaisante de loin que de près. L'hypermétropie est compensée par des verres convergents ou par traitement chirurgical.

C Presbytie

Avec l'âge, l'œil accommode moins bien : la vision proche devient floue. On parle alors de **presbytie**.

Quiz express 60

Vérifiez que vous avez bien retenu les points importants

fiches 56 à 59

L'œil : système optique et formation des images

1 Les conditions pour voir un objet

Le trajet de la lumière correspond au schéma (selon la théorie actuelle) :

☐ **a.** Œil → Objet → Source lumineuse

☐ **b.** Œil ← Objet → Source lumineuse

☐ **c.** Œil ← Objet ← Source lumineuse

2 L'œil réel et l'œil réduit

Dans l'œil réduit, le cristallin est représenté par :

☐ **a.** un écran ☐ **b.** un diaphragme

☒ **c.** une lentille convergente

3 Les caractéristiques des lentilles minces

Une lentille mince convergente possède :	Vrai	Faux
a. des bords plus minces que le centre	☐	☐
b. la faculté de rétrécir un texte situé à quelques centimètres	☐	☐
c. la représentation symbolique suivante ↕	☒	☐

4 L'œil : défauts et domaine de vision

Dotée d'une vision normale, une personne voit net d'un point distant d'environ 25 cm (punctum proximum) jusqu'à l'infini (punctum remotum). L'œil ci-dessous est celui d'une personne :

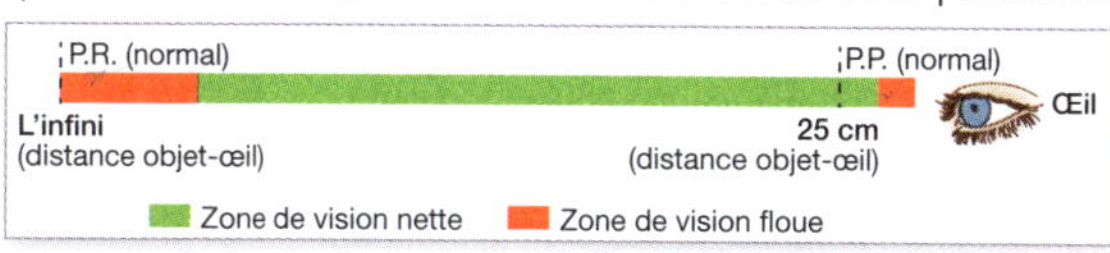

☒ **a.** hypermétrope ☒ **b.** presbyte

☐ **c.** myope ☐ **d.** emmétrope

SCIENCES

Corrigés !

Score : … / 4

1 *Les conditions pour voir un objet*

Fiche 56

Réponse c.

Tout objet que l'on voit est soit une source de lumière soit un objet diffusant. Ici, l'objet diffusant est éclairé par une source lumineuse. Une partie de la lumière diffusée par cet objet parvient jusqu'à notre œil.

2 *L'œil réel et l'œil réduit*

Fiche 57

Réponse c.

Dans l'œil réduit, le cristallin est modélisé par une lentille convergente. Dans l'œil réel, à mesure que l'objet regardé se rapproche, le cristallin accentue ses capacités de convergence permettant à l'image de rester toujours nette sur la rétine. Ainsi, dans le modèle réduit de l'œil, la lentille convergente aura une distance focale variable.

3 *Les caractéristiques des lentilles minces*

Fiche 58

a et c. Vrai.

Les lentilles convergentes sont plus épaisses au centre qu'aux bords. Elles ont donc une ou deux faces convexes.

b. Faux.

À quelques centimètres d'un texte, une lentille convergente grossit les mots : c'est l'effet loupe.

4 *L'œil : défauts et domaine de vision*

Fiche 59

Réponse c.

Dans la situation proposée, l'œil « voit » moins bien de loin que de près. En fait, le punctum remotum (P. R.) de cet œil, c'est-à-dire le point le plus éloigné de vision nette sans accommodation, est moins distant que dans le cas d'un œil normal. Cela caractérise la myopie. Ce trouble a deux origines : l'œil myope est un œil « trop long » ou encore ses capacités de convergence sont excessives.

Les caractéristiques des photorécepteurs rétiniens

61

? QUIZ p. 141

1 *La rétine, une membrane photosensible*

▶ La rétine est la membrane la plus interne de l'œil. Accolée contre la choroïde, c'est une enveloppe très mince parcourue de nombreux vaisseaux sanguins (→ FICHE 57).

▶ La rétine est un **tissu nerveux** qui correspond au prolongement du nerf optique dans le globe oculaire. Elle est constituée de neurones dont certains sont sensibles à la lumière : **les photorécepteurs**.

2 *Deux types de photorécepteurs*

▶ La rétine possède deux types de photorécepteurs :
– les **bâtonnets** avec un segment externe de forme cylindrique ;
– les **cônes** avec un segment externe de forme conique (DOC. 1).

▶ Le segment externe des photorécepteurs est spécialisé dans la photoréception : il renferme des **pigments rétiniens** qui sont des **protéines** appartenant toutes à une même famille moléculaire, celle des **opsines**.

DOC. 1 Les deux types de photorécepteurs.

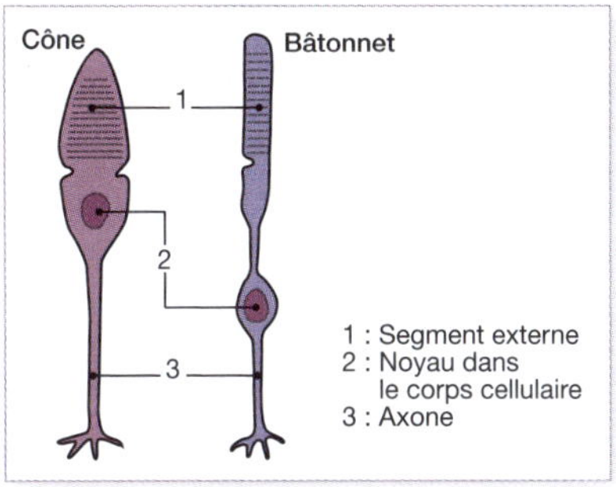

3 *Pigments rétiniens et perception du signal lumineux*

▶ Il n'existe qu'**un seul type de bâtonnets** car ils renferment tous le même pigment (la rhodopsine).

SCIENCES

▶ Il existe en revanche **trois types de cônes**. Chaque type de cône possède un pigment ayant un maximum d'absorption pour une radiation de longueur d'onde donnée (DOC. 2) :

– les **cônes de type S** (= short) contiennent une opsine S « sensible au bleu », absorbant surtout les radiations de courte longueur d'onde du visible ;

– les **cônes de type M** (= médium) contiennent une opsine M « sensible au vert », absorbant surtout les radiations de moyenne longueur d'onde du visible ;

– les **cônes de type L** (= long) contiennent une opsine L « sensible au rouge », absorbant surtout les radiations de grande longueur d'onde du visible.

▶ Les cônes de type S sont les moins nombreux (2 %), ceux de type L les plus nombreux (64 %) et ceux de type M représentent 32 % des cônes.

DOC. 2 Absorption des différentes radiations lumineuses par les pigments rétiniens.

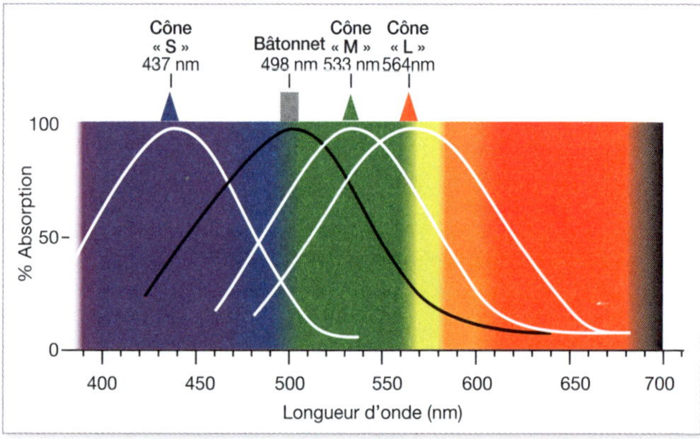

▶ Un type de cônes ne peut être responsable à lui seul de la vision d'une couleur : les spectres de ces cônes se superposant partiellement, un stimulus lumineux d'une longueur d'onde donnée sera plus ou moins absorbé par chaque type de cône. Cette plus ou moins grande absorption de la lumière par les trois types de cônes est à l'origine de notre sensibilité visuelle des couleurs dite **trichromatique**.

Propriétés des photorécepteurs et vision du monde

62

QUIZ p. 141

1 Des photorécepteurs aux propriétés différentes

▶ Les **bâtonnets** sont plus sensibles à la lumière que les cônes (DOC. 1), en revanche leur temps d'adaptation aux changements de conditions d'éclairement (ex. : lorsqu'on passe d'un endroit éclairé à un endroit sombre) est plus long que celui des cônes. Avec un seul type de pigment, ces récepteurs ne peuvent pas distinguer les couleurs.

Doc. 1 Seuil de sensibilité en fonction de la longueur d'onde des quatre types de photorécepteurs.

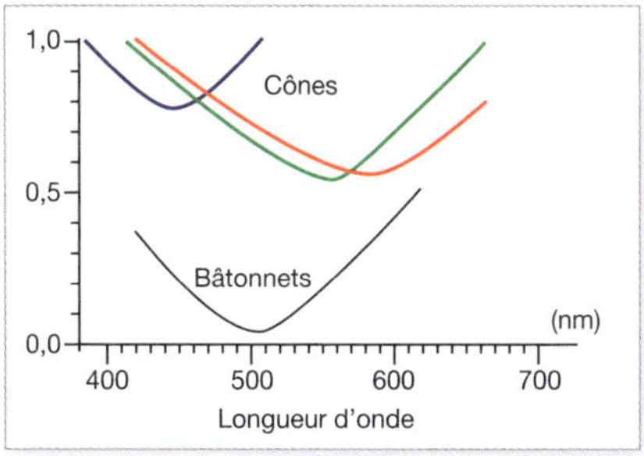

▶ Les **cônes** ne fonctionnent que si la luminosité est importante mais peuvent s'adapter très rapidement à des changements d'intensité et permettent une vision haute résolution des objets.

2 Vision et conditions d'éclairement

▶ Dans les conditions de **faible éclairement** (vision pré-nocturne), seuls les bâtonnets sont stimulés : la faible acuité et la non-distinction des couleurs font que notre perception des objets est floue et dans les nuances de gris ; d'où l'expression « La nuit tous les chats sont gris ! »

▶ Pour des **éclairements plus importants** (vision diurne), les bâtonnets étant saturés, seuls les cônes sont fonctionnels et permettent ainsi une perception colorée et précise des objets.

SCIENCES

3 *Vision centrale et périphérique*

▶ Chaque rétine possède de **5 à 7 millions de cônes** pour environ **130 millions de bâtonnets.** Cependant la répartition de ces photorécepteurs n'est pas la même.

• Au niveau de la **rétine centrale** (région de la **fovéa**), il y a principalement des cônes. C'est donc dans cette zone que l'acuité visuelle (DOC. 2) et la vision des couleurs sont optimales.

• En dehors de la fovéa, les cônes sont rares, les bâtonnets, de plus en plus nombreux à la périphérie de la rétine : dans cette zone, l'acuité visuelle est donc faible (DOC. 2) et la vision des couleurs, mauvaise.

▶ De plus, une zone précise de la rétine nommée « **point aveugle** » est dépourvue de photorécepteurs et donc de sensibilité à la lumière : ce point est situé à l'endroit où les fibres des neurones se rejoignent pour former le nerf optique.

Doc. 2 Variation de l'acuité visuelle selon l'éloignement de l'objet par rapport à l'axe optique.

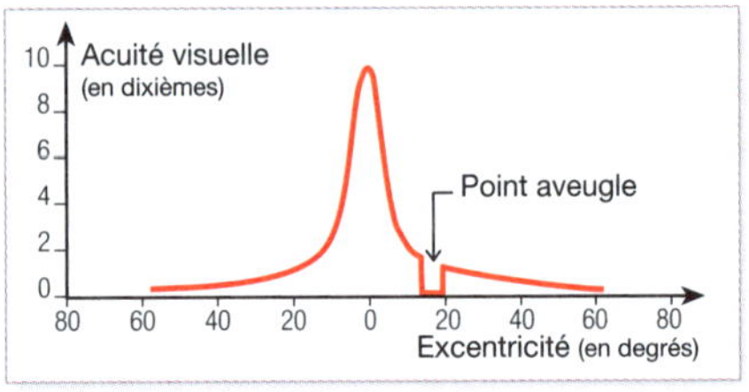

4 *Visions du monde altérées par des anomalies des photorécepteurs*

▶ Dans la forme la plus commune du **daltonisme,** les personnes affectées sont incapables de différencier le rouge du vert. Cette anomalie est liée à l'absence de cônes M sensibles aux radiations vertes.

▶ **L'achromatopsie** : les individus atteints sont incapables de reconnaître les couleurs, ils sont achromates. Ils ne distinguent les éléments qui les entourent que par différentes intensités lumineuses et par des niveaux de gris. Une des formes de cette déficience s'explique par une absence des pigments qui permettent de voir les couleurs.

Étude comparée des pigments rétiniens des Primates

63

QUIZ p. 141

1 *Les pigments rétiniens sont déterminés génétiquement*

▶ Comme toute protéine, chaque pigment photosensible ou **opsine** est codé par un gène.

▶ Chez l'Homme, les gènes codant pour l'opsine L « sensible au rouge » et l'opsine M « sensible au vert » sont localisés sur le chromosome X ; le gène codant pour l'opsine S « sensible au bleu » est localisé sur le chromosome 7.

Doc. 1 Localisation chromosomique des gènes codant pour les opsines humaines.

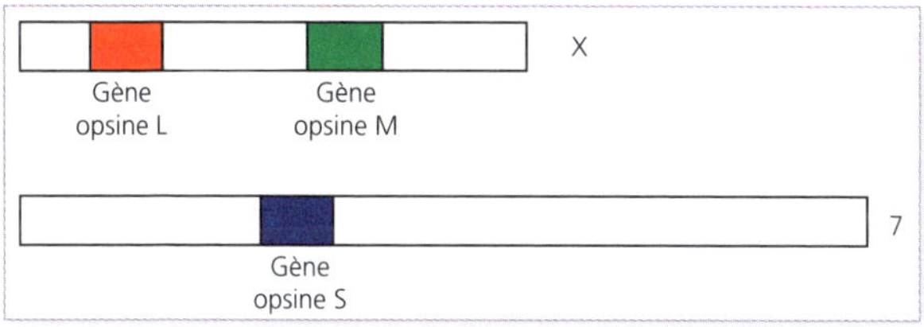

▶ Des **anomalies de la vision des couleurs**, d'origine génétique, confirment la localisation des gènes codant pour les opsines humaines. C'est le cas par exemple des deux anomalies suivantes, toutes deux liées à une anomalie génétique sur le chromosome X.

- Le **daltonisme** est une anomalie beaucoup plus fréquente chez les hommes (8 % de la population française) que chez les femmes (0,6 %). L'homme n'ayant qu'un seul chromosome X, toute mutation sur le gène codant pour l'opsine L ou M peut entraîner une forme de daltonisme.
- L'**achromatopsie incomplète** est une anomalie de la vision des couleurs dans laquelle un seul type de cône reste fonctionnel, les cônes S (sensibles au bleu).

2 *Étude comparée des pigments rétiniens et place de l'Homme parmi les Primates*

▶ Chez les Primates, certaines espèces possèdent deux gènes codant pour les opsines, leur vision est donc dichromatique. En revanche,

SCIENCES

les Primates Catarrhiniens (Chimpanzé, Gorille, Orang-outan, Macaque…) possèdent tous, comme l'Homme, trois gènes codant pour les opsines : ils partagent donc avec l'Homme le caractère de la **vision trichromatique**.

▶ Tous les Primates possèdent le gène codant pour une opsine S « sensible au bleu ». Il est donc possible d'établir des relations de parenté au sein du groupe des Primates à partir de la comparaison de ce pigment.

▶ La comparaison des séquences d'acides aminés des opsines S chez quelques primates permet de construire **la matrice d'identité** suivante (DOC. 2).

DOC. 2 Pourcentage d'identité entre les molécules d'opsine S de quelques Primates.

	Bonobo	Chimpanzé	Gorille	Macaque	Capucin
Homme	100 %	100 %	99,7 %	96 %	92,5 %

▶ Lorsque des gènes ou des protéines présentent beaucoup de similitudes dans leurs séquences, on les qualifie de **molécules homologues**. Plus les similitudes entre des molécules homologues sont grandes, plus les espèces qui les possèdent sont apparentées.

▶ L'Homme, ayant des opsines S très similaires à celles du Bonobo (Chimpanzé nain), du Chimpanzé et du Gorille, est donc, parmi les Primates, plus apparenté à ces « grands singes » (DOC. 3).

DOC. 3 Arbre de parenté établi à partir de la comparaison des molécules d'opsines de quelques Primates.

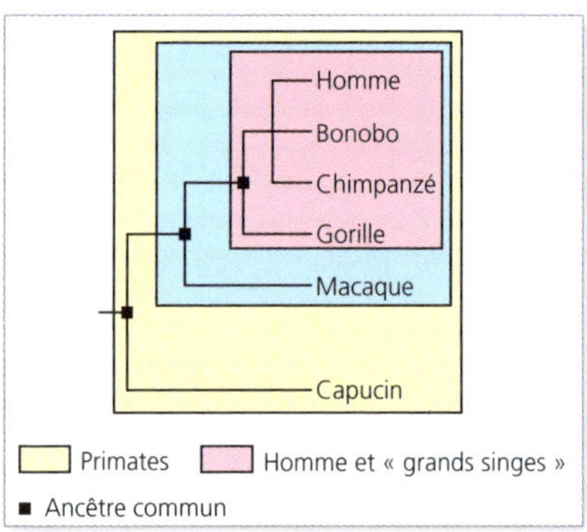

Des photorécepteurs aux aires visuelles cérébrales

64

QUIZ p. 141

La vision est une fonction sensorielle essentielle qui nous permet une perception permanente du monde extérieur. Si l'œil est bien un système optique, notre représentation visuelle du monde est le résultat d'une **construction cérébrale** à partir des signaux lumineux perçus par l'œil.

1 Du signal lumineux au message nerveux visuel

▶ Les cellules photosensibles de la rétine (cônes et bâtonnets) sont des neurones qui convertissent le signal lumineux qu'ils perçoivent en signal nerveux.

▶ La lumière absorbée par les pigments photosensibles permet donc l'élaboration globale d'un **message nerveux visuel**, de nature électrique qui sera ensuite acheminé par le nerf optique vers le cerveau.

2 De la rétine au cerveau : les voies empruntées par le message nerveux

▶ Le champ visuel est la région de l'espace dans laquelle un œil, immobile et fixé sur un point, est capable de détecter des stimuli visuels. Il est séparé en deux parties : le champ nasal (vers le nez) et le champ temporal (vers la tempe) (DOC. 1).

DOC. 1 Un exemple de limites du champ visuel de l'œil droit.

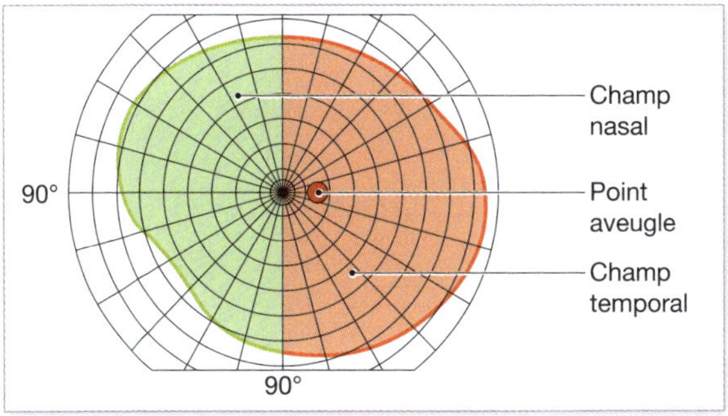

SCIENCES

▶ Des pertes de champ visuel liées à des lésions accidentelles permettent de reconstituer les voies nerveuses empruntées par le message nerveux visuel.

▶ Les fibres nerveuses du nerf optique transportent les messages nerveux visuels issus de la rétine de chacun des deux yeux vers une zone de croisement des voies nerveuses : le **chiasma optique** (DOC. 2).

▶ Les messages nerveux sont ensuite transmis à d'autres neurones connectés à une aire cérébrale spécialisée : le **cortex visuel primaire**, par l'intermédiaire de la zone du **relais cérébral**.

▶ Au niveau du chiasma optique, seules les fibres nerveuses qui transportent les informations issues des champs visuels temporaux se croisent. Par conséquent, chaque cortex visuel reçoit les informations issues du champ visuel nasal d'un œil et les informations issues du champ temporal de l'autre œil. Les **parties droites de chaque champ visuel** sont donc analysées par le **cortex visuel gauche** et vice versa.

DOC. 2 Les voies nerveuses, de la rétine au cerveau.

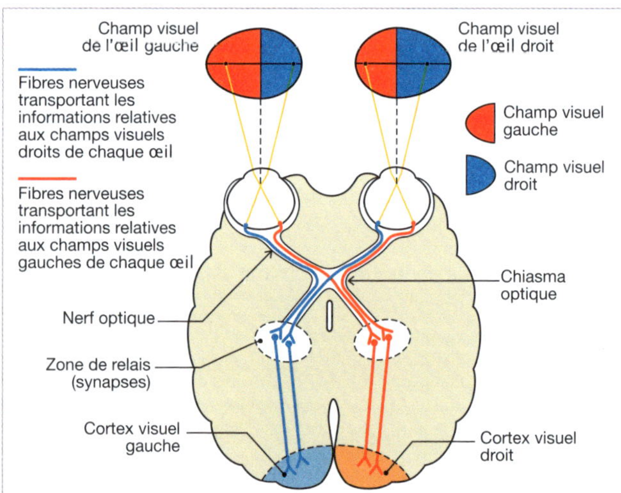

Quiz express

Vérifiez que vous avez bien retenu les points importants fiches 61 à 64

65

Vision du monde : de l'œil au cerveau

1 Caractéristiques des photorécepteurs rétiniens

Les cônes :

- [ ] **a.** sont plus sensibles à la lumière que les bâtonnets
- [x] **b.** permettent une vision haute résolution des objets
- [ ] **c.** ont une densité importante dans la fovéa

2 Propriétés des photorécepteurs et vision du monde

La vision centrale :

- [ ] **a.** est plus précise que la vision périphérique
- [ ] **b.** permet une grande sensibilité aux faibles éclairements
- [ ] **c.** ne permet pas de distinguer les couleurs

3 Un trouble de la vision des couleurs, le daltonisme

Le daltonisme :

- [ ] **a.** est plus fréquent chez les femmes que chez les hommes
- [ ] **b.** correspond toujours à l'incapacité de distinguer la couleur rouge du vert
- [x] **c.** a une origine génétique

4 Place de l'Homme parmi les Primates

L'étude comparée des opsines chez les Primates :

- [ ] **a.** montre qu'ils ont tous une vision trichromatique
- [x] **b.** est possible car ils possèdent tous une opsine bleue
- [ ] **c.** montre que l'Homme est plus apparenté aux gorilles qu'aux chimpanzés

5 Des photorécepteurs aux aires visuelles cérébrales

Le cortex visuel de l'hémisphère droit reçoit des informations :

- [ ] **a.** des champs visuels gauches de chaque œil
- [ ] **b.** des champs visuels droits de chaque œil
- [ ] **c.** du champ nasal de l'œil gauche et du champ temporal de l'œil droit
- [ ] **d.** du champ nasal de l'œil droit et du champ temporal de l'œil gauche

Corrigés !

Score : ... / 5

1 Caractéristiques des photorécepteurs rétiniens

Fiche 62

Réponses b et c.

- Les cônes permettent une perception colorée et précise des objets.
- les cônes sont essentiellement présents au niveau de la rétine centrale et rares en dehors de la fovéa.

2 Propriétés des photorécepteurs et vision du monde

Fiche 62

Réponse a. Au niveau de la rétine centrale, il y a principalement des cônes qui permettent une vision colorée et précise des objets.

3 Un trouble de la vision des couleurs, le daltonisme

Fiche 62

Réponse c. Les gènes codant pour les opsines L « sensible au rouge » et M « sensible au vert » sont localisés sur le chromosome X, donc toute mutation sur ces gènes peut entraîner une forme de daltonisme : absence de vision des rouges (protanopie), de vision des verts (deutéranotopie)...

4 Place de l'Homme parmi les Primates

Fiche 63

Réponse b.

- Certains Primates n'ayant pas d'opsine M « sensible au vert » ont une vision dichromatique.
- L'opsine S de l'Homme montre 100 % d'identité avec celle du Chimpanzé et 99,7 % avec celle des Gorilles.

5 Des photorécepteurs aux aires visuelles cérébrales

Fiche 64

Réponses a et d. Ce sont uniquement les fibres issues des champs visuels temporaux qui se croisent au niveau du chiasma optique. Les champs gauches, temporal de l'œil gauche et nasal de l'œil droit sont donc analysés par le cortex visuel droit.

Aires cérébrales et perception visuelle

66

? QUIZ p. 151

L'identification des régions cérébrales responsables de la perception visuelle a été établie à partir de cas cliniques de lésions cérébrales ainsi qu'à partir de données d'imagerie fonctionnelle du cerveau.

1 *Identification des aires visuelles*

A La fonction des aires visuelles

▶ La partie superficielle du cerveau se nomme le **cortex**. Cette surface est découpée en différentes aires qui ont des fonctions différentes. Les **aires visuelles** se situent à l'arrière des deux hémisphères, au niveau des lobes occipital et temporaux.

▶ Il existe de nombreuses aires impliquées dans la vision : une aire visuelle primaire et de nombreuses aires visuelles secondaires. L'ensemble constitue le **cortex visuel**.

Doc. 1 Localisation des différentes aires visuelles.

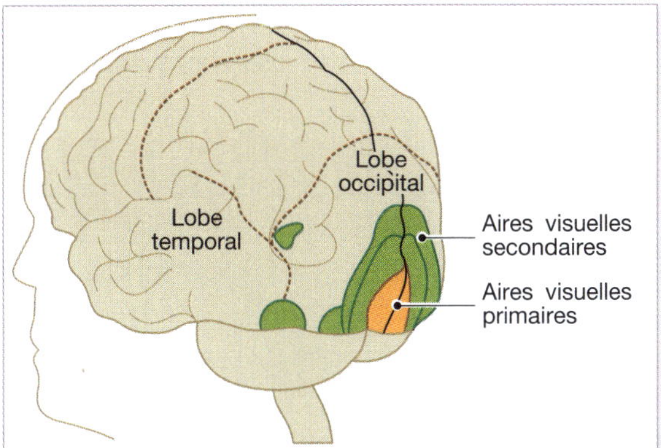

▶ Des **lésions cérébrales**, provoquées par exemple par un accident vasculaire cérébral, ont permis de connaître la fonctionnalité des différentes aires visuelles.

• Une **lésion** partielle **de l'aire visuelle primaire** entraîne l'impossibilité de voir dans une région du champ visuel. Une lésion totale de l'aire visuelle primaire entraîne la perte complète de la vision.

SCIENCES

• L'achromatopsie cérébrale est une perte de la vision des couleurs chez des personnes ayant subi une **lésion du cortex visuel** à la périphérie de l'aire visuelle primaire. Cependant, elles perçoivent parfaitement les formes et le mouvement.

B La localisation des aires visuelles

Les **techniques d'imagerie fonctionnelle** permettent de repérer les zones actives du cortex cérébral : celles-ci sont caractérisées par des variations minimes de la circulation sanguine. Ces techniques ont permis d'**observer les aires activées** dans différentes situations.

▶ Dans le cas d'une personne ayant des illusions avec des couleurs intensifiées, les aires suivantes sont activées :

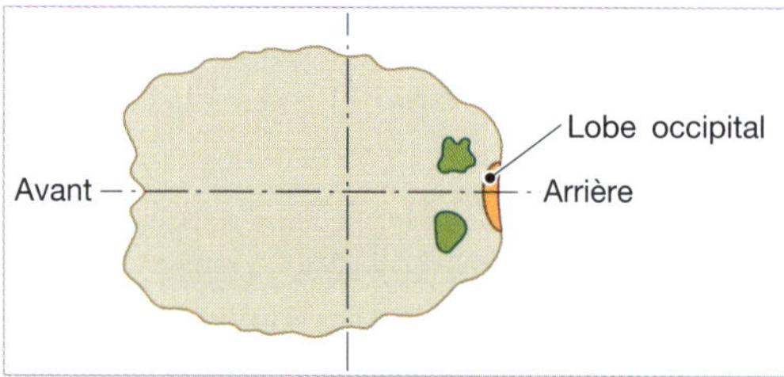

▶ Dans le cas d'une personne ayant des illusions avec formes distordues et en mouvement, les aires suivantes sont activées :

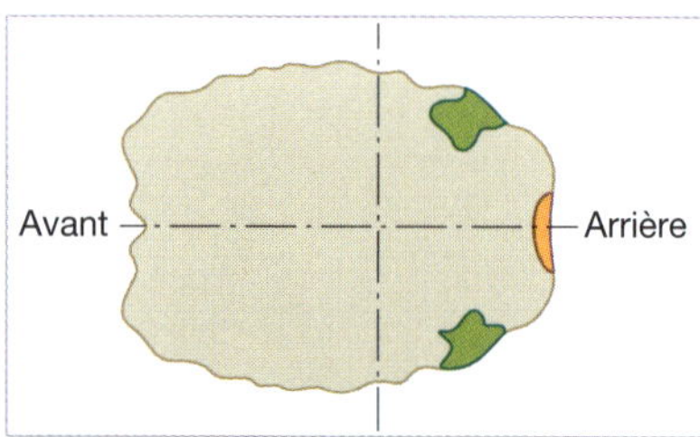

2 *Aires visuelles et perception visuelle*

▶ Ces différentes données montrent que les messages nerveux provenant des deux rétines arrivent **d'abord dans l'aire visuelle primaire**.

▶ Puis, l'information est traitée en parallèle dans différentes **aires spécialisées**, par exemple dans la reconnaissance des couleurs, des formes, ou du mouvement.

Aires cérébrales et plasticité du cerveau

67

QUIZ p. 151

En une fraction de seconde, notre cerveau reconnaît les mots et accède à leur sens. Cette opération, plus complexe qu'il n'y paraît, résulte d'un long apprentissage : il faut au moins trois ans à un enfant qui apprend à lire pour reconnaître des mots de façon automatique.

1 *Aires cérébrales et activité de lecture*

▶ Les techniques d'imagerie fonctionnelle montrent que, lors d'une activité de lecture (DOC. 1), **plusieurs aires cérébrales** sont **activées**. En effet, lire une phrase écrite active non seulement les aires visuelles mais aussi les aires du langage oral.

Et, inversement, chez les personnes qui savent lire, entendre un mot active la zone spécialisée dans la reconnaissance de sa forme écrite.

Doc. 1 **Activités des régions cérébrales de l'hémisphère gauche en réponse à la lecture de phrases écrites par comparaison (en médaillon) à celles impliquées dans le langage oral.**

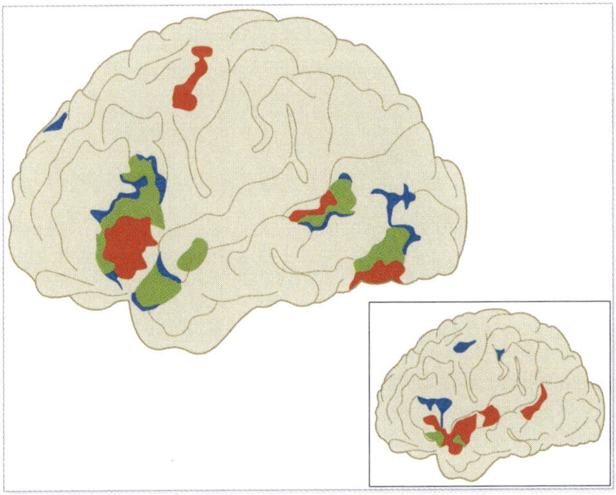

SCIENCES

▶ La reconnaissance d'un mot écrit nécessite donc une **collaboration entre plusieurs aires cérébrales** : les aires visuelles et celles liées au langage et à la mémoire.

2 *Apprentissage de la lecture et plasticité cérébrale*

▶ La capacité de pouvoir reconnaître des mots et d'accéder à leur sens résulte d'un long apprentissage qui repose sur la **réorganisation de régions cérébrales préexistantes**, initialement dédiées à d'autres fonctions mais suffisamment plastiques pour se reconvertir dans l'identification de mots écrits.

▶ Chez les analphabètes, l'aire visuelle qui, chez les lecteurs, décode les mots écrits, permet la reconnaissance visuelle des objets et des visages.

▶ Au cours de l'apprentissage de la lecture, l'activité de l'aire visuelle responsable de la reconnaissance des visages diminue légèrement à mesure que la compétence de lecture augmente.

▶ En revanche l'activité de l'aire visuelle spécialisée pour la forme écrite des lettres (DOC. 2) augmente à la fois chez les alphabétisés à l'âge adulte et ceux scolarisés depuis l'enfance. La **plasticité cérébrale** est donc responsable d'une réorganisation partielle du cortex cérébral.

DOC. 2 Activité de l'aire visuelle spécialisée dans l'analyse de la forme des lettres pour différents individus.

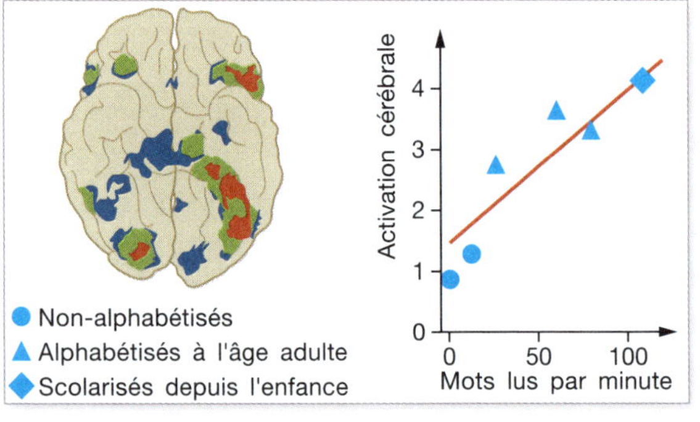

La chimie de la perception : la transmission synaptique

68

QUIZ p. 151

1 Communication nerveuse et synapses

▶ La perception visuelle n'est possible que si le message nerveux visuel transporté par le nerf optique est transmis, au niveau du relais cérébral, aux neurones reliés aux aires visuelles. Cette transmission s'effectue au niveau de zones de communication entre les neurones : **les synapses.**

▶ Chaque synapse est caractérisée par l'existence d'une **fente synaptique**, de 20 à 30 nm de large, qui sépare la membrane du neurone présynaptique de la membrane du neurone postsynaptique.

▶ Les membranes des deux neurones n'étant pas directement en contact, le message nerveux, sous sa forme électrique, ne peut pas passer d'un neurone à l'autre.

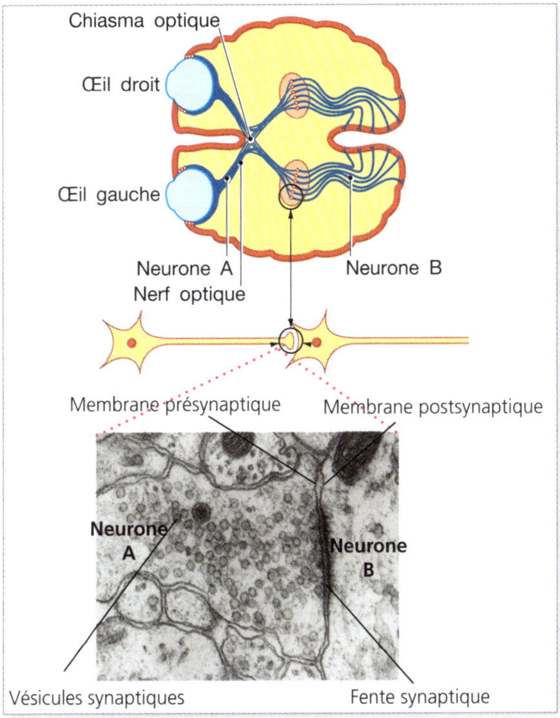

SCIENCES

2 Synapses et transmission chimique du message nerveux

▶ La transmission du message nerveux au niveau d'une synapse est assurée par l'intermédiaire d'une substance chimique, le **neurotransmetteur**.

▶ Les molécules de neurotransmetteurs sont stockées dans les nombreuses **vésicules présynaptiques**, situées à l'extrémité du neurone présynaptique.

▶ Les différentes étapes de la transmission du message d'un neurone à l'autre sont les suivantes (DOC. 2) :
– l'arrivée (1) d'un message nerveux électrique au niveau de la terminaison du neurone présynaptique provoque la libération (2), dans l'espace synaptique, des neurotransmetteurs ;
– la fixation (3) des neurotransmetteurs sur des **récepteurs spécifiques** situés sur la membrane du **neurone postsynaptique**, déclenche (4) la genèse d'un **message nerveux postsynaptique** de nature électrique ;
– les neurotransmetteurs sont rapidement dégradés et les produits de dégradation sont recapturés par le neurone présynaptique pour être recyclés (5). L'effet qu'ils provoquent ne dépasse pas 10 à 15 millisecondes.

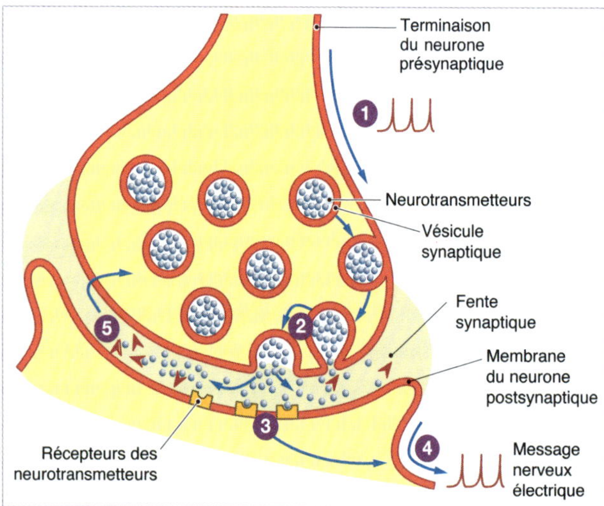

Les perturbations chimiques de la perception

69

QUIZ p. 151

1 *Drogues et perturbations de la perception visuelle*

A Les substances hallucinogènes

▶ Certaines substances sont dites **hallucinogènes** : elles perturbent la perception visuelle de l'individu qui les absorbe.

▶ De nombreuses substances hallucinogènes sont présentes naturellement dans des végétaux (certains champignons notamment), d'autres sont des produits de synthèse, c'est le cas du LSD, « acide » synthétisé à partir d'une substance extraite d'un champignon parasite (l'ergot de seigle).

B Le LSD

▶ Le LSD est le plus puissant des hallucinogènes connus. Selon les doses absorbées les effets peuvent varier :
– les doses faibles font apparaître des **illusions visuelles** : couleurs intensifiées, luminosité accrue, formes distendues et semblant animées de mouvements ;
– à plus forte dose la personne va « voir » des objets, des personnes… que ses yeux ne perçoivent pas : on parle d'**hallucinations**.

▶ Les effets du LSD surviennent une demi-heure après l'ingestion et durent entre cinq et douze heures. Des épisodes d'hallucinations ou **« flash-back »** peuvent persister plusieurs jours ou semaines après une consommation. Ils se produisent généralement de façon brutale, sans signes précurseurs, ce qui, en raison de leur nature, les rend particulièrement dangereux.

▶ La molécule de LSD a une structure moléculaire proche de celle de la sérotonine, qui est un des neurotransmetteurs des synapses de la zone de relais des voies visuelles (DOC. 1).

▶ Cette similitude de structure permet au LSD d'agir au niveau des synapses, en se fixant sur les mêmes récepteurs que la sérotonine, provoquant ainsi des perturbations dans la transmission du message nerveux visuel, à l'origine des hallucinations.

SCIENCES

Doc. 1 Modélisation des molécules de sérotonine et de LSD.

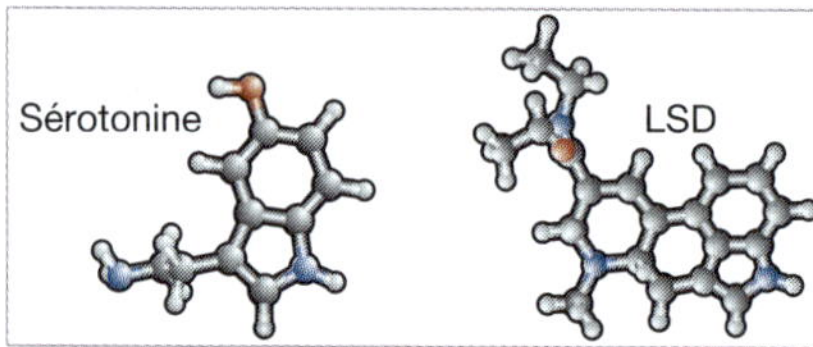

2 *Dangers de la consommation des drogues*

▶ Les neurotransmetteurs impliqués dans la vision participent à la transmission des messages nerveux dans d'autres régions du cerveau. C'est pourquoi les substances hallucinogènes entraînent des troubles de l'organisme caractéristiques des drogues : troubles de la mémoire, crises de panique, d'angoisse pouvant aller jusqu'à la dépression.

▶ Une **drogue** est une substance psychoactive ou psychotrope, c'est-à-dire qui a des effets sur le psychisme. Les drogues sollicitent anormalement le « système de récompense » (→ FICHE 98) et engendrent à terme la possibilité de son déséquilibre permanent. Le fait de ne plus pouvoir s'arrêter de prendre une drogue pour obtenir une sensation de plaisir constitue une **toxicomanie**.

▶ Une prise répétée au cours du temps d'une drogue engendre des risques comme :
– l'**accoutumance** ou tolérance : nécessité d'augmenter continuellement les doses prises afin d'obtenir le même effet ;
– la **dépendance physique** : marquée par l'apparition, en cas d'arrêt de prise de drogue, de troubles physiologiques caractéristiques du syndrome d'abstinence : sueurs, vomissements, diarrhées, tremblements, douleurs diverses, etc. ;
– la **dépendance psychologique** : caractérisée par l'**état de manque**, c'est-à-dire une souffrance psychologique très difficile à supporter, liée au besoin irrépressible de reprendre régulièrement de la drogue.
La dépendance peut s'installer de façon brusque ou progressive, en fonction de l'individu et de la drogue consommée.

▶ Toute consommation de drogue induit aussi des risques sociaux comme les accidents de la route ou domestiques, l'échec scolaire, professionnel ou familial, des violences, la marginalisation, la délinquance…

Quiz express

Vérifiez que vous avez bien retenu les points importants

fiches 66 à 69

70

Vision du monde : de l'œil au cerveau

1 *Aires cérébrales et perception visuelle*

Les aires visuelles :

☐ **a.** se situent uniquement au niveau du lobe occipital

☐ **b.** peuvent être localisées par IRM car le débit sanguin est plus élevé à leur niveau lorsqu'elles sont actives

☐ **c.** possèdent toutes la même fonction dans la perception visuelle

2 *Aires cérébrales et plasticité du cerveau*

L'activité de lecture :

☐ **a.** nécessite uniquement la participation des aires visuelles

☐ **b.** nécessite la collaboration de plusieurs aires cérébrales

☐ **c.** résulte d'un long apprentissage

3 *La chimie de la perception : la transmission synaptique*

Une synapse est une zone où :

☐ **a.** les membranes de deux cellules nerveuses sont en contact

☐ **b.** la transmission du message nerveux est chimique

☐ **c.** la circulation du message nerveux est unidirectionnelle

4 *Les perturbations chimiques de la perception*

Les drogues hallucinogènes :

☐ **a.** possèdent une structure qui ressemble à celle d'un neurotransmetteur

☐ **b.** peuvent provoquer des « flash-backs »

☐ **c.** agissent sur la rétine, ce qui provoque des hallucinations

5 *Les dangers de la consommation des drogues*

La dépendance :

☐ **a.** s'installe toujours après une prise répétée au cours du temps d'une drogue

☐ **b.** peut être physique et psychologique

☐ **c.** nécessite d'augmenter les doses pour obtenir le même effet d'une drogue

Corrigés

Score : ... / 5

1 *Aires cérébrales et perception visuelle*

Fiche 66

Réponse b. Les aires visuelles se situent au niveau du lobe occipital et des lobes temporaux. Ces aires ont des fonctions diverses : reconnaissance des couleurs, des formes des objets ou des mots ou perception des mouvements. La localisation de ces aires est possible par les techniques d'imagerie fonctionnelle.

2 *Aires cérébrales et plasticité du cerveau*

Fiche 67

Réponses b et c. L'activité de lecture résulte d'un long apprentissage et nécessite une collaboration entre plusieurs aires cérébrales : les aires visuelles et, par exemple, celles liées au langage et à la mémoire.

3 *La chimie de la perception : la transmission synaptique*

Fiche 68

Réponses b et c. Les membranes de deux neurones n'étant pas directement en contact au niveau d'une synapse, la transmission du message nerveux au niveau d'une synapse est assurée par l'intermédiaire de substances chimiques, les neurotransmetteurs. Ces derniers étant stockés dans des vésicules, situées à l'extrémité du neurone présynaptique, le message nerveux ne peut être transmis que du neurone présynaptique vers le neurone postsynaptique.

4 *Les perturbations chimiques de la perception*

Fiche 69

Réponses a et b. Le LSD, puissant hallucinogène, a une structure moléculaire proche de celle de la sérotonine, un des neurotransmetteurs impliqués dans la vision et peut provoquer des épisodes de « flash-backs ».

5 *Les dangers de la consommation des drogues*

Fiche 69

Réponse b. La dépendance peut s'installer de façon brusque en fonction de l'individu et de la drogue consommée. Elle peut être physique (troubles physiologiques caractéristiques du syndrome d'abstinence comme les tremblements, sueurs...) et psychologique (état de manque).

Couleurs et arts : colorants et pigments

71

QUIZ p. 159

1 Distinction entre colorants et pigments

Les colorants et les pigments sont des substances colorantes qui ont la propriété d'absorber tout ou partie du rayonnement lumineux (→ FICHE 73). La distinction entre les deux notions n'est pas rigide. Toutefois on admet généralement les faits suivants.

▶ Les **pigments** sont constitués d'éléments insolubles, c'est-à-dire qu'ils ne se dissolvent pas ou ne se mélangent pas directement avec le support. On va donc devoir les broyer finement avant de les incorporer dans un liant, plus ou moins fluide, et obtenir ainsi des enduits, des peintures, des encres, etc.

▶ Les **colorants** sont, quant à eux, parfaitement absorbables par le support : ils n'ont pas besoin d'un liant. On les utilise dans les industries du textile, des matières plastiques ou encore celles de l'agroalimentaire.

2 Approche historique

A Au Paléolithique

▶ Les principaux pigments que l'on retrouve sur les parois peintes des grottes du Paléolithique (grotte de Lascaux, grotte de Chauvet…) sont peu nombreux.
• Les **ocres** sont empruntées, en général, aux roches ferriques, constituées le plus souvent d'argiles et de pigments : jaune (exemple la goethite), rouge (l'hématite) ou brun (la limonite).
• Le **charbon** issu de bois brûlés ou d'os calcinés fournit le noir. Le charbon peut être utilisé directement sur la paroi ou bien broyé et mélangé à un liant (de la graisse animale par exemple).
• La **craie** ou le **kaolin** (argile très fine) sont utilisés pour le blanc.

▶ L'Homme du Paléolithique avait bien compris que les ocres jaunes (en grande quantité) donnaient des ocres rouges par chauffage. Il savait aussi mélanger un pigment à de la craie pour obtenir des dégradés ou encore associer différents pigments pour parvenir à des nuances dans les couleurs.

B Dans l'Antiquité

▶ Dans l'**Égypte antique**, deux couleurs dominent – le **bleu** et le **vert**. On retrouve ces couleurs dans les tissus, les temples, l'art statuaire (DOC. 1) ou encore les sarcophages. Le bleu découle du broyage d'une pierre semi-précieuse, le lapis lazuli mais aussi d'un pigment artificiel – le « bleu égyptien » – préparé à partir de silice, de calcium, de cuivre et d'un fondant sodique. C'est sans doute le tout premier colorant synthétisé par l'Homme, il y a environ 4 500 ans. Le pigment vert, quant à lui, provient d'une pierre, la malachite.

DOC. 1 **Buste de Néfertiti (1350 ans av. J.-C.) conservé au musée égyptien de Berlin.**

▶ Dans la ville romaine de **Pompéi**, ville détruite par l'éruption du Vésuve en l'an 79 après J.-C., les riches propriétaires utilisent le rouge pour orner les murs de leurs villas. Ce **rouge « vermillon »** est issu du cinabre, un minerai de sulfure de mercure réduit en poudre.

C Aux époques moderne et contemporaine

▶ La restauration (1990-1992) des noces de Cana du peintre italien Véronèse, fait découvrir aux scientifiques, historiens et conservateurs la richesse des pigments naturels (d'origine surtout minérale et végétale) disponibles dans l'**Italie du XVIe siècle** – pays dont le commerce avec l'Orient et l'Occident est florissant. On y trouve des **pigments précieux** : des jaunes orangés, des rouges vifs et du lapis-lazuli ; couleurs qui jouent un rôle majeur dans la lisibilité du tableau.

▶ Le **XIXe siècle**, avec la synthèse de la mauvéine par le chimiste W. H. Perkin, marque l'essor puis la **généralisation des colorants et pigments synthétiques**. Les impressionnistes (Monet, Manet, Degas, etc.) apprécient ces substances – souvent bon marché – provenant de la chimie moderne.

Extraire une substance colorée Facteurs influençant la couleur d'une espèce chimique

72

QUIZ p. 159

SCIENCES

1 Extraction et séparation d'une espèce colorée

▶ Depuis des millénaires, la nature (les végétaux, les animaux, les pierres précieuses, les métaux, etc.) constitue pour l'Homme une source essentielle de **substances colorantes** (→ FICHE 71). La pourpre (coquillage du genre murex), le rouge carmin ou kermès (parasite du chêne kermès) ou encore le pastel (plante herbacée), ont fait la richesse des civilisations méditerranéennes. Depuis longtemps, l'Homme a donc su développer et perfectionner des techniques pour extraire ces espèces colorées.

▶ Différentes **méthodes physico-chimiques** permettent d'extraire et de séparer les espèces chimiques colorées les unes des autres.

- Si l'espèce à extraire est présente dans un solide, l'extraction est réalisée par **macération** (le trempage se fait à froid dans un solvant), par **infusion** (le solvant est porté à chaud avant le trempage) ou par **décoction** (l'espèce à extraire et l'eau sont portées à ébullition). On réalise ici une extraction solide-liquide.
- Si l'espèce à extraire est présente dans une solution aqueuse, on réalise une **extraction par solvant**. L'espèce intéressante va se dissoudre très facilement dans un solvant extracteur (choisi pour être peu miscible avec l'eau). Ce solvant est ensuite éliminé par évaporation. Il s'agit ici d'une extraction liquide-liquide.

▶ L'espèce colorée extraite peut être identifiée par **chromatographie**.

2 La chromatographie sur couche mince (CCM)

A Principe de cette technique

Cette technique consiste à **séparer** et **identifier** des espèces chimiques présentes dans un mélange organique. On procède à l'identification par comparaison avec une substance de référence.

B Mise en œuvre expérimentale

▶ Une microgoutte d'un mélange M à analyser est déposée sur un support solide – la **phase fixe ou stationnaire** (papier ou plaque de silice). On dépose de la même manière une espèce chimique de référence R.

▶ Le support solide est placé dans une cuve contenant un fond de solvant(s) – la **phase mobile ou éluant**.

▶ La phase mobile migre par capillarité vers le haut sur la phase fixe, en entraînant les substances déposées en M et en R. Les espèces chimiques présentes migrent alors à des vitesses différentes selon leur affinité avec la phase fixe et leur solubilité dans la phase mobile. La **hauteur atteinte en fin de processus** est donc une caractéristique de l'espèce chimique entraînée.

3 Facteurs influençant la couleur d'une substance

▶ À l'instar de l'ocre jaune qui se transforme en ocre rouge, certaines substances colorées sont sensibles à la **chaleur**. Ces substances thermochromiques ont de multiples applications : encres pour lutter contre la contrefaçon, indicateurs de gel sur les routes ou de chaleur dans les cuillères pour bébé, etc.

▶ Certains colorants tels que les anthocyanes (présents dans le chou rouge par exemple) changent de couleur en fonction de **l'acidité** ou la **basicité** du milieu. Une décoction filtrée de chou rouge change de couleur en fonction du **pH** du milieu (DOC. 1).

▶ L'**humidité** peut aussi induire un changement de couleur de certaines substances chimiques. Le sulfate de cuivre anhydre (sans eau) est blanc mais en présence d'eau, il devient bleu.

▶ D'autres substances colorées sont sensibles au **rayonnement ultraviolet**. C'est le cas du jaune de chrome utilisé par Van Gogh dans *Les Tournesols* : sous l'effet des rayons du soleil, ces pigments ont noirci.

DOC. 1 Décoction de chou rouge. En a avec un peu d'acide chlorhydrique, en b avec un peu d'eau, en c avec un peu de soude.

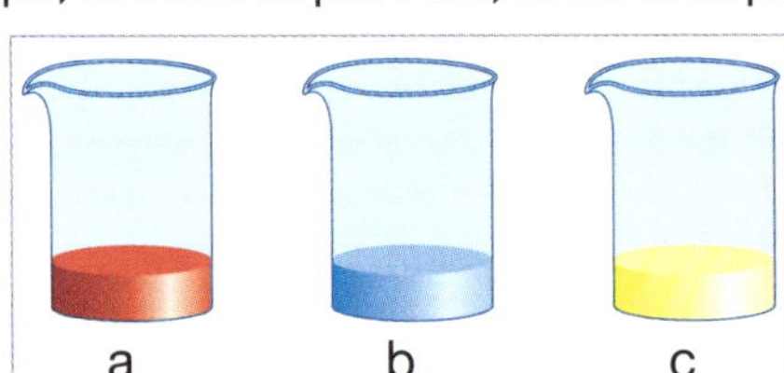

La perception des couleurs

73

QUIZ p. 159

La couleur n'est pas une « pellicule » déposée à la surface des objets, elle n'a pas d'existence matérielle, elle est le fruit d'une interprétation sensorielle de notre cerveau.

1 *La sensation de couleur*

▶ En 1672, Isaac Newton observe que la lumière blanche qui traverse un prisme est déviée et décomposée : elle est donc constituée de lumières colorées (DOC. 1).

▶ Aujourd'hui, nous parlons de **spectre** et de **radiations colorées**. Chaque radiation colorée est caractérisée par une grandeur physique : la **longueur d'onde**. L'œil capte ces radiations colorées, tandis que le cerveau conduit les sensations de couleur jusqu'à la perception. Le spectre du visible s'étend de 400 nm (violet) à 750 nm (rouge).

DOC. 1 Décomposition de la lumière blanche.

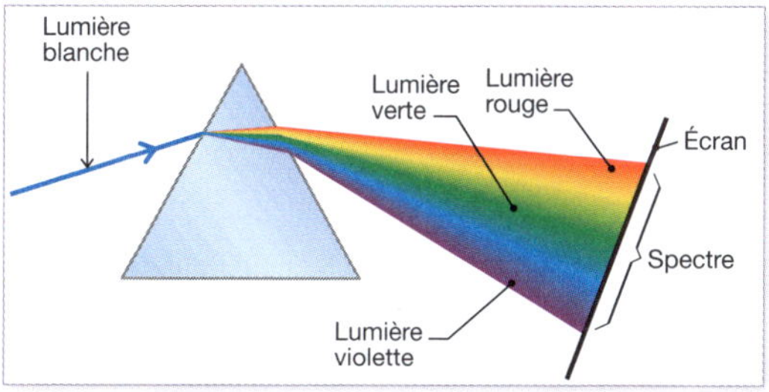

DOC. 2 Couleur d'un objet.

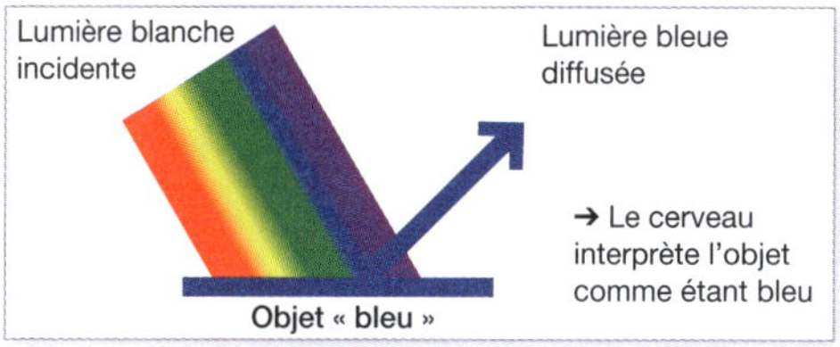

SCIENCES

▶ Un objet ne peut diffuser que les lumières colorées qu'il reçoit. Il absorbe certaines lumières colorées grâce à ses pigments (DOC. 2).

▶ La couleur d'un objet correspond à la couleur de la lumière que l'objet diffuse vers notre œil et que notre cerveau interprète. Ce sont les radiations diffusées qui initient la « couleur » de cet objet.

2 Reproduire les couleurs

On peut générer des couleurs de deux manières : par synthèse additive ou par synthèse soustractive (DOC. 3).

▶ La **synthèse additive** consiste à combiner trois types de lumières – rouge, verte et bleue – pour produire toutes les autres lumières colorées. Le procédé est principalement utilisé dans les domaines du traitement électronique de l'image tels que télévision, écran d'ordinateur, appareil photo numérique… Les couleurs RVB (rouge, vert et bleu) sont dites couleurs primaires de la synthèse additive. Dans cette synthèse, la superposition de lumières colorées se traduit par plus de « clarté ». Par exemple, l'addition des lumières rouge, verte et bleue va donner de la lumière blanche.

▶ La **synthèse soustractive** consiste à retirer des lumières en utilisant des filtres ou des pigments. Le procédé est notamment utilisé en peinture ou en imprimerie. Les couleurs primaires soustractives sont le cyan, le magenta et le jaune. On les appelle aussi les couleurs fondamentales. Dans cette synthèse, le mélange de couleurs conduit à l'absorption de plus en plus de lumière donc à un « assombrissement ». Par exemple, la lumière blanche qui traverse un filtre cyan puis un filtre jaune, ressortira verte.

DOC. 3 Synthèse additive et synthèse soustractive.

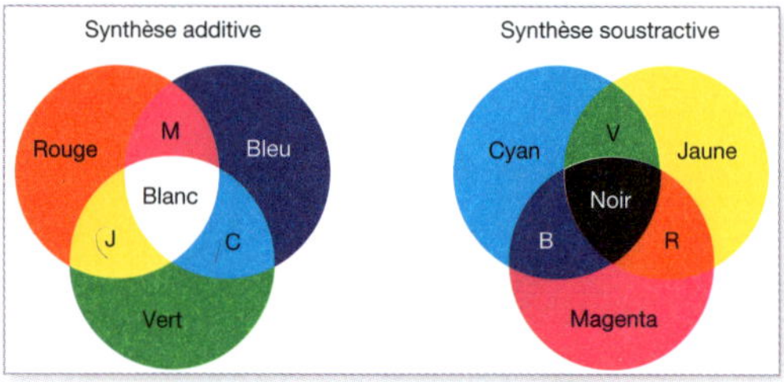

▶ Le **cercle chromatique** est une représentation des couleurs, sous forme circulaire, qui permet de trouver toutes les couleurs existantes sous la forme de douze couleurs de base.

Création et gestion des agrosystèmes

75

QUIZ p. 171

Une population de neuf milliards d'humains est prévue au XXIe siècle. L'agriculture repose sur la création et la gestion d'agrosystèmes dans le but de fournir des produits (dont les aliments) nécessaires à l'humanité.

1 *Les caractéristiques des agrosystèmes*

Un **agrosystème** est un écosystème artificiel, créé et aménagé par l'Homme, dans le but d'exploiter des espèces végétales ou animales qui seront non seulement source d'aliments mais aussi de matière première et d'énergie. La comparaison d'un agrosystème avec un écosystème naturel comme la forêt montre des différences importantes.

▶ Dans un écosystème naturel, les êtres vivants interagissent entre eux et avec leur milieu, l'Homme y intervient très peu : ces milieux sont naturellement équilibrés. En revanche, les agrosystèmes, intensément exploités, sont maintenus artificiellement, grâce à **l'intervention permanente de l'Homme.**

▶ La forêt est caractérisée par une grande biodiversité alors que dans les agrosystèmes, l'Homme exploite souvent **une seule espèce végétale ou animale** choisie pour son utilité. Pour produire l'espèce sélectionnée de manière intensive, l'Homme élimine généralement les autres espèces qui pourraient entrer en concurrence avec celle-ci, entraînant ainsi un appauvrissement de la biodiversité.

▶ Dans l'écosystème forestier, les exportations de matière organique sont rares (coupes tous les 50 à 100 ans), les feuilles et le bois morts qui tombent sur le sol subissent une dégradation par les décomposeurs (bactéries, champignons), ce qui permet une restitution naturelle d'éléments minéraux au sol.

Au contraire, dans un agrosystème, les **exportations de matière organique** sont le plus souvent annuelles (lors des récoltes) et **massives** (40 % pour le maïs-grain, presque totales pour les variétés fourragères) : la restitution naturelle des éléments minéraux au sol est donc très faible. L'Homme doit compenser l'appauvrissement du sol qui en résulte : un agrosystème est un **système déséquilibré**, il doit être **entretenu.**

2 *La gestion des agrosystèmes*

L'Homme entretient et gère les agrosystèmes en utilisant des apports ou en développant des techniques dans le but :
– de compenser les pertes liées à l'exportation de la biomasse ;
– de protéger l'espèce produite afin d'améliorer sa production.

A Compenser les pertes

▶ L'**apport d'engrais** compense l'exportation des sels minéraux du sol permettant ainsi la préservation de la fertilité des sols. Les engrais permettent aussi d'augmenter la production de matière végétale : ils peuvent être sous forme organique (lisier, fumier…) ou sous forme minérale (→ FICHE 79). Des analyses du sol permettent de vérifier que les apports maintiennent des teneurs satisfaisantes en éléments minéraux dans le sol.

▶ Les **apports en eau** sont indispensables pour les cultures et les élevages. Les quantités d'eau apportées, par irrigation par exemple, dans les cultures dépendent de la nature de l'espèce cultivée, de la nature du sol et du climat.

B Améliorer la production

▶ Des **ennemis très variés** peuvent diminuer la production dans les agrosystèmes :
– les parasites (champignons, bactéries, virus) qui vivent obligatoirement aux dépens d'autres espèces et sont responsables de nombreuses maladies ;
– les plantes adventices (ou « mauvaises herbes ») qui entrent en compétition avec les espèces cultivées en puisant l'eau et les sels minéraux dans le sol ;
– les prédateurs ou les ravageurs de cultures.

▶ Pour obtenir une meilleure production, le maintien d'un bon état sanitaire de l'agrosystème est donc nécessaire. Les moyens de **lutte phytosanitaire** sont très variés.

- Utilisation de produits chimiques : antibiotiques pour les élevages, **pesticides** pour les cultures. Ces derniers permettent notamment d'éliminer les insectes (**insecticides**), les champignons (**fongicides**), les « mauvaises herbes » (**herbicides**).
- Utilisation de moyens biologiques : **lutte biologique** comme l'épandage de coccinelles, prédateurs des pucerons qui peuvent ravager les cultures.
- Utilisation de **pratiques culturales** telles la rotation des cultures ou les cultures hors-sol qui peuvent limiter efficacement les ravageurs.

Choix d'une alimentation dans une perspective de développement durable

76

QUIZ p. 171

Nourrir l'humanité est un défi majeur qui ne pourra être relevé sans une perspective de développement durable. Le choix des pratiques agricoles doit donc prendre en compte leur coût énergétique et leur impact environnemental.

1 Le rendement de la production dans les agrosystèmes

▶ Dans les agrosystèmes, la production végétale est à la base de la production de matière des animaux d'élevage et d'une partie de la production humaine car les végétaux font partie de nos aliments. Cette succession d'êtres vivants dans laquelle chaque individu mange celui qui le précède constitue **une chaîne alimentaire**.

▶ Un **transfert de matière et d'énergie** se réalise tout au long d'une chaîne alimentaire, depuis les végétaux chlorophylliens jusqu'aux différents consommateurs. Ce transfert est évalué par le calcul du **rendement** (R) de la production d'un maillon de chaîne alimentaire :

$$R = \frac{\text{masse produite par un consommateur (ou sa valeur énergétique)}}{\text{masse de matière ingérée (ou sa valeur énergétique)}}$$

▶ Ce rendement est **généralement faible**, environ 15 % pour une vache **(DOC. 1)** car une partie de la matière ingérée est dégradée par la respiration et rejetée par les excréments.

Doc. 1 Flux d'énergie et de matière dans un agrosystème.
(Les masses sont exprimées en g de matière sèche · m^{-2} · an^{-1} et les valeurs énergétiques en kJ · m^{-2} · an^{-1}.)

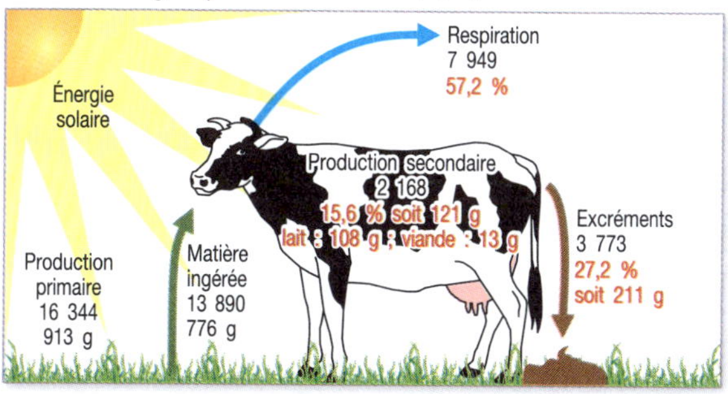

SCIENCES

▶ La masse de matière produite par un consommateur est donc très inférieure à la masse de matière qu'il a ingérée. **La production de matière animale nécessite ainsi une importante production végétale** (environ 35 à 40 kg d'herbe fraîche sont nécessaires pour faire 1 kg de viande).

2 Les impacts écologiques de l'alimentation

Afin d'augmenter la production des agrosystèmes, l'Homme **a besoin d'énergie**, à la fois :
– pour les pratiques culturales (labours, récolte...) ou d'élevage (fabrication d'ensilage...) ;
– pour l'apport en eau (irrigation), la fabrication et l'épandage des engrais, des produits phytosanitaires...

▶ **Plus l'Homme « injecte » d'énergie dans un agrosystème, moins le rendement énergétique global** (rapport entre énergie produite et énergie consommée) **est intéressant.**

▶ La production animale nécessitant une importante production végétale, son bilan global de matière et d'énergie est encore plus défavorable pour l'environnement.

▶ Ainsi, **consommer de la viande ou un produit végétal n'a pas le même impact écologique**. Par exemple, la production d'un kilo de viande :
– utilise la même énergie et la même surface de terre que la production de 160 kg de pommes de terre ;
– engendre près de 80 fois plus de gaz à effet de serre que la production d'un kilo de blé ;
– nécessite 15 500 litres d'eau contre 900 litres pour un kilo de pommes de terre.
Cette prise en compte de l'impact écologique des productions agricoles conditionne donc le choix d'une alimentation d'origine animale ou végétale dans une perspective de développement durable.

Les impacts des pratiques agricoles sur l'environnement et la santé

77

QUIZ p. 171

L'accroissement de la population mondiale va nécessiter une augmentation des productions agricoles afin de satisfaire les besoins alimentaires. Il est donc indispensable de prendre en compte les impacts des pratiques agricoles sur l'environnement et la santé.

1 *Les impacts liés aux apports d'engrais*

▶ **Les nitrates, très solubles dans l'eau**, constituent la cause majeure de pollution par les engrais chimiques utilisés en agriculture. Apportés de manière excessive, ils ne sont pas absorbés en totalité par les végétaux et se retrouvent, par ruissellement, dans les eaux superficielles (cours d'eau, étangs et lacs) et, par infiltration, dans les nappes phréatiques, qui se trouvent alors contaminées.

▶ Les nitrates sont une réelle menace pour l'environnement : ils sont **à l'origine du développement excessif de végétaux** comme les algues (marées vertes), notamment en Bretagne.

▶ Scientifiques et médecins semblent relativement unanimes pour relativiser l'impact des nitrates sur la santé humaine. Cependant, la norme européenne autorisée pour une eau de boisson a été fixée, à partir des recommandations de l'OMS, à 50 mg · L^{-1} en fonction des risques encourus par les catégories de population les plus vulnérables (nouveau-nés surtout).

Par ailleurs, la **durée de persistance des engrais dans le sol** est très longue : même si l'on arrêtait aujourd'hui de fertiliser les sols, il faudrait plusieurs décennies pour retrouver une situation normale.

2 *Pratiques agricoles et ressources en eau*

▶ L'accroissement de la production agricole entraîne une augmentation des consommations d'eau, ce qui implique des prélèvements plus importants aussi bien dans les eaux de surface que souterraines.

▶ Dans certaines zones, **les prélèvements d'eau ont dépassé les possibilités de la ressource.** C'est le cas de la mer d'Aral dont l'exploitation a abouti à un désastre écologique sans précédent : pour la culture du coton, espèce très exigeante en eau, la surexploitation de

SCIENCES

l'eau des fleuves alimentant cette mer a eu pour conséquence une diminution de 75 % de sa surface (DOC. 1).

Doc. 1 Conséquence des prélèvements d'eau pour la culture de coton sur la mer d'Aral.

Autrefois quatrième plus grande étendue d'eau intérieure du monde, la mer d'Aral est aujourd'hui un lac salé au milieu d'un désert.

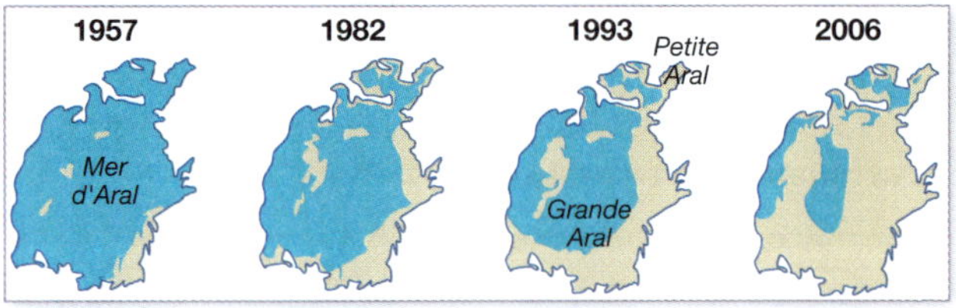

3 *Risques liés à l'utilisation de produits phytosanitaires*

▶ Utilisés de façon excessive, les pesticides peuvent aussi être entraînés par le ruissellement ou l'infiltration et se retrouver dans l'eau et les sols.

▶ Certains pesticides comme le DDT se dégradent très lentement dans la nature, ils peuvent donc être transmis tout le long des chaînes alimentaires, avec une concentration de plus en plus importante dans les organismes quand ils passent d'un niveau au suivant (DOC. 2).

Doc. 2 Concentration du DDT dans une chaîne alimentaire en ppm (partie par million).

Eau	Zooplancton	Petits poissons	Gros poissons	Oiseaux consommateurs de poissons
0,000 003	0,04	0,5	2	25

▶ Des études démontrent que l'exposition environnementale aux pesticides tend à augmenter le risque de développer certains cancers.

▶ Différentes molécules utilisées pour améliorer le rendement des élevages, tels les antibiotiques, peuvent également représenter un danger car leur utilisation excessive peut conduire à l'apparition de souches bactériennes résistantes.

L'amélioration des races animales et des variétés végétales

78

QUIZ p. 171

Sélectionner, multiplier des organismes à fort rendement peut être une solution pour améliorer les productions agricoles dans une gestion durable de l'environnement.

1 Améliorer la production par la sélection génétique d'organismes performants

▶ Pour obtenir des **producteurs plus performants** (de meilleur rendement, plus résistants aux maladies…) le sélectionneur choisit deux individus « parents » possédant chacun les qualités recherchées et qu'il souhaite retrouver associées dans leur descendance.

▶ À partir des parents sélectionnés, il est nécessaire de créer des **lignées pures** pour les caractères recherchés. Pour cela, on pratique des croisements entre végétaux ou des élevages consanguins par accouplements entre parents proches. Les descendants qui ne possèdent pas le caractère recherché ne sont pas retenus et l'opération est répétée pendant plusieurs générations, jusqu'à obtenir uniquement des individus présentant le caractère recherché (DOC. 1).

▶ Le croisement entre les lignées pures sélectionnées donne des **hybrides F1** (pour 1re fécondation). Ces hybrides sont tous identiques entre eux et sont plus performants car ils réunissent les caractères parentaux recherchés : on parle de « **vigueur hybride** ».

DOC. 1 Principe d'obtention d'une lignée pure pour un caractère donné.

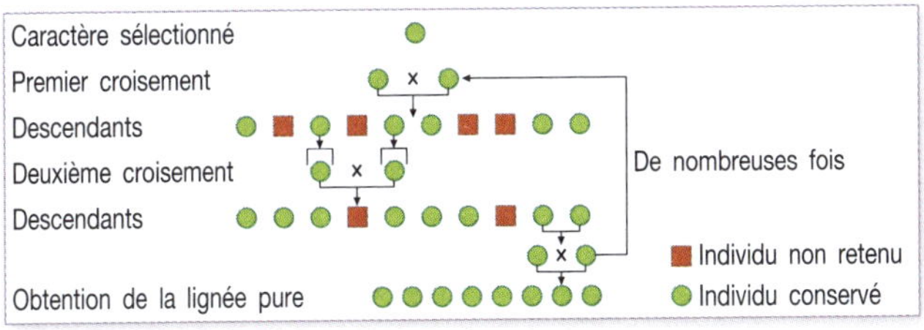

2 Améliorer les producteurs par des manipulations génétiques

▶ Dans le domaine de l'agriculture, la **transgenèse** consiste à transférer un gène d'intérêt agronomique afin d'améliorer génétiquement les producteurs.

▶ Pour les cultures, la transgenèse permet :
– de **produire plus** : en augmentant les rendements des cultures par le transfert par exemple d'un gène permettant aux végétaux de résister à des parasites ou des ravageurs ;
– de **produire mieux** : par le transfert par exemple de gènes améliorant la valeur nutritionnelle des végétaux.

▶ Pour les élevages, les effets recherchés sont :
– accélérer la croissance animale grâce au transfert du gène de l'hormone de croissance ;
– réduire les pathologies par l'obtention de lignées d'animaux devenus génétiquement résistants à des maladies.

3 Multiplier les producteurs performants par bouturage ou clonage

▶ La **reproduction asexuée** est la capacité que possèdent certains êtres vivants à se multiplier sans faire intervenir la fusion de deux gamètes de sexes opposés. Elle aboutit à la production d'un **clone** : ensemble d'individus génétiquement identiques entre eux.

▶ Plusieurs techniques peuvent être utilisées pour **cloner des espèces végétales** cultivées dont :
– le bouturage, multiplication d'un végétal en replantant un fragment de celui-ci (feuille, tige…) ;
– le clonage « in vitro », réalisé à partir de cellules prélevées au cœur des bourgeons ou de fragments d'organes.

▶ Les intérêts de cette technique sont d'obtenir :
– un grand nombre de plants rapidement, sans la contrainte imposée par les saisons et avec un encombrement minimal ;
– des individus sains, les cellules des bourgeons n'abritant jamais de virus. Ceci a permis de sauver des variétés qui étaient condamnées à disparaître.

▶ **Le clonage animal** est obtenu par « transfert de noyau » d'une cellule d'un animal donneur dans un ovule d'un animal receveur vidé de son noyau.

Engrais et produits phytosanitaires 79

QUIZ p. 171

1 L'utilité des engrais et des produits phytosanitaires

▶ Un engrais apporte à un sol cultivé les éléments nutritifs nécessaires pour compenser les pertes dues à l'exportation de matière organique (→ FICHE 75). Ces **éléments fertilisants**, au nombre d'une vingtaine, sont ainsi regroupés :
– les **éléments de base** : il s'agit de l'azote (N), du phosphore (P) et du potassium (K) ;
– les **éléments secondaires** comme le calcium (Ca), le magnésium (Mg) et le soufre (S) ;
– les **oligoéléments** tels que le fer, le zinc, le chlore, etc.

▶ Généralement, on classe les engrais selon trois catégories :
– les **engrais minéraux** – produits par l'industrie chimique ou extraits de gisements naturels (potasse, phosphate) ;
– les **engrais organiques** – principalement d'origine animale (os broyés, cornes torréfiées, boues d'épuration…) ou d'origine végétale (déchets verts, algues, purin d'ortie…) ;
– les **engrais organo-minéraux** – engrais mixtes.

▶ Les **produits phytosanitaires** sont destinés à protéger les cultures de leurs nuisibles (→ FICHE 75). Leurs substances actives – d'origine naturelle ou synthétique – peuvent être minérales ou organiques.

2 La composition chimique des engrais

Un engrais simple ne contient qu'un seul élément fertilisant, sinon il s'agit d'un engrais composé.

A Les engrais sources d'azote

Les **engrais azotés** simples représentent pour la plante une source d'azote essentielle à la synthèse de ses protéines (molécules indispensables à son développement). On a principalement :
• les **engrais nitriques.** Ils ont une action très rapide, dite « coup de fouet » sur la végétation car les ions nitrate (NO_3^-) qu'ils contiennent sont directement assimilables par la plante. Ils sont aussi facilement lessivables par les eaux de pluie ;

SCIENCES

• les **engrais ammoniacaux.** Ils contiennent des ions ammonium $\left(NH_4^+\right)$; ceux-ci ne sont assimilables par la plante qu'une fois transformés en ions nitrate par les bactéries du sol ;
• les **engrais uréiques.** Ils subissent une hydrolyse dans le sol, puis une nitrification (transformation en ions nitrate).

B Les engrais sources de phosphore

Les **engrais phosphatés** simples contribuent au développement des racines et accroissent la résistance de la plante. Ils proviennent principalement de minerais phosphatés traités à l'acide.

C Les engrais sources de potassium

Les **engrais potassiques** simples favorisent le développement des fleurs et des fruits. Ils sont principalement issus d'un minerai, la sylvinite (potasse d'Alsace).

3 *Le titrage d'un engrais*

▶ Effectuons le titrage d'un engrais (détermination par dosage de la concentration d'une espèce chimique qu'il contient) : diluons 100 fois un engrais minéral liquide utilisé contre le jaunissement prématuré des feuillages (chlorose ferrique des fruitiers) ; dosons les ions fer II qu'il contient.

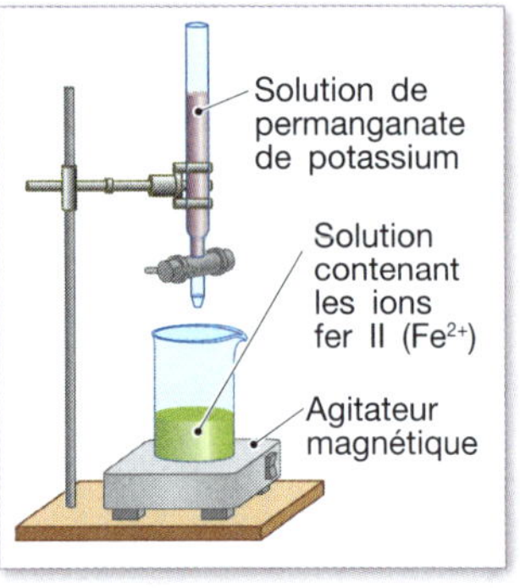

La fin du dosage est repérée par un changement de coloration dans le bécher (= coloration violette).

▶ On réalise deux dosages : l'un de 100 mL d'une solution étalon de concentration massique $0{,}3\ g \cdot L^{-1}$ en ions fer II ; l'autre de 100 mL de solution d'engrais. On note le volume de permanganate de potassium versé en fin de dosage (volume V_T) :

Doc. 1 Titrage d'un engrais.

	Solution étalon	Solution d'engrais
Concentration en ions fer II	$0{,}3\ g \cdot L^{-1}$	C ?
Volume versé V_T	10 mL	17 mL

Donc $C = 0{,}3 \times 17/10 = 0{,}51\ g \cdot L^{-1}$ dans l'engrais dilué 100 fois. Dans l'engrais initial on a donc $51\ g \cdot L^{-1}$ d'ions fer II.

Quiz express

Vérifiez que vous avez bien retenu les points importants

fiches 75 à 79

80

Vers une agriculture durable

1 Création et gestion des agrosystèmes

Dans un agrosystème :

- ☐ a. l'Homme intervient très peu
- ☒ b. la restitution naturelle des éléments minéraux au sol est très faible
- ☐ c. existe une grande biodiversité

2 Alimentation et développement durable

La production de 1 kg de viande engendre :

- ☐ a. la même quantité d'eau qu'un kg de pommes de terre
- ☒ b. un impact écologique bien supérieur à celui d'un kg de blé
- ☐ c. le même coût énergétique qu'un kg de pommes de terre

3 Les impacts des pratiques agricoles

	Vrai	Faux
a. L'utilisation d'engrais pour les cultures n'a pas de conséquences pour l'environnement	☐	☒
b. Certaines pratiques agricoles entraînent des consommations en eau excessives	☐	☐
c. L'utilisation du DDT ne présente pas de risque car il se dégrade très rapidement dans la nature	☐	☐

4 L'amélioration des races animales et des variétés végétales

Le clonage :

- ☐ a. consiste à hybrider deux espèces.
- ☐ b. peut être réalisé par bouturage.
- ☐ c. consiste à insérer des nouveaux gènes dans un végétal.

5 Utilité et origine des engrais

Un engrais :

	Vrai	Faux
a. prévient les maladies des plantes	☐	☐
b. apporte aux sols cultivés les éléments N, P et K	☐	☐
c. résulte toujours de la chimie de synthèse	☐	☐

Corrigés !

Score : … / 5

1 Création et gestion des agrosystèmes

Fiche 75

Réponse b. Dans un agrosystème, la restitution naturelle des éléments minéraux au sol est très faible car la matière organique est exportée de façon massive lors des récoltes. L'Homme doit donc compenser l'appauvrissement du sol qui en résulterait en apportant des engrais afin de préserver la fertilité des sols.

2 Alimentation et développement durable

Fiche 76

Réponse b. La production d'un kilo de viande engendre près de 80 fois plus de gaz à effet de serre qu'un kilo de blé !

3 Les impacts des pratiques agricoles

Fiche 77

a. Faux. Les nitrates sont une réelle menace pour l'environnement : ils sont à l'origine par exemple des marées vertes.
b. Vrai. C'est le cas de la mer d'Aral dont l'exploitation a eu pour conséquence une diminution de 75 % de sa surface.
c. Faux. Le DDT se dégrade très lentement dans la nature, il peut donc être transmis tout le long des chaînes alimentaires avec une concentration de plus en plus importante dans les organismes.

4 L'amélioration des races animales et des variétés végétales

Fiche 78

Réponse b. Le bouturage ou le micro-bouturage in vitro permettent de cloner un végétal à partir d'un fragment de celui-ci (feuille, tige, bourgeon…)

5 Utilité et origine des engrais

Fiche 79

a. Faux. Un engrais a pour but de fertiliser un sol cultivé ; c'est-à-dire qu'il lui apporte les éléments nutritifs perdus lors des récoltes antérieures et indispensables à une bonne croissance des plantes. En parallèle, les produits phytosanitaires vont prévenir les maladies des plantes ou encore les soigner.
b. Vrai. N, P et K sont les éléments fertilisants de base apportés par les engrais. Ceux-ci fournissent par ailleurs des éléments secondaires et des oligoéléments.
c. Faux. Les engrais peuvent être produits par l'industrie chimique mais ils peuvent être aussi d'origine naturelle (déjections animales, débris végétaux, etc.).

Le sol : milieu d'échanges de matière

81

QUIZ p. 179

1 Qu'est-ce qu'un sol ?

▶ Le **sol** est la partie superficielle de la croûte terrestre. Pendant des millénaires, des processus physiques, chimiques et biologiques désagrègent et altèrent la roche mère pour aboutir aux particules minérales du sol : sables, limons et argiles.

▶ Les végétaux se fixent dans le sol, y puisent des ions minéraux et après leur mort, vont être décomposés par des bactéries et des champignons. Cette **matière organique** végétale et animale en décomposition – appelée **humus** – est un autre des constituants essentiels du sol au même titre que les **matières minérales**, l'**eau** et l'**air**.

▶ Le sol joue un rôle primordial dans le cycle de l'eau ainsi que dans le transport et la transformation d'éléments chimiques tels que l'azote, le carbone, le phosphore…

2 Le rôle de l'eau

▶ Non seulement l'eau est indispensable à la subsistance de tous les êtres vivants (plantes, animaux et êtres humains), mais elle joue, dans le sol, un double rôle à la fois dans la transformation d'espèces chimiques et dans le transport des substances dissoutes ou en suspension. Ce transport lui-même fait évoluer la composition du sol en profondeur.

▶ L'eau participe à différentes **transformations chimiques** (hydrolyse, oxydoréduction, etc.) que les matières minérales et organiques du sol vont subir. Un certain nombre d'espèces chimiques vont se retrouver en solution dans l'eau. La plupart sous forme d'ions : on parle alors de **solutions ioniques.** Dans ces solutions, il y a deux types d'**ions** :

– les **anions**, chargés négativement : ion nitrate $\left(NO_3^-\right)$, ion sulfate $\left(SO_4^{2-}\right)$, ion carbonate $\left(CO_3^{2-}\right)$;

– les **cations**, chargés positivement : ion sodium $\left(Na^+\right)$, ion calcium $\left(Ca^{2+}\right)$, ion magnésium $\left(Mg^{2+}\right)$, ion fer II $\left(Fe^{2+}\right)$.

SCIENCES

▶ À noter qu'une solution ionique est toujours **électriquement neutre**. Cela signifie que la totalité des charges positives portées par les cations de la solution est compensée par les charges négatives des anions.

3 *Le rôle du complexe argilo-humique*

▶ Les argiles et l'humus du sol s'associent pour former, grâce à l'action stabilisatrice de certains cations (l'ion calcium notamment), le **complexe argilo-humique** (CAH). La particularité de ce complexe est de retenir à sa surface un certain nombre d'ions de la solution de sol (DOC. 1) :

– les **cations**, sont retenus facilement du fait de leur charge électrique opposée au (CAH) (les charges contraires s'attirent) (DOC. 2) ;

– les **anions**, ne seront pas retenus (DOC. 2) – exception faite des ions phosphate $\left(PO_4^{3-}\right)$ qui vont se lier aux ions calcium. Ainsi les ions nitrate non retenus par le sol vont se retrouver lessivés par les eaux de ruissellement.

▶ Le complexe argilo-humique constitue un réservoir d'éléments nutritifs pour la plante.

DOC. 1 Schéma de la structure du CAH.

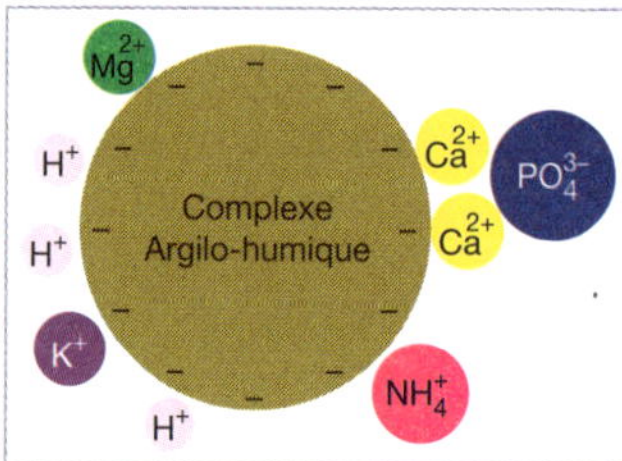

DOC. 2 Le CAH retient certains ions.

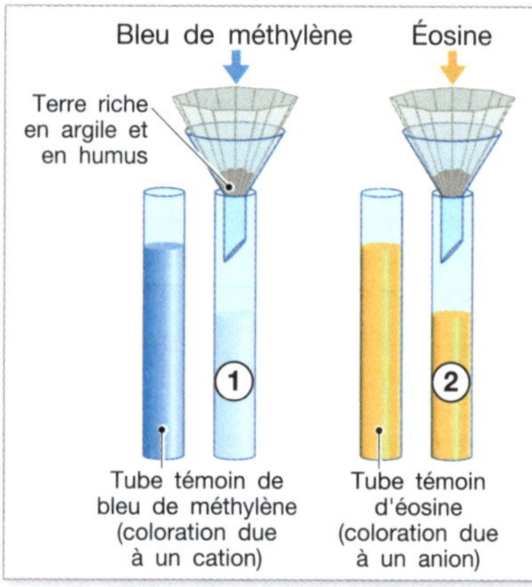

① Les cations du bleu de méthylène ont été retenus par la terre : le filltrat est incolore.

② Les anions de l'éosine n'ont pas été retenus : le filtrat reste coloré.

QUIZ p. 179

1 L'eau dans notre environnement

▶ L'eau est très abondante sur notre planète, mais elle est très inégalement répartie et seule une part très limitée de cet élément est réellement utilisable pour notre consommation (DOC. 1) : c'est ce que l'on appelle **« l'eau disponible »**. Il convient donc de gérer au mieux la ressource.

▶ L'eau destinée à un usage domestique peut être prélevée dans des nappes souterraines, à la sortie de sources, ou dans des eaux de surface (rivières, lacs, etc.).

DOC. 1 Les réserves d'eau sur Terre.

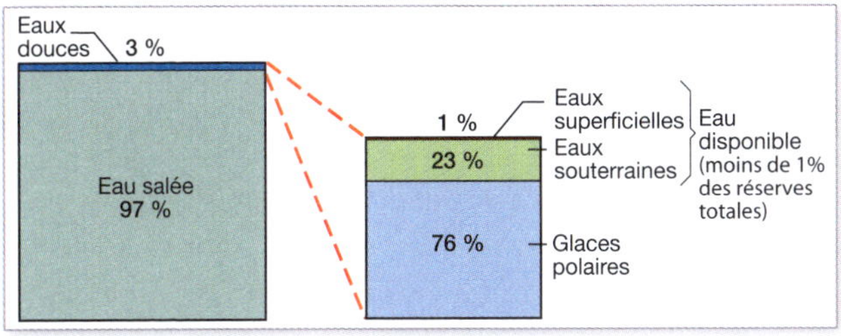

2 Les différentes eaux de consommation

▶ L'**eau du robinet** provient d'une « eau brute » d'origine « superficielle » ou souterraine. Avant d'être distribuée aux consommateurs, elle est rendue potable par traitements et répond alors à des normes de qualité très précises (→ FICHE 83).

▶ L'**eau de source** est naturellement propre à la consommation humaine, elle ne subit donc pas de traitement chimique. Son captage est souterrain et protégé des risques de pollutions.

▶ L'**eau minérale** est une eau de source dont la composition minérale, la qualité et la saveur ne varient pas. Cette eau possède des propriétés thérapeutiques reconnues par l'Académie nationale de médecine.

3 *La composition chimique d'une eau minérale*

Les eaux minérales n'ont pas la même composition puisque celle-ci dépend de la nature des terrains géologiques dans lesquels les eaux ont voyagé, du temps de contact avec les roches, etc. Cette composition est définie par un ensemble de critères : résidu à sec, composition en ions, pH, dureté.

A Le résidu à sec

Le résidu à sec correspond à la **masse de matière restant après évaporation et chauffage** à 180 °C. Une eau est très peu minéralisée avec moins de 50 $mg \cdot L^{-1}$ de masse résiduelle ; elle est très fortement minéralisée si cette masse dépasse 1500 $mg \cdot L^{-1}$.

B Les ions dissous

Une eau minérale contient de nombreux ions dissous (ions calcium Ca^{2+}, ions sodium Na^{+}, ions chlorure Cl^{-}, etc.).

C Le pH

Le pH est une échelle qui **traduit le caractère acide** ($pH < 7$) **ou basique** ($pH > 7$) de l'eau. Il se mesure en général à l'aide d'un pH-mètre.

D La dureté de l'eau

- La dureté de l'eau ou titre hydrotimétrique est une **mesure de sa concentration en ions calcium et magnésium**. Les qualificatifs vont de « très douce » ou « douce » si cette concentration est faible, à « dure » ou « très dure », si elle est élevée.
- Les éléments magnésium et calcium sont indispensables à l'organisme ; une **eau dure** ne sera donc pas néfaste à la consommation humaine. Toutefois, savons et détergents moussent moins avec une eau dure, ce qui conduit à des lavages moins efficaces et une surconsommation de lessive. D'autre part, les ions calcium vont précipiter sous forme de carbonate de calcium ou **tartre** entraînant des dépôts dans les cafetières, fers à repasser, etc.
- Une **eau douce** peut, à l'inverse, provoquer certains risques sanitaires, car elle est corrosive pour les canalisations : la corrosion entraîne la présence de substances (plomb, cuivre, etc.) nocives à la consommation, ou encore le développement de bactéries aux points de fuite éventuels.

De l'eau naturelle à l'eau potable 83

QUIZ p. 179

1 *Les critères de potabilité de l'eau*

▶ Une eau est considérée comme potable lorsqu'elle **peut être bue à raison de deux litres par jour** toute une vie, sans risque pour la santé.

▶ En France, 63 paramètres permettent de contrôler la qualité de l'eau : ils concernent le caractère sain de l'eau (absence de micro-organismes, quantité limitée de substances indésirables ou toxiques) mais aussi ses caractéristiques organoleptiques (odeur, saveur, turbidité) et physicochimiques (pH, température, etc.).

2 *Le traitement de l'eau*

▶ L'eau brute, captée, est traitée dans une usine de production d'eau potable afin d'être **rendue propre à la consommation humaine**. Elle y subit de nombreuses interventions qui la font répondre aux paramètres de potabilité. Il existe principalement deux voies d'opération :
– la première, la plus répandue, utilise des **traitements chimiques** ;
– la deuxième, qui tend à se développer, repose sur les technologies récentes de **nanofiltration**.
Toutes les usines ne procèdent pas au même traitement car celui-ci dépend de la qualité de l'eau brute captée.

▶ Un traitement complet de l'eau brute (DOC. 1) comprend en général trois grandes étapes.
• Le **prétraitement** élimine les gros déchets en les retenant par une grille (dégrillage) et pour supprimer le fer, le manganèse et les algues, par oxydation à l'ozone notamment.
• La **clarification** tend à supprimer les particules en suspension. Pour faciliter cette étape, on utilise des réactifs chimiques qui agglomèrent les particules les plus fines (procédés de coagulation et floculation) : rendues plus lourdes, ces particules sont plus facilement retirées par décantation puis par filtration. À la fin de cette étape, l'eau est claire.
• L'**affinage** élimine les germes pathogènes tels virus et bactéries, ainsi que les micropolluants organiques comme les pesticides. Cette

SCIENCES

étape utilise les procédés d'ozonisation et de filtration sur charbon actif.

▶ Avant que l'eau ne soit envoyée dans le réseau de distribution, on procède encore à une **chloration** pour éviter tout risque de contamination ultérieure.

Doc. 1 Les étapes du traitement de l'eau potable.

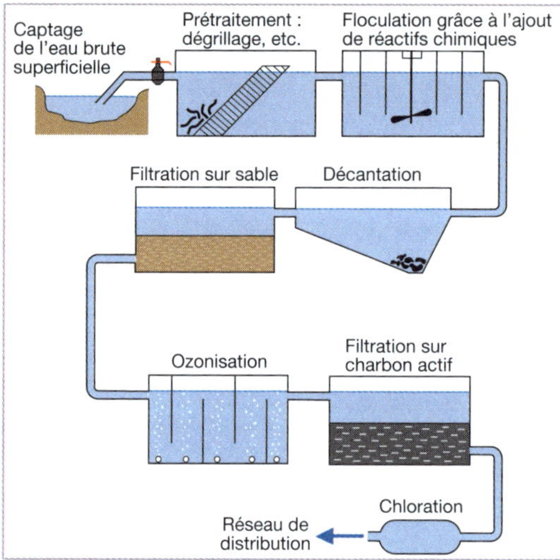

3 *L'adoucissement d'une eau dure*

Pour éviter les désagréments d'une eau dure (→ FICHE 82), on peut utiliser un adoucisseur d'eau. Le plus souvent, cet appareil réduit la dureté de l'eau **en remplaçant les ions calcium et magnésium par des ions sodium**. Une résine échange les ions (DOC. 2) ; une fois saturée en ions calcium et magnésium, un rinçage par une solution riche en ions sodium régénère la résine.

Doc. 2 Résine échangeuse d'ions.

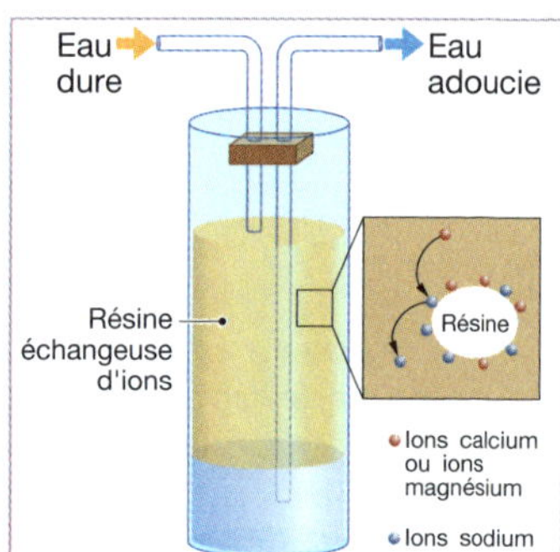

Quiz express

Vérifiez que vous avez bien retenu les points importants

fiches 81 à 83

84

Qualité des sols et de l'eau

1 La formation des sols

Pour qu'un sol se forme, il faut :

	Vrai	Faux
a. des milliers d'années	☐	☐
b. des matières minérales uniquement	☐	☐
c. des éléments solides, liquides et gazeux	☐	☐

2 Le rôle du complexe argilo-humique

Le complexe argilo-humique (CAH) :

☐ a. joue un rôle dans la fertilité d'un sol
☐ b. retient les anions de la solution de sol
☐ c. résulte d'une association d'eau et d'humus
☐ d. porte une charge externe positive

3 Les ions présents dans l'eau

Parmi les ions présents dans l'eau du robinet, lesquels correspondent à des anions ?

☐ a. SO_4^{2-} ☐ b. Na^+ ☐ c. Mg^{2+} ☐ d. NO_3^-

4 La nature électrique de l'eau

Lorsqu'un échantillon d'eau est électriquement neutre, cela signifie que :

☐ a. son pH vaut 7
☐ b. les charges positives et négatives des ions présents se compensent
☐ c. l'eau n'est ni dure ni douce ; elle a un degré hydrotimétrique intermédiaire

5 La dureté de l'eau

Une eau dure :

☐ a. entartre les appareils ménagers (fer à repasser...)
☐ b. n'est pas conseillée à la consommation humaine
☐ c. est due à la présence importante d'ions calcium Ca^{2+} et magnésium Mg^{2+}
☐ d. est corrosive pour les canalisations de distribution
☐ e. fait mousser abondamment les savons et les détergents

Corrigés !

Score : ... / 5

1 *La formation des sols*

Fiche 81

a. Vrai. C'est à l'échelle des millénaires que la roche mère se désagrège sous l'effet de processus physiques, chimiques et biologiques.

b. Faux. Les matières minérales telles que les limons, les argiles, les sables sont des constituants essentiels du sol mais ce ne sont pas les seuls. Les matières organiques végétale et animale, l'eau et l'air sont également des éléments primordiaux.

c. Vrai. Le sol est constitué de trois fractions : solide (les sables, les argiles, des matières organiques...) ; liquide – appelée solution de sol (l'eau et les substances dissoutes) – et gazeuse (les constituants de l'air ainsi que certains produits de la décomposition des matières organiques).

2 *Le rôle du complexe argilo-humique*

Fiche 81

Réponse a. Le complexe argilo-humique constitue un véritable réservoir d'éléments nutritifs pour la plante. Il résulte de l'association de particules d'argile et d'humus sous l'action liante des ions calcium. Sa surface, chargée négativement, fixe essentiellement les cations (+) de la solution de sol.

3 *Les ions présents dans l'eau*

Fiche 82

Réponses a et d. Les anions sont des espèces chimiques chargées négativement à l'instar des ions chlorure (Cl^-), sulfate (SO_4^{2-}) et nitrate (NO_3^-).

4 *La nature électrique de l'eau*

Fiche 82

Réponse b. L'eau, comme toutes les solutions ioniques, est électriquement neutre.

5 *La dureté de l'eau*

Fiche 83

Réponses a et c. La dureté de l'eau donne une évaluation de sa teneur en ions calcium et magnésium.

- Une eau dure a des inconvénients : chauffée, elle conduit à l'entartrage des cafetières, des fers à repasser, etc. ; elle induit aussi une surconsommation de détergents car ils moussent moins bien.
- *A contrario*, elle présente l'avantage d'être moins corrosive pour les canalisations. Elle apporte aussi une part du calcium et du magnésium nécessaires au corps humain.

Biologie des micro-organismes et conservation des aliments

85

QUIZ p. 189

1 Les micro-organismes, source d'intoxications alimentaires

▶ Les micro-organismes (**bactéries, moisissures et levures**) que l'on retrouve dans les aliments peuvent provenir de l'aliment lui-même ou être apportés par l'environnement.

▶ La **conservation des aliments** implique notamment d'empêcher le développement de ces micro-organismes, qui peuvent dégrader les aliments et dont certains sont pathogènes.

▶ Les effets pathogènes de certains de ces micro-organismes sont liés à leur présence elle-même ou aux **toxines** qu'ils libèrent.

▶ La consommation d'un aliment contaminé par un micro-organisme pathogène peut alors entraîner une **toxi-infection** (ou une intoxication) alimentaire. C'est le cas de la salmonellose, toxi-infection la plus fréquente due à une bactérie, la salmonelle.

2 Biologie des micro-organismes et conservation des aliments

La mise en œuvre de certaines techniques de conservation nécessite une connaissance de la biologie de ces micro-organismes.

A Le développement des micro-organismes

Par **division cellulaire** (bactéries), **bourgeonnement** (levures) ou **production de spores**, les micro-organismes peuvent se multiplier rapidement : dans des conditions favorables, le temps nécessaire à une bactérie pour se diviser est de l'ordre de 20 à 30 minutes. Si ce rythme se maintient, cela fait plusieurs milliards de bactéries au bout de 24 heures !

B Les facteurs de développement des micro-organismes

La multiplication du nombre de micro-organismes dépend de la nature des aliments mais aussi des conditions physico-chimiques :

▶ La **température** : certains micro-organismes ne se développent pas à basse température, d'autres au contraire peuvent le faire (→ FICHE 86). De plus, on ne constate aucun développement de

SCIENCES

bactéries pathogènes pour une température supérieure à 63 °C. Les spores pathogènes, plus résistantes, nécessitent cependant une température supérieure à 100 °C pour être détruites.

▶ L'**humidité** : l'eau des aliments est en partie liée aux molécules qui les constituent et n'est donc pas disponible pour les micro-organismes. Seule l'eau « libre » est disponible : plus cette quantité d'eau est importante (le maximum étant pour l'eau pure), plus les micro-organismes se développent. Les bactéries ont besoin de beaucoup d'eau libre, les moisissures sont les plus résistantes.

Doc. 1 Limites de développement des micro-organismes en fonction de la quantité d'eau libre.

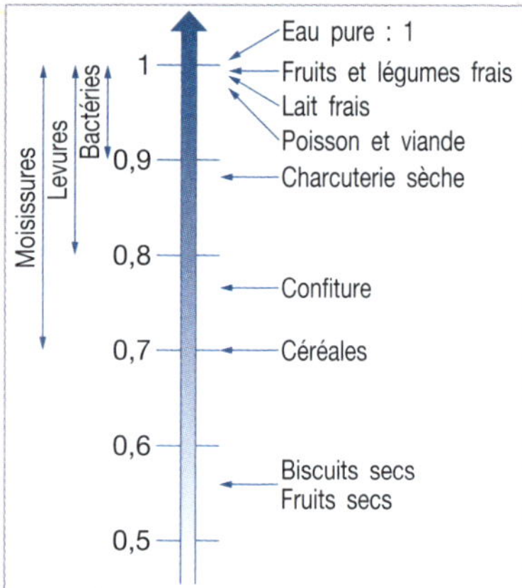

▶ La **teneur en oxygène** : la plupart des micro-organismes se développent en présence d'O_2 : ils respirent. Certains n'ont pas nécessairement besoin d'O_2, ils fermentent.

▶ Le **pH** : la plupart des bactéries se développent dans des milieux dont le pH est voisin de la neutralité, cependant les levures et les moisissures se développent encore bien sur des aliments acides comme les agrumes.

C Les techniques de conservation des aliments

Les techniques de conservation des aliments (→ FICHE 87) visent :
– soit à **éliminer les micro-organismes** par la chaleur : stérilisation à 100 °C ou à Ultra Haute Température (UHT) ;
– soit à **freiner leur développement** par le froid (congélation, réfrigération), en les déshydratant (séchage, lyophilisation), en les emballant sous vide ou sous atmosphère modifiée (riche en N_2 ou en CO_2), en les plongeant dans le vinaigre ou une marinade par exemple pour modifier le pH, en ajoutant des additifs alimentaires (sel, conservateurs, acidifiants, …).

Conservation des aliments, santé et appétence alimentaire

86

QUIZ p. 189

La conservation des aliments a pour but de **reculer leur date de péremption**, tout en préservant leur comestibilité et leurs qualités nutritives et gustatives. Cependant, certaines techniques de conservation peuvent modifier ces qualités et influencer ainsi l'attirance (ou appétence) des consommateurs.

1 *Techniques de conservation, comestibilité et appétence des aliments*

▶ La **stérilisation** permet une destruction totale des micro-organismes d'où une durée de conservation de 1 à 4 ans selon les aliments. Ce procédé garantit la qualité des aliments avec cependant des modifications qui peuvent jouer sur son appétence : altération des couleurs, perte du croquant et légère perte de vitamines. La stérilisation UHT assure une meilleure conservation des vitamines et des qualités gustatives des aliments.

▶ La **pasteurisation** permet la destruction des micro-organismes pathogènes mais pas des spores ni de certaines bactéries. La durée de conservation est courte (environ 14 jours au réfrigérateur) mais le goût des aliments est moins altéré que dans les conserves.

▶ La **réfrigération** (entre 0 et 4 °C) bloque le développement des micro-organismes pathogènes sans les tuer et assure donc une conservation à court terme (3 jours à 3 semaines) sans altération des qualités des aliments. Certaines bactéries se développant à des températures proches de 0 °C, un réfrigérateur doit donc être nettoyé régulièrement pour éviter toute contamination.

▶ La **congélation** (à – 18 °C) et la **surgélation** (congélation ultra-rapide) n'assurent pas non plus une destruction des micro-organismes, il faut donc veiller à ne pas rompre la « chaîne du froid », sinon le développement des micro-organismes reprend dès que l'aliment se retrouve à une température plus élevée. La durée de conservation est importante (plusieurs mois) et les qualités des aliments bien préservées.

SCIENCES

Doc. 1 Température et conservation des aliments.

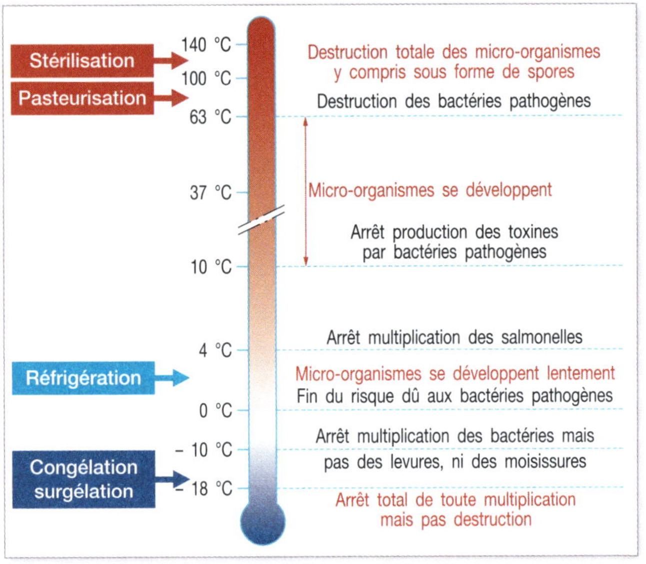

2 *Conservation des aliments et santé du consommateur*

▶ Les **additifs alimentaires** sont des substances chimiques ajoutées aux aliments soit pour assurer leur meilleure conservation (conservateurs), soit pour compenser les pertes de qualité liées aux procédés de conservation (colorants, arômes, exhausteurs de goût…).

▶ Chaque additif est désigné par un code à une lettre indiquant sa provenance (E pour la Communauté européenne) suivie de trois chiffres indiquant sa nature : série des E100 pour les colorants, des E200 pour les **conservateurs**, des E600 pour les **exhausteurs**.

▶ Même s'ils sont utilisés en petites quantités, les additifs sont **réglementés** afin de prévenir leurs effets néfastes sur la santé : certains sont allergènes et/ou cancérigènes, d'autres peuvent provoquer des irritations du tube digestif ou des ralentissements de la digestion. Leur présence doit obligatoirement être mentionnée sur les étiquettes des produits concernés.

La conservation des aliments

87

QUIZ p. 189

1 L'altération des aliments

▶ Exposés à l'air libre, certains fruits et légumes brunissent, les graisses rancissent, ce qui leur donne un aspect, une odeur et un goût désagréables : ces aliments s'oxydent. L'**oxydation** est une altération due au dioxygène de l'air. La lumière (surtout les UV), la chaleur, la présence de certains métaux (fer, cuivre, etc.), de certaines enzymes sont des facteurs qui initient ou favorisent le processus d'oxydation.

▶ Lorsque les molécules oxydables sont exposées à l'air et à la lumière, elles peuvent former des **radicaux libres**, molécules instables et très réactives. Ces radicaux libres réagissent avec les molécules organiques voisines et les dégradent en produisant, à nouveau, d'autres radicaux libres. Cette réaction en chaîne de l'oxydation se retrouve notamment dans le rancissement des huiles et des graisses.

2 Antioxydants et conservation des aliments

▶ Certaines espèces chimiques retardent l'oxydation soit en diminuant la formation des radicaux libres, soit en réagissant directement avec eux pour former des composés plus stables. Ces substances chimiques sont appelées **antioxydants**. Ils font partie des **additifs alimentaires** dont l'utilisation est réglementée par une directive européenne (codes E300 à E321).

▶ L'industrie agroalimentaire utilise des antioxydants naturels, comme la vitamine C contenue dans les agrumes ou la vitamine E que l'on trouve dans les huiles végétales (de blé, de tournesol, etc.) ou des antioxydants de synthèse (ascorbate de sodium ou de calcium, BHA, etc.).

3 Changements d'état et conservation des aliments

▶ La matière peut se rencontrer sous trois **états physiques** : solide, liquide et gazeux. Le passage d'un état physique à un autre correspond à un **changement d'état**.

SCIENCES

Doc. 1 États et changements d'état de la matière.

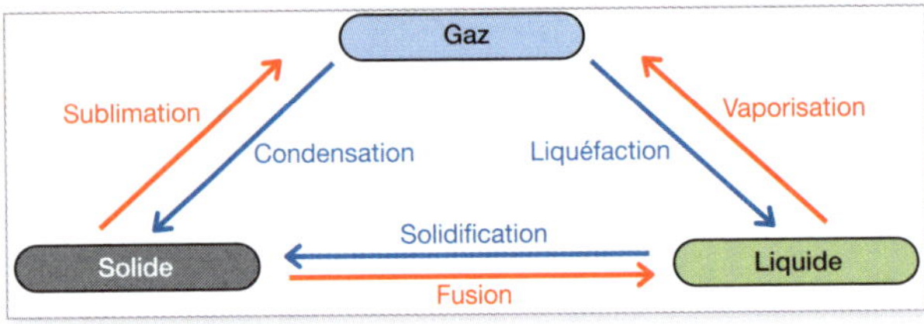

▶ Les techniques courantes de conservation de la nourriture reposent très fréquemment sur des changements d'état, soit directement au sein de l'aliment, soit dans le dispositif technique utilisé (autoclave, réfrigérateur, lyophilisateur, etc.).

A Stérilisation

La stérilisation par chauffage en autoclave, par exemple, permet d'**éliminer tous les micro-organismes** et d'inactiver certaines enzymes, sous pression de vapeur, à une température de 100 °C, de 130 °C, voire de 150 °C (stérilisation UHT du lait).

B Réfrigération

La réfrigération est une technique qui **ralentit la dégradation des aliments**, en limitant le développement des micro-organismes et en freinant les réactions enzymatiques. L'aliment stocké à une température basse (quelques degrés Celsius), mais positive, se conserve à court ou moyen terme.

C Congélation

La congélation consiste à abaisser, puis à maintenir la température, au cœur des aliments, **à – 18 °C**. Cela provoque une cristallisation de l'eau contenue dans les aliments. Leur durée de conservation est alors bien supérieure à celle que permet la réfrigération.

D Lyophilisation

Pour lyophiliser un aliment, on doit tout d'abord le congeler afin de solidifier l'eau ; ensuite, sous vide, la glace se sublime directement en vapeur d'eau. On récupère alors cette vapeur d'eau et l'on sèche l'aliment, à froid. Le café soluble, certains potages instantanés, mettent en œuvre cette technique.

Se nourrir au quotidien : l'exemple des émulsions

88

QUIZ p. 189

Une mayonnaise est une émulsion à base de jaune d'œuf (eau, protéines…) et d'huile. D'où vient la stabilité d'une telle préparation ?

1 L'eau : une molécule remarquable

▶ Une molécule d'eau est constituée d'un atome d'oxygène O, lié à deux atomes d'hydrogène H (DOC. 1). L'atome d'oxygène est légèrement négatif et chaque atome d'hydrogène est, à l'inverse, légèrement positif ; la molécule d'eau, bien que globalement neutre, sera donc **polaire**, du fait à la fois de sa géométrie et de la charge inégale de ses atomes.

▶ Il en résulte une attirance électrostatique entre les molécules, qui vont pouvoir établir entre elles des **ponts hydrogène**. Cette forte association intermoléculaire est, par exemple, responsable de la température d'ébullition « anormalement élevée » de l'eau au regard de sa petite « taille » (100 °C pour l'eau contre – 182 °C pour le dioxygène).

DOC. 1 Molécules d'eau et ponts hydrogène.

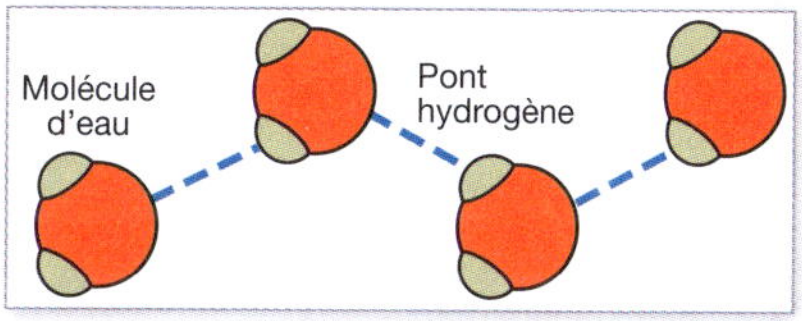

2 L'huile

L'huile (d'arachide, d'olive, etc.) et les matières grasses alimentaires, comme le beurre, sont constituées principalement de lipides. La majorité des lipides alimentaires sont des triglycérides : associations d'un glycérol et de trois acides gras.

3 La formation de l'émulsion « mayonnaise »

A Un mélange instable

▶ Le mélange eau-huile aboutit à deux couches bien distinctes : l'eau et l'huile ne sont pas **miscibles**. Cela vient du fait que les lipides n'ont pas la possibilité d'établir avec l'eau des ponts hydrogène et n'ont pas non plus de caractère polaire marqué.

SCIENCES

▶ Toutefois, par mixage, des gouttelettes d'huile restent en suspension dans l'eau : on dit que l'on a une **émulsion instable**. Pour stabiliser ce mélange, il va falloir rajouter des éléments « entremetteurs » : des composés **tensioactifs** appelés aussi émulsifiants. Les tensioactifs ont pour effet de modifier la tension de surface – ou tension superficielle – entre deux phases non miscibles pour améliorer leur compatibilité.

B Le jaune d'œuf : un émulsifiant

▶ Le jaune d'œuf de la mayonnaise apporte ces composés tensioactifs sous la forme de protéines et surtout de lécithines. Ces composés possèdent une partie **hydrophile** (attirée par l'eau) et une partie lipophile, donc **hydrophobe** (repoussant l'eau). Ensemble – et en opposition complémentaire – ces affinités favorisent l'association de l'huile et de l'eau.

▶ L'action de battre la mayonnaise a pour principe, d'une part de disperser l'huile en fines gouttelettes dans l'eau, mais également de permettre à la partie lipophile des agents tensioactifs d'entourer et d'emprisonner les gouttelettes d'huile. Il se forme ainsi des **micelles**, petits agrégats de tensioactifs (DOC. 2), qui empêchent l'huile d'entrer en contact direct avec l'eau. Ces micelles se repoussent entre elles et leur partie hydrophile établit des ponts hydrogène avec l'eau, empêchant la formation de micelles plus grosses : on obtient ainsi la stabilisation de l'émulsion.

▶ Ce pouvoir émulsifiant de l'œuf fait qu'il est utilisé dans de nombreuses préparations culinaires, telles les crèmes glacées, les sauces.

DOC. 2 Formation de micelles.
a. Gouttelette d'huile entourée de composés tensioactifs = une micelle.
b. La mayonnaise est un ensemble de micelles d'huile entourées d'eau.

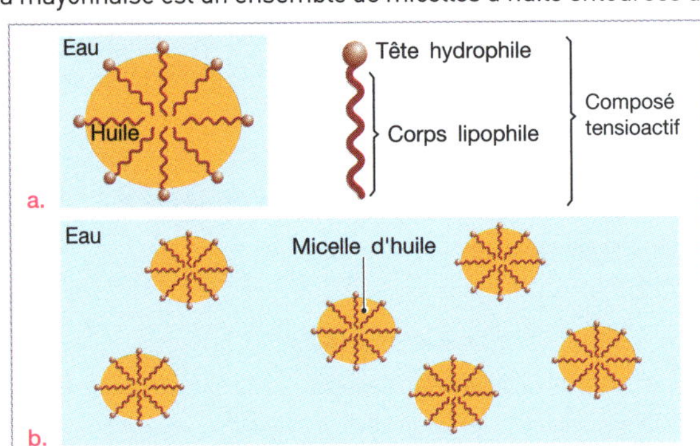

Quiz express 89

Vérifiez que vous avez bien retenu les points importants fiches 85 à 88

Qualité et innocuité des aliments

1 Les micro-organismes, sources de toxi-infections

Les micro-organismes qui dégradent les aliments :
- ☐ **a.** sont uniquement des bactéries
- ☐ **b.** sont toujours pathogènes
- ☐ **c.** peuvent déclencher des toxi-infections

2 Biologie des micro-organismes

Les micro-organismes :
- ☐ **a.** se développent tous en présence d'O_2
- ☐ **b.** ne se développent pas en milieu acide
- ☐ **c.** se développent plus lorsque l'eau libre est importante

3 Température et conservation des aliments

Parmi les techniques suivantes, celle(s) qui assure(nt) la destruction de toute forme de micro-organismes est (sont) :
- ☐ **a.** la pasteurisation
- ☐ **b.** la surgélation
- ☐ **c.** la réfrigération
- ☐ **d.** la stérilisation

4 L'altération des aliments

L'oxydation d'un aliment est accélérée ou favorisée par :
- ☐ **a.** la lumière
- ☐ **b.** le diazote de l'air
- ☐ **c.** la chaleur
- ☐ **d.** le froid

5 Les techniques de conservation des aliments

La sublimation de l'eau est réalisée dans la technique de :
- ☐ **a.** la stérilisation
- ☐ **b.** la lyophilisation
- ☐ **c.** la congélation
- ☐ **d.** la réfrigération

6 Les tensioactifs

Les deux parties distinctes d'un composé tensioactif sont représentées ci-contre. La partie 2 est :

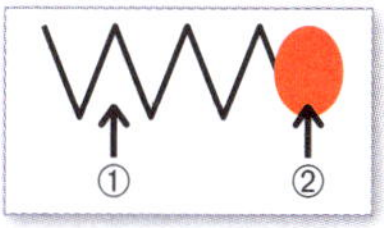

- ☐ **a.** hydrophile
- ☐ **b.** lipophile
- ☐ **c.** hydrophobe
- ☐ **d.** lipophobe

SCIENCES

Corrigés !

Score : ... / 6

1 *Les micro-organismes, sources de toxi-infections*

Fiche 85

Réponse c. Les micro-organismes (bactéries, moisissures et levures) sont pour certains pathogènes, la consommation d'un aliment contaminé par ces derniers, peut entraîner une toxi-infection.

2 *Biologie des micro-organismes*

Fiche 85

Réponse c. L'eau des aliments est en partie liée aux molécules qui les constituent et n'est donc pas disponible pour les micro-organismes qui n'utilisent que l'eau « libre ». Plus cette quantité d'eau est importante, plus les micro-organismes se développent.

3 *Température et conservation des aliments*

Fiche 86

Réponse d. Seule la stérilisation permet une destruction totale de toute forme de micro-organismes y compris les spores qui nécessitent une température supérieure à 100 °C pour être détruites.

4 *L'altération des aliments*

Fiche 87

Réponses a et c. L'oxydation des aliments est due au dioxygène présent dans l'air. La lumière ainsi que la chaleur initient ou favorisent ce processus chimique. D'autres facteurs interviennent aussi : la présence de certains métaux ou de certaines enzymes.

5 *Les techniques de conservation des aliments*

Fiche 87

Réponse b. La lyophilisation repose sur la sublimation : l'aliment est tout d'abord congelé afin de solidifier l'eau ; ensuite il est placé sous vide. La glace se sublime immédiatement en vapeur d'eau ce qui permet de sécher l'aliment.

6 *Les tensioactifs*

Fiche 88

Réponses a et d. Un composé tensioactif présente une double affinité : l'une pour l'eau du fait de sa partie hydrophile – « qui aime l'eau » (partie 2 présentée) – l'autre pour l'huile due à sa partie hydrophobe – « qui n'aime pas l'eau » (partie 1). La partie hydrophile est lipophobe et vice versa.

Les hormones ovariennes

90

QUIZ p. 203

Le fonctionnement de l'appareil génital chez la femme est cyclique, il débute à la puberté et s'achève à la ménopause.
Il se traduit par les règles (ou menstruations) qui marquent la fin d'un cycle et le début du suivant : on parle de **cycle menstruel**.
Celui-ci, d'une durée moyenne de 28 jours, comprend une phase préovulatoire (ou folliculaire) et une phase postovulatoire (ou lutéale) séparées par l'ovulation.

1 *Le cycle des hormones ovariennes*

▶ L'ovaire libère des hormones dans le sang : **les œstrogènes** (dont l'œstradiol) et la progestérone.

▶ Ces hormones sont sécrétées de façon cyclique et on distingue (DOC. 1) :
– une **phase préovulatoire** marquée par des concentrations croissantes d'œstrogènes ;
– un pic d'œstrogènes environ 48 heures avant l'ovulation ;
– une **phase postovulatoire** caractérisée par la sécrétion de progestérone surtout et d'un peu d'œstrogènes ;
– à la fin du cycle, les concentrations des deux hormones ovariennes s'effondrent.

2 *Relation entre structures ovariennes et cycle des hormones ovariennes*

▶ L'aspect cyclique de la sécrétion des œstrogènes et de la progestérone est la conséquence de l'évolution des structures ovariennes (follicules et corps jaune) qui fabriquent ces hormones (DOC. 1).

▶ Pendant la **phase folliculaire** : la croissance d'un follicule cavitaire en follicule mûr provoque l'augmentation de la sécrétion d'œstrogènes jusqu'à l'obtention du pic d'œstradiol lorsque le follicule arrive à maturité.

▶ Pendant la **phase lutéale** : après l'ovulation, le follicule transformé en corps jaune sécrète de la progestérone surtout et de l'œstradiol en moins grande quantité.

SCIENCES

▶ En **fin de cycle**, la chute de la concentration des hormones ovariennes est due à la dégénérescence du corps jaune.

Doc. 1 Synchronisme entre cycle ovarien (b) et cycle des hormones ovariennes (a).

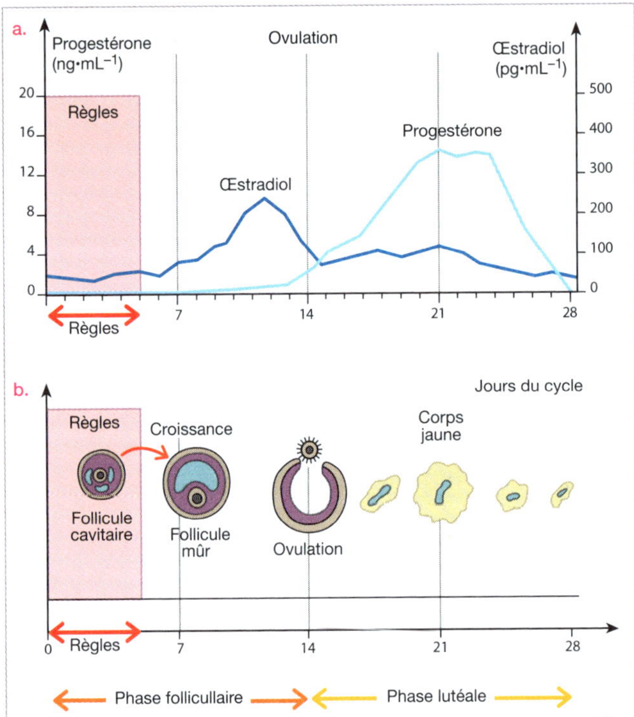

Les hormones du complexe hypothalamo-hypophysaire

91

? QUIZ p. 203

1 *L'activité cyclique des ovaires est sous le contrôle des hormones du complexe hypothalamo-hypophysaire*

Les neurones de l'hypohalamus sécrètent une **hormone**, la **GnRH** qui est conduite par voie sanguine jusqu'à l'hypophyse antérieure. La GnRH stimule la libération de deux hormones hypophysaires : les gonadostimulines, **FSH** et **LH**.

▶ La FSH permet la croissance des follicules et la sécrétion d'œstradiol par les cellules folliculaires en phase folliculaire.

▶ Le **pic de LH**, vers le 13e jour, déclenche l'**ovulation**. L'importante sécrétion de LH permet la transformation du follicule mûr en un corps jaune, sécréteur de progestérone et d'œstradiol.

2 *Les hormones ovariennes exercent des rétrocontrôles sur le complexe hypothalamo-hypophysaire*

▶ Un rétrocontrôle est un contrôle en retour. Il est négatif quand la réponse des cellules cibles (ici les cellules ovariennes) diminue l'activité des cellules qui les commandent (celles du complexe hypothalamo-hypophysaire) et il est positif dans le cas inverse.

▶ En phase folliculaire, l'augmentation modérée de la concentration des œstrogènes entraîne une baisse de la concentration de FSH : c'est un **rétrocontrôle négatif**.

▶ Aux alentours du 12e jour du cycle, le follicule mûr sécrète une grande quantité d'œstrogènes (pic) qui déclenche par **rétrocontrôle positif** le pic de LH responsable de l'ovulation.

▶ En phase lutéale, sous l'action de la LH, le corps jaune sécrète de la progestérone et un peu d'œstrogènes, qui exercent ensemble un rétrocontrôle négatif sur le complexe hypothalamo-hypophysaire.

▶ Le corps jaune dégénère ensuite, permettant le début d'un nouveau cycle. S'il y a fécondation, le corps jaune persiste et sécrète de l'œstradiol et de la progestérone durant les deux premiers mois de grossesse.

Doc. 1 Régulation de la sécrétion des hormones ovariennes.

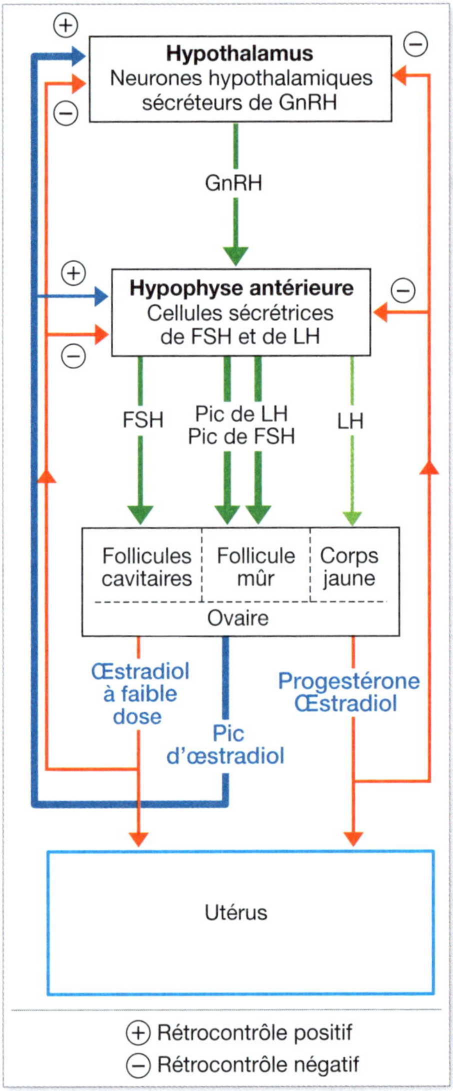

Hormones de synthèse et maîtrise de la procréation

92

QUIZ p. 203

Grâce aux connaissances acquises sur les hormones naturelles, les chercheurs ont pu mettre au point des molécules de synthèse permettant une maîtrise de la procréation mieux adaptée et comportant moins d'effets secondaires.

1 *La contraception hormonale*

Elle utilise des **œstrogènes** et un dérivé de la **progestérone** (progestatif) qui bloquent le développement folliculaire, empêchant l'ovulation par **rétrocontrôle négatif** sur le complexe hypothalamo-hypophysaire.

De plus, elle rend le **mucus cervical** (DOC. 1) imperméable aux spermatozoïdes. Par ces deux actions, la contraception hormonale empêche la fécondation.

DOC. 1 Aspects du mucus cervical.
Observation au MEB en fin de phase folliculaire chez une femme qui ne prend pas la pilule (a) et en fin de phase folliculaire chez une femme sous pilule (b).

a. Le spermatozoïde passe à travers les mailles lâches du mucus.

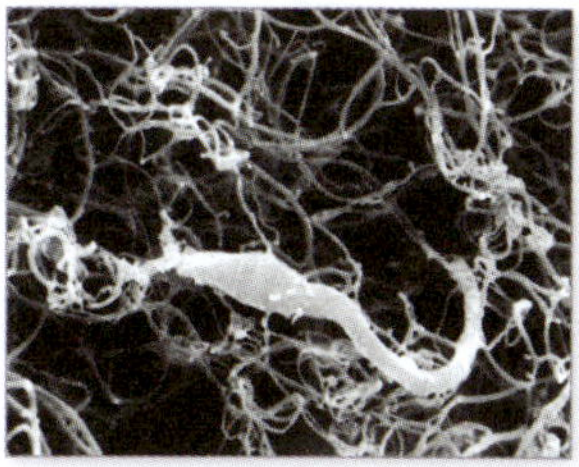

b. Le spermatozoïde est bloqué par les mailles serrées du mucus.

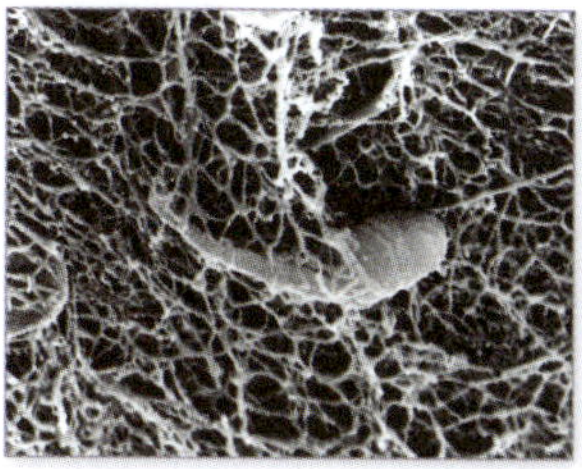

2 *La contragestion*

Elle comprend trois méthodes ayant chacune pour but d'empêcher la gestation.

▶ La **pilule du lendemain** (Norlevo) contient une hormone de synthèse (un progestatif, le levonorgestrel) qui empêche l'ovulation si elle n'a pas eu lieu, ou qui empêche l'implantation de l'œuf dans le cas où il y a eu fécondation. Elle doit être prise au plus tard trois jours après le rapport sexuel et est en vente libre en pharmacie, mais ne doit pas être utilisée régulièrement.

▶ La **pilule du surlendemain** (Ellaone), composée d'une autre molécule de synthèse (ulipristal acétate), a la même action que la pilule du lendemain mais peut être utilisée jusqu'à cinq jours après un rapport sexuel supposé fécondant. En revanche, sa délivrance n'est possible que sur ordonnance et son coût est plus élevé que la pilule du lendemain.

▶ Le **RU 486** ou pilule abortive, constitué d'une molécule de synthèse, la mifépristone, se fixe sur les mêmes récepteurs que la progestérone, l'empêchant d'assurer son rôle dans la poursuite de la gestation. Cela entraîne des règles anticipées, interrompant la nidation de l'embryon. Le RU 486 doit être utilisé avant la 5e semaine de grossesse et son utilisation, qui se fait en milieu médical, doit rester exceptionnelle.
L'action de ces trois molécules de synthèse s'explique par leur structure moléculaire très proche de celle de la progestérone.

Doc. 2 Représentation moléculaire de la progestérone, du RU 486 et du levonorgestrel.

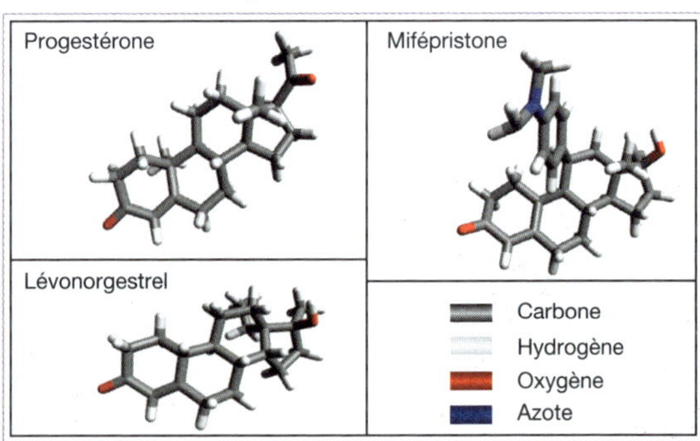

Chronologie des méthodes de régulation des naissances

93

QUIZ p. 203

1 *Les méthodes contraceptives*

La contraception est l'utilisation de moyens permettant d'éviter de façon réversible et temporaire la conception d'un enfant.

A La contraception mécanique

La contraception mécanique crée une barrière qui empêche les spermatozoïdes d'atteindre l'ovule :

- Les **préservatifs**, masculin et féminin, empêchent le passage des spermatozoïdes dans le vagin.
- La **cape cervicale**, ou **diaphragme**, recouvre le col de l'utérus, empêchant le passage des spermatozoïdes dans l'utérus.
- Le **stérilet**, ou **dispositif intra-utérin**, est placé dans la cavité utérine, provoquant une réaction inflammatoire locale de la muqueuse de l'utérus, qui empêche la nidation.

B La contraception chimique

La contraception chimique fait appel à des substances chimiques qui peuvent être avalées, ou placées dans le vagin :

- Les **spermicides** sont sous forme de crème, d'ovules ou d'éponges et sont placés dans le vagin avant le rapport sexuel ; ils contiennent une substance qui détruit les spermatozoïdes.
- La **pilule** est le moyen de contraception le plus utilisé par les femmes en France, elle doit être prise à heure fixe et ne pas être oubliée (→ FICHE 92). Il existe en réalité plusieurs types de pilules (micropilules, pilules combinées…).
- L'**implant contraceptif**, en place sous la peau durant 3 ans, le **patch contraceptif**, collé sur la peau une fois par semaine, et **l'anneau vaginal**, placé dans le vagin pendant 3 semaines sont des moyens contraceptifs relativement récents qui présentent l'avantage d'éviter un oubli.

SCIENCES

2 Les grandes étapes de la maîtrise de la procréation humaine depuis 1920 jusqu'à aujourd'hui

▶ Les humains ont de tout temps essayé de limiter le nombre des naissances afin d'éviter des grossesses non désirées, mais ce n'est que **depuis 1967** qu'une loi, la **loi Neuwirth**, autorise la **vente de contraceptifs**, et ceci aux personnes de plus de 21 ans, l'âge de la majorité à l'époque.

▶ La pilule ne sera véritablement accessible aux femmes, majeures ou non, que grâce à Simone Veil, alors ministre de la Santé, et remboursée par la Sécurité sociale.

1920	La loi française interdit l'avortement et la contraception
1942	Renforcement de la loi de 1920 : l'avortement est passible de la peine de mort
1956	Mise au point de la première pilule œstro-progestative par Pincus et Chang
1967	Loi Neuwirth : la contraception est légale
1972	Loi Neuwirth réellement appliquée
1974	La pilule est remboursée par la Sécurité sociale
1975	Loi Veil : l'IVG est autorisée en France
1978	Naissance du premier bébé issu d'une FIV : Louise Brown (Royaume-Uni)
1980	Découverte de la pilule abortive RU 486
1982	Naissance du premier bébé issu d'une FIV en France (Amandine) IVG remboursée par la Sécurité sociale
1990	Le RU 486 est autorisé
1991	Gestation pour autrui (GPA) prohibée dans le droit français
1994	Premières lois de bioéthique définissant le cadre des pratiques de PMA
2000	Premier bébé né en France après un diagnostic pré-implantatoire
2001	Pilule du lendemain disponible gratuitement pour les mineures
2010	Proposition de loi (non adoptée) pour autoriser et encadrer la gestation pour autrui (GPA).

REMARQUE La connaissance de ces dates n'est pas exigible.

Stérilité et procréation médicalement assistée (PMA)

94

QUIZ p. 203

1 Les causes de stérilité

On parle de stérilité si un couple désirant un enfant n'y parvient pas au bout de deux ans de relations sexuelles sans contraception.

▶ **Chez la femme**, les causes les plus fréquentes sont l'obstruction des trompes utérines ou des problèmes hormonaux empêchant l'ovulation par suite de déficits d'origine ovarienne ou hypothalamo-hypophysaire.

▶ **Chez l'homme**, les anomalies concernent essentiellement le nombre de spermatozoïdes, leur mobilité et leur structure.

2 Techniques de PMA

▶ L'**insémination artificielle** remédie à la stérilité masculine. Elle peut se faire avec le sperme du conjoint, ou d'un donneur lorsqu'il y a absence de spermatozoïdes dans le sperme du conjoint.
Dans le cas particulier où les spermatozoïdes du conjoint sont peu nombreux et peu mobiles, on peut avoir recours à l'**ICSI** (Intra Cytoplasmic Sperm Injection) qui permet d'injecter un spermatozoïde directement dans le cytoplasme de l'ovule. La procédure est ensuite identique à celle pratiquée pour la FIVETE.

Doc. 1 Injection du spermatozoïde dans l'ovule (technique de l'ICSI).

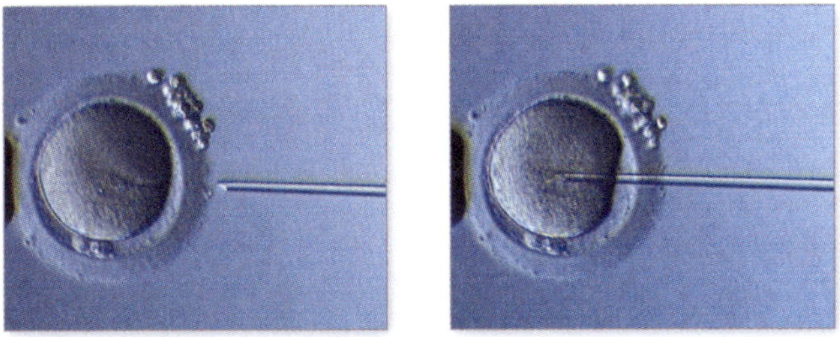

▶ La **FIVETE (Fécondation *in vitro* et transfert d'embryon)** remédie à la stérilité féminine. Elle est proposée en cas d'obstruction des trompes ou de troubles de l'ovulation :

SCIENCES

– un **traitement hormonal** est préalablement administré à la patiente pour stimuler son ovulation, dont de la FSH, qui permettra l'arrivée à maturité de plusieurs follicules ;
– puis l'injection d'une substance chimique ayant les mêmes effets que la LH permet de **déclencher l'ovulation** ;
– juste avant celle-ci, les ovocytes (ovules) seront prélevés dans l'ovaire et mis en contact in vitro avec des spermatozoïdes pour obtenir une **fécondation** et le développement d'embryons ;
– les **embryons** (deux ou trois) sont ensuite **transférés dans l'utérus** de la future mère.

Doc. 2 Embryon de 48 h prêt à être implanté dans l'utérus (stade 4 cellules).

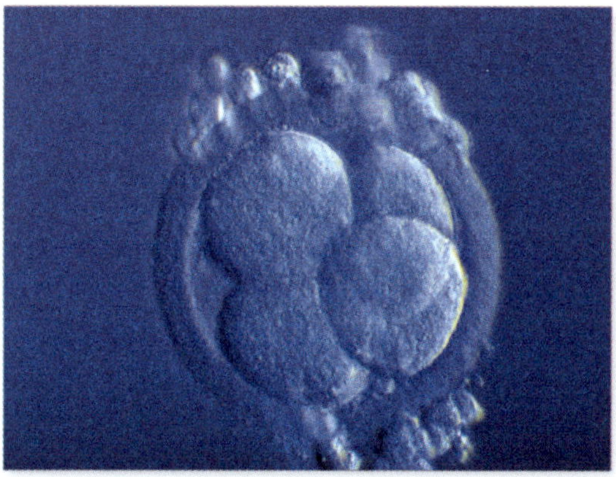

3 *Les limites des méthodes de PMA*

▶ Une **législation** encadre les différentes techniques de PMA, afin d'éviter des problèmes d'ordre **éthique**.
En France, la FIVETE n'est pas envisagée actuellement pour une femme ménopausée ou pour un couple homosexuel. Le don de gamètes ou d'embryons est anonyme et gratuit, et les couples receveurs seront légalement considérés comme seuls parents du ou des futur(s) enfant(s).

▶ De plus, il est nécessaire d'éviter les dérives permettant de sélectionner les embryons sur des critères autres que pathologiques (ex. : le choix du sexe de l'enfant). Enfin les embryons non utilisés posent problème quant à leur devenir (faut-il les détruire ? les utiliser pour la recherche médicale ?).

Infections sexuellement transmissibles et mesures de prévention

95

QUIZ p. 203

1 La propagation des infections sexuellement transmissibles (IST)

▶ Les **IST** sont dues à différents **micro-organismes** qui se transmettent entre partenaires au cours de rapports sexuels (oraux, vaginaux ou anaux).

▶ Les micro-organismes responsables des IST sont localisés dans le sperme et dans les sécrétions vaginales. Il s'agit en général de bactéries et de virus.

▶ Une des raisons majeures expliquant la propagation des IST au sein de la population est que la plupart d'entre elles sont **asymptomatiques** : les personnes infectées n'ayant pas de symptômes, elles ne vont pas consulter de médecin et risquent de transmettre l'IST à leur partenaire.

Quelques micro-organismes à l'origine des IST	IST	Lieux où l'on trouve les micro-organismes
Bactérie : *Treponema pallidum.* 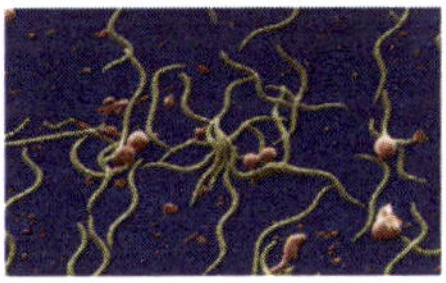	**Syphilis :** maladie très contagieuse, en recrudescence, qui provoque de nombreuses lésions dans tout l'organisme.	– sperme – sécrétions vaginales – sang
Virus : VIH. 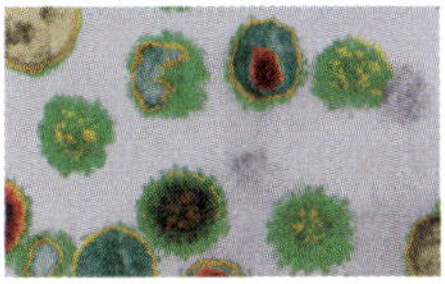	**Sida :** la personne infectée le reste toute sa vie.	– sperme – sécrétions vaginales – sang
Protozoaire : *Trichomonas vaginalis.* 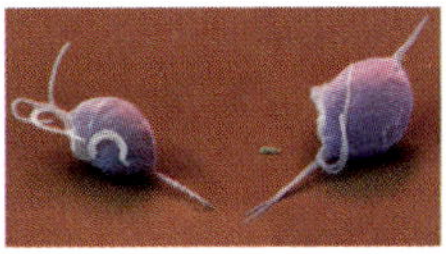	**Trichomonase :** infection relativement fréquente chez l'homme et la femme	– sperme – sécrétions vaginales – serviette, maillot de bain contaminé

SCIENCES

Quelques micro-organismes à l'origine des IST	IST	Lieux où l'on trouve les micro-organismes
Bactérie : *Neisseria gonorrhoeae.* 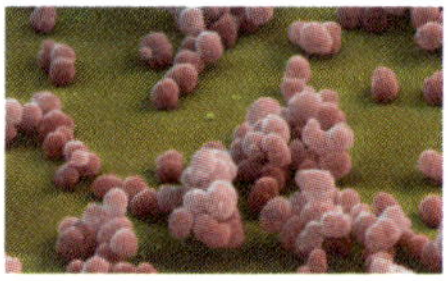	**Gonoccie :** infection qui peut, dans certaines conditions, conduire à la septicémie.	– sperme – sécrétions vaginales

2 *Adopter un comportement responsable dans sa vie sexuelle*

▶ Chaque individu doit prendre en charge de façon responsable sa vie sexuelle afin de se protéger et protéger son (ses) partenaire(s).

▶ Les IST peuvent être cause de **stérilité** : des bactéries telles les *Chlamydiae* peuvent entraîner une infection des trompes utérines (salpingite) et causer leur obstruction.

▶ Il est indispensable d'adopter des **mesures de prévention** afin d'éviter contamination et propagation des IST : l'utilisation du préservatif lors des rapports sexuels est la méthode de prévention la plus efficace. En effet, les micro-organismes, de par leur taille, ne passent pas à travers les pores de la membrane du préservatif.

▶ Tout patient diagnostiqué porteur d'une IST devrait en avertir ses partenaires passés et actuel(s) afin qu'ils se fassent **dépister**. Ainsi la prise en charge médicale du patient et de ses partenaires permettrait d'éviter toute nouvelle contamination.

▶ Les professionnels de la santé conseillent actuellement à toutes les jeunes filles de se faire **vacciner** contre certaines souches de papillomavirus, virus transmis par voie sexuelle et responsable de cancers du col de l'utérus.

▶ Des mesures d'**hygiène** évidentes (lavage des mains et du corps dans son ensemble) limitent aussi la propagation des IST.

Quiz express

Vérifiez que vous avez bien retenu les points importants
fiches 90 à 95

96

Prendre en charge sa vie sexuelle de façon conjointe et responsable

1 Les hormones ovariennes

Les hormones sécrétées par les ovaires sont :

☐ a. la GnRH
☐ b. la LH et la FSH
☐ c. l'œstradiol et la progestérone

2 Hormones et rétrocontrôles

Les rétrocontrôles chez la femme sont :

☐ a. exercés par la LH
☐ b. exercés par les hormones ovariennes
☐ c. exclusivement dus à un pic d'œstradiol
☐ d. négatifs ou positifs selon le moment du cycle

3 Hormones de synthèse et maîtrise de la procréation

La contraception hormonale ou pilule :

☐ a. rend le mucus cervical perméable aux spermatozoïdes
☐ b. permet la fécondation
☐ c. empêche l'ovulation
☐ d. permet d'exercer un rétrocontrôle négatif sur le complexe hypothalamo-hypophysaire

4 Infections sexuellement transmissibles et mesures de prévention

Les IST :

☐ a. sont dues à des micro-organismes
☐ b. ne peuvent pas être évitées, même avec un préservatif
☐ c. sont localisées dans le sperme et les sécrétions vaginales

Corrigés

Score : ... / 4

1 *Les hormones ovariennes*

Fiche 90

Réponse c. L'œstradiol et la progestérone sont sécrétés par les ovaires, la GnRH par l'hypothalamus, et la FSH et la LH par l'hypophyse antérieure.

2 *Hormones et rétrocontrôles*

Fiche 91

Réponses b et d.

- Chez la femme, les rétrocontrôles sont exercés par les hormones ovariennes : les œstrogènes (dont l'œstradiol) et la progestérone.
- Ils sont négatifs en phase folliculaire, avant le douzième jour du cycle, lors de l'augmentation modérée de la concentration d'œstrogènes, et en phase lutéale de par la sécrétion d'œstrogènes et de progestérone par le corps jaune.
- Un rétrocontrôle positif en revanche est exercé aux alentours du douzième jour par le follicule mûr qui sécrète une grande quantité d'œstrogènes.

3 *Hormones de synthèse et maîtrise de la procréation*

Fiche 92

Réponses c et d.

- La pilule empêche l'ovulation, elle empêche donc la fécondation.
- Elle permet, de par les hormones de synthèse qu'elle contient, d'exercer un rétrocontrôle négatif sur le complexe hypothalamo-hypophysaire. Ainsi, il n'y aura pas de pic de LH responsable de l'ovulation.
- Elle a aussi pour rôle de rendre le mucus imperméable aux spermatozoïdes, qui ne pourront donc pas passer à travers les mailles serrées du mucus.

4 *Infections sexuellement transmissibles et mesures de prévention*

Fiche 95

Réponses a et c.

- Les IST sont dues à des micro-organismes localisés dans le sperme et les sécrétions vaginales, ils se transmettent lors des rapports sexuels.
- La méthode de prévention la plus efficace afin d'éviter contamination et propagation est l'utilisation du préservatif.

Réalisation des phénotypes sexuels

QUIZ p. 209

1 Le déterminisme génétique du sexe biologique

▶ Au cours de son développement, **jusqu'à la 7e semaine**, **l'embryon n'est ni mâle ni femelle** : les glandes génitales ainsi que les organes génitaux externes sont indifférenciés et l'embryon possède des voies génitales mâles et des voies génitales femelles.
Les individus ayant un caryotype XXY (syndrome de Klinefelter) possèdent deux chromosomes X et ont un phénotype masculin tandis que les individus ne possédant qu'un seul chromosome X (syndrome de Turner) sont de phénotype féminin. C'est donc la présence du **chromosome Y** qui permet l'évolution du **phénotype vers le sens masculin**, alors que son absence entraîne obligatoirement un phénotype féminin.

Doc. 1 Quelques anomalies chromosomiques et phénotypes associés.

Caryotype	Sexe phénotypique	Phénotype observable
45, XO	féminin	syndrome de Turner
45, YO	L'absence de chromosome X est létale	
46, XX	féminin	femme normale
47, XXXX	féminin	phénotype féminin
46, XY	masculin	homme normal
47, XXY	masculin	syndrome de Klinefelter
47, XYY	masculin	phénotype masculin

C'est plus précisément un gène présent sur le chromosome Y, **le gène SRY**, qui permet la différenciation de la gonade indifférenciée en testicule. Ce gène n'est pas présent sur le chromosome X, donc en son absence, la gonade évoluera en ovaire.

▶ Des **accidents chromosomiques** peuvent être responsables d'anomalies chromosomiques :
– la perte d'une région du chromosome Y engendre un individu de **caryotype XY** mais de phénotype **féminin** ;
– le transfert de la région du chromosome Y, qui porte le gène SRY, sur le chromosome X engendre un individu de **caryotype XX** mais de phénotype **masculin**.

2 Le déterminisme hormonal du sexe génétique

▶ La présence du testicule entraîne la masculinisation de l'embryon alors que son absence entraîne un phénotype féminin.

▶ Le testicule agit par l'intermédiaire de deux hormones entre la 8e et la 16e semaine du développement embryonnaire :
– la testostérone, qui permet le développement des voies génitales mâles et des organes génitaux externes ;
– l'AMH (hormone anti-müllerienne) qui permet la dégénérescence des canaux à l'origine des voies génitales femelles.

▶ L'ovaire ne sécrète ni AMH, ni testostérone au cours du développement embryonnaire et n'a donc aucune action sur l'établissement du phénotype sexuel.

▶ La puberté est la dernière étape de l'établissement du phénotype sexuel :
– chez le garçon : le testicule sécrète toujours de la testostérone (mais plus d'AMH) et cette hormone entraîne l'apparition des caractères sexuels secondaires et la production de sperme, donc de spermatozoïdes ;
– chez la fille : l'ovaire sécrète œstradiol et progestérone, permettant l'apparition des caractères sexuels secondaires et l'émission d'ovules.

Comportement sexuel et phénomènes biologiques associés

98

QUIZ p. 209

1 Les hormones influencent le comportement sexuel des mammifères

Chez les mammifères adultes non Hominoïdes, il y a une relation directe entre le comportement sexuel et les sécrétions hormonales :

▶ Les femelles sont réceptives pendant la période d'ovulation, contemporaine de la période de chaleurs (ou œstrus), on parle de **cycle œstrien.** C'est à ce moment-là que la concentration en œstradiol est la plus élevée.

▶ Chez les mâles, la testostérone est indispensable au comportement sexuel qui est souvent déclenché par des stimuli émis par les femelles (odeurs dégagées, coloration…).

▶ Chez les **Primates adultes Hominoïdes** (Homme et grands singes), l'influence des hormones dans le comportement sexuel diminue : les **rapports sexuels** se déroulent pendant une **grande partie du cycle menstruel** et ne sont donc pas limités à la période d'ovulation.
L'espèce humaine est la seule où le comportement sexuel est dissocié des sécrétions hormonales.

2 Le système de récompense est prépondérant dans la sexualité des Hominoïdes et en particulier de l'Homme

▶ Des expériences sur des rats où on leur implante des électrodes de stimulation dans certaines régions du cerveau ont montré que les rats recherchent les effets de cette stimulation en s'autostimulant de manière répétitive. On a ainsi pu montrer qu'il y a un circuit dans le cerveau qui procure du plaisir, nommé pour cette raison le **système de récompense.**

▶ Le système de récompense (DOC. 1) comprend **plusieurs régions cérébrales** dont le noyau accumbens et l'aire tegmentale ventrale, reliées entre elles par des neurones qui libèrent un neurotransmetteur, la **dopamine.**

SCIENCES

Quand ces neurones sont stimulés, ils libèrent de la dopamine dans plusieurs régions du cerveau, ce qui va engendrer une sensation de plaisir.

Doc. 1 Principales régions cérébrales du système de récompense et zones de libération de la dopamine (flèches bleues).

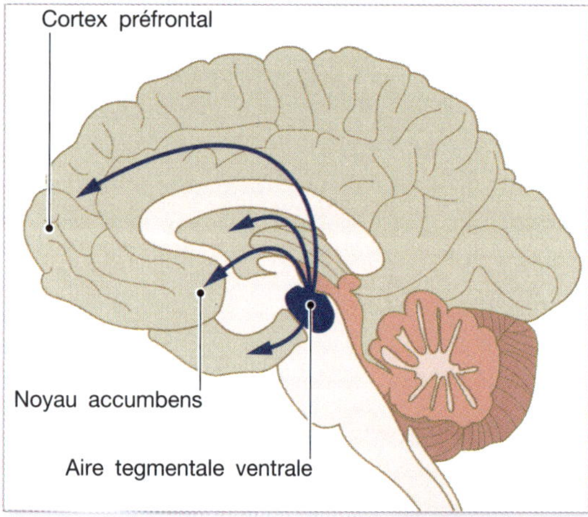

▶ L'activité des neurones à dopamine et donc la libération de dopamine est freinée en permanence par des **neurones inhibiteurs**.

▶ Les neurones inhibiteurs possèdent sur leur membrane des récepteurs sur lesquels se fixe un neurotransmetteur appelé **enképhaline**. Cette fixation engendre une diminution de l'activité des neurones inhibiteurs, ce qui a pour conséquence une augmentation de libération de dopamine.

▶ Cette libération accrue de dopamine est à l'origine d'une **sensation de plaisir**.

▶ Le **comportement sexuel** de l'Homme est largement influencé par des facteurs affectifs et par le contexte culturel dans lequel il vit. L'**orientation sexuelle** (homosexualité, transexualité, etc.) relève quant à elle de l'intimité des individus.

? **Quiz express** 99

Vérifiez que vous avez bien retenu les points importants **fiches 97 à 98**

Devenir homme ou femme

1 *Caryotype masculin*

Le caryotype d'un individu de phénotype masculin peut comporter :

☐ **a.** Deux chromosomes X ☐ **b.** Deux chromosomes Y
☐ **c.** Un chromosome X et un chromosome Y
☐ **d.** Un seul chromosome X et pas de chromosome Y

2 *Différenciation de l'appareil génital mâle*

Le chromosome Y :

☐ **a.** porte un gène appelé AMH qui permet la différenciation de la gonade indifférenciée en testicule
☐ **b.** porte un gène, le gène SRY, qui permet la différenciation de la gonade indifférenciée en testicule

3 *Déterminisme hormonal de la mise en place des appareils génitaux*

Lors du développement embryonnaire, l'ovaire :

☐ **a.** sécrète de l'AMH ☐ **b.** sécrète de la testostérone
☐ **c.** ne sécrète ni l'un ni l'autre

4 *Comportement sexuel des mammifères*

La période d'ovulation des femelles mammifères non hominoïdes :

☐ **a.** est contemporaine de la période des chaleurs
☐ **b.** est la période du cycle où leur activité sexuelle est la plus importante
☐ **c.** est la période du cycle où la concentration en œstrogènes est la plus basse

5 *Système de récompense et sexualité des hominoïdes*

Le système de récompense :

☐ **a.** est un circuit qui procure du plaisir et qui est situé dans les organes génitaux
☐ **b.** comprend plusieurs régions situées dans le cerveau
☐ **c.** fait intervenir un neurotransmetteur, la dopamine

Corrigés !

Score : ... / 5

1 *Caryotype masculin*

Fiche 97

Réponses a, b et c.

- Le caryotype d'un individu de phénotype masculin peut comporter deux chromosomes X, à partir du moment où il comporte aussi un chromosome Y, (caryotype XXY) mais il peut aussi comporter deux chromosomes Y à partir du moment où il y a un chromosome X (caryotype XYY).
- Le caryotype normal d'un individu masculin comprend un chromosome X et un chromosome Y (caryotype XY).

2 *Différenciation de l'appareil génital mâle*

Fiche 97

Réponse b. Le chromosome Y porte un gène appelé le gène SRY, qui permet la différenciation de la gonade indifférenciée en testicule. Il permet donc l'évolution du phénotype dans le sens masculin.

3 *Déterminisme hormonal de la mise en place des appareils génitaux*

Fiche 97

Réponse c. Lors du développement embryonnaire, l'ovaire ne sécrète ni AMH ni testostérone, et n'a donc aucune action sur l'établissement du phénotype sexuel. La testostérone et l'AMH sont sécrétés par le testicule, ce qui permet la masculinisation de l'embryon.

4 *Comportement sexuel des mammifères*

Fiche 98

Réponses a et b. La période d'ovulation des mammifères femelles non hominoïdes est contemporaine de la période de chaleurs (ou œstrus) et c'est la période où leur activité sexuelle est la plus importante.

C'est aussi à cette période que la concentration en œstrogènes est la plus élevée.

5 *Système de récompense et sexualité des hominoïdes*

Fiche 98

Réponses b et c. Le système de récompense est un système qui procure du plaisir et qui est situé dans le cerveau, au niveau de plusieurs régions cérébrales.

Il fait intervenir un neurotransmetteur, la dopamine.

Quantification des besoins énergétiques

100

QUIZ p. 219

1 *Les différentes sources d'énergie*

▶ Une source d'**énergie primaire** est une forme d'énergie disponible dans la nature avant toute transformation. Cette transformation peut avoir lieu dans les centrales thermiques à combustibles fossiles, afin de produire de la chaleur ou de l'électricité (→ FICHE 102), ou peut avoir lieu aussi dans les raffineries de produits pétroliers. Les produits énergétiques livrés au consommateur final (combustibles, carburants, chaleur, électricité) correspondent à de l'**énergie finale**.

▶ Les origines de cette énergie primaire (DOC. 1) sont multiples (→ FICHES 105, 106 ET 107) : fossiles (pétrole, charbon, gaz) ; uranium (source d'énergie nucléaire de fission) ; énergies renouvelables (hydraulique, solaire, éolien, biomasse, géothermie).

▶ Environ 90 % de la production mondiale d'énergie primaire provient de ressources **non renouvelables**.

DOC. 1 Production mondiale d'énergie primaire (année 2008).

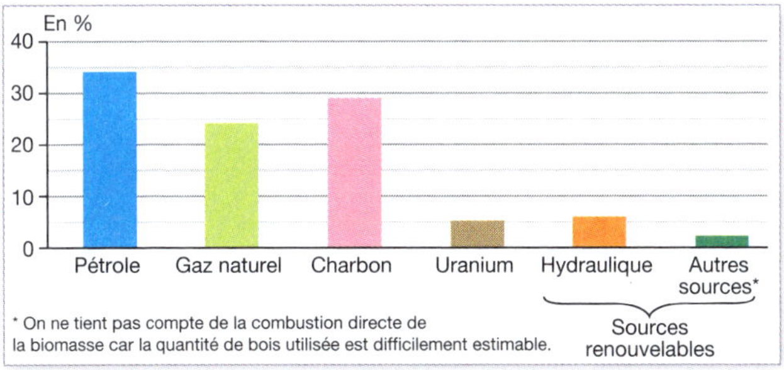

2 *Les besoins en énergie dans le monde*

Les trois principaux secteurs consommateurs d'énergie sont l'industrie, les transports et l'ensemble « résidentiel et tertiaire » (DOC. 2). Pour ce dernier secteur, le chauffage, la climatisation, l'eau chaude sanitaire, les appareils électroménagers constituent les plus gros postes de consommation énergétique.

Doc. 2 Consommation mondiale d'énergie finale (année 2004).

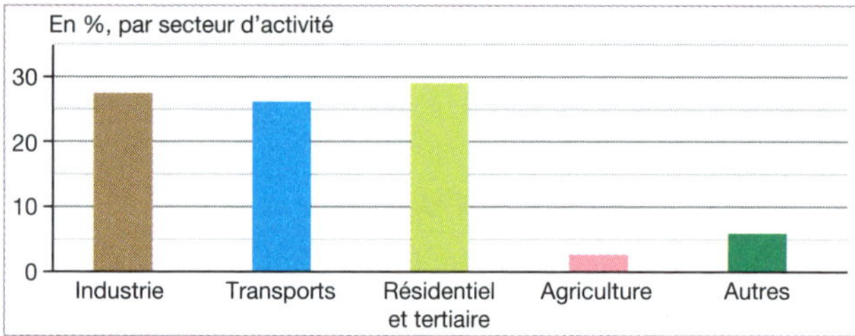

3 *Puissance et énergie électriques*

▶ Une lampe à incandescence, comme tous les appareils électriques, reçoit de l'**énergie électrique** (→ FICHE 101) qu'elle convertit ensuite en éclairage mais aussi en chaleur. La **puissance** qu'elle consomme correspond à la quantité d'énergie électrique qu'elle reçoit en une heure. Plus la puissance consommée par la lampe est importante plus, en retour, elle peut fournir de lumière.

▶ La puissance électrique s'exprime en **watt** (W).

▶ Quelques ordres de grandeur de puissances consommées :

Puissance consommée	Appareil/installation électrique
1 mW (0,001W)	Montre, DEL
1 W	Lampe de poche
10 W	Lampe fluocompacte
100 W	Lampe à incandescence

▶ **L'énergie électrique E consommée** dépend du temps t d'utilisation de l'appareil électrique et de la puissance P consommée :

$$E = P \times t$$

E en wattheure (Wh)
P en watt (W)
t en heure (h).

▶ Une lampe à incandescence de 100 W consomme donc une énergie de 300 Wh pour 3 heures d'utilisation. Cette énergie consommée est mesurée par le compteur électrique domestique. À noter qu'à efficacité lumineuse égale, une lampe fluocompacte consommera 5 à 6 fois moins d'énergie.

La conversion de l'énergie

101

QUIZ p. 219

1 *Définition de l'énergie et unités de mesure*

▶ Le terme **énergie** vient du grec ancien *enérgeia* qui signifie « force en action ». L'énergie désigne une capacité à agir quelle qu'en soit la forme. Elle peut mettre en mouvement, chauffer, éclairer, transmettre une information, etc. L'énergie n'est donc pas quelque chose de figé, elle peut se transformer.

▶ Dans le Système international d'unités, l'énergie se mesure en joules (J). Dans la pratique, d'autres unités sont employées : le wattheure (1 Wh = 3 600 J), la calorie (1 cal = 4,18 J), etc.

▶ À l'exception de l'utilisation directe de la lumière solaire pour s'éclairer, de la géothermie pour chauffer les habitations, les formes d'énergie que nous utilisons proviennent d'une **énergie primaire** successivement transformée, stockée, transportée puis distribuée au consommateur final.

DOC. 1 L'énergie : de son extraction à son utilisation finale.

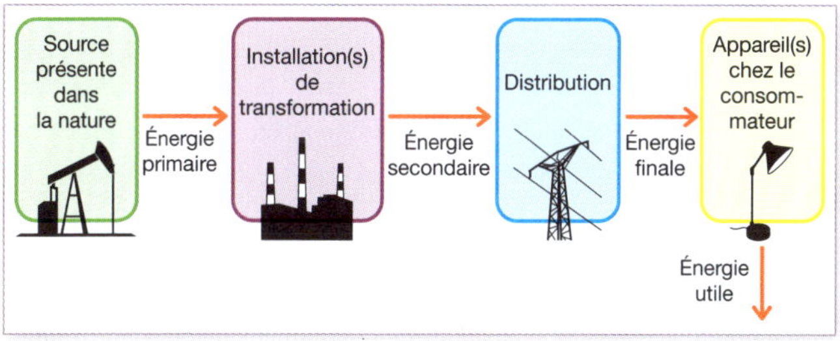

2 *Les formes d'énergie et leurs conversions*

▶ Il existe différentes **formes d'énergie** : électrique, mécanique, chimique, thermique, rayonnante, nucléaire, etc.

▶ L'énergie ne peut ni se créer, ni se détruire mais uniquement changer de forme. La transformation de l'énergie est la conversion d'une forme d'énergie en une autre (DOC. 2).

▶ Pour mieux répondre à ses besoins énergétiques, l'Homme a conçu des dispositifs techniques – des « convertisseurs » – dont le rôle est d'obtenir de l'**énergie secondaire** plus facile à stocker, à transporter et à utiliser que les sources d'énergie primaire.

▶ Toute conversion s'accompagne inévitablement de **pertes énergétiques** ou d'énergie inutilisée. Ces dégradations sont inévitables malgré l'amélioration de l'efficacité énergétique des installations et des dispositifs techniques.

Doc. 2 Exemples de conversions énergétiques.

Énergie primaire	Énergie secondaire	Moyen de conversion	Rendement
Énergie du vent (énergie cinétique)	Énergie électrique	Éolienne	59 % maximum (en théorie)
Énergie lumineuse	Énergie électrique	Panneau photovoltaïque	15 % environ
Énergie d'une chute d'eau (énergie potentielle)	Énergie électrique	Barrage hydroélectrique	90 %
Énergie nucléaire	Énergie électrique	Centrale nucléaire	35 %
Énergie chimique	Énergie électrique	Centrale thermique à gaz	40 % (cycle simple)

▶ En passant de l'énergie primaire (disponible dans la nature) à l'énergie finale (celle que nous consommons), l'énergie suit une série de transformations et de transports : la **chaîne énergétique**. Par exemple, l'énergie liée à la vitesse du vent, convertie en électricité par une éolienne pour faire fonctionner une lampe, illustre bien cette notion de chaîne énergétique.

Doc. 3 Depuis le vent jusqu'à l'ampoule : un exemple de chaîne énergétique.

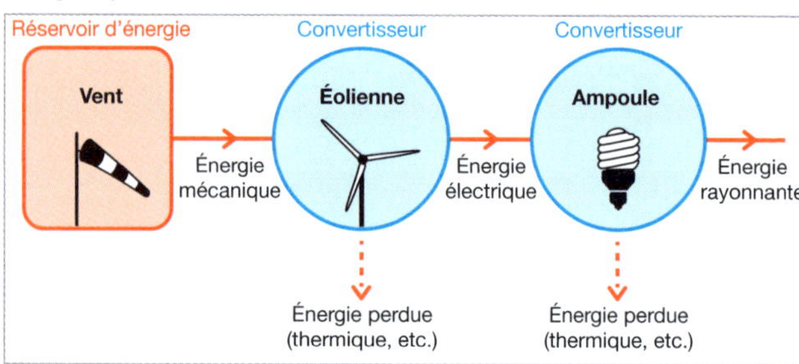

Les centrales électriques thermiques

102

QUIZ p. 219

1 Produire de l'électricité

▶ L'électricité représente près de **20 % de l'énergie finale mondiale** utilisée par le consommateur. Elle est omniprésente dans nos sociétés industrialisées car elle constitue un moyen facile et efficace de transférer de l'énergie d'un endroit à un autre (même sur des milliers de kilomètres) (→ FICHE 103) ; elle permet aussi de satisfaire les besoins élémentaires de nos sociétés : lumière et télécommunications, chaleur, mouvement, etc.

▶ Les **panneaux photovoltaïques** et les **générateurs électrochimiques** (piles et batteries) convertissent directement l'énergie de rayonnement, pour les premiers, et l'énergie chimique, pour les seconds, en énergie électrique.

▶ Les autres systèmes produisent de l'électricité en utilisant un **alternateur** (qui génère un courant alternatif) entraîné par une turbine. La **turbine** peut être mise en mouvement :
– à l'aide de vapeur d'eau sous pression dans les centrales nucléaires, à flamme ou dans certaines centrales solaires ;
– à l'aide de l'eau dans les centrales hydroélectriques ou marémotrices ;
– à l'aide du vent dans les centrales éoliennes.

2 Fonctionnement des centrales électriques thermiques

▶ Les centrales électriques thermiques reposent donc sur deux éléments indispensables :
- la **turbine** qui transforme la force d'un fluide chaud (vapeur d'eau, gaz de combustion, etc.) en mouvement de rotation ;
- l'**alternateur** qui convertit l'énergie mécanique de la turbine en énergie électrique.

▶ Dans une **centrale thermique à flamme**, la vapeur d'eau est produite grâce à la chaleur dégagée par la **combustion** du charbon, du pétrole ou du gaz (→ FICHE 105). Une combustion est une réaction chimique entre un combustible et un comburant (le dioxygène O_2).

SCIENCES

Cette transformation libère de la chaleur et produit de l'eau, du dioxyde de carbone ainsi que d'autres dérivés.

▶ Dans une **centrale thermique nucléaire**, la chaleur est fournie par la **fission nucléaire** (→ FICHE 106) : l'uranium 235 donne, sous l'impact d'un neutron, deux noyaux plus légers ; par exemple le strontium 94 et le xénon 140 selon l'équation nucléaire :

$$^{235}_{92}\mathrm{U} + ^{1}_{0}\mathrm{n} \rightarrow ^{94}_{38}\mathrm{Sr} + ^{140}_{54}\mathrm{Xe} + 2\,^{1}_{0}\mathrm{n}$$

▶ La **chaîne énergétique** (DOC. 1) dans une centrale thermique à flamme présente, pour les unités les plus performantes, un rendement voisin de 45 % (35 % dans le cas des centrales nucléaires).

DOC. 1 Chaînes énergétiques des centrales électriques thermiques à flamme et nucléaire.

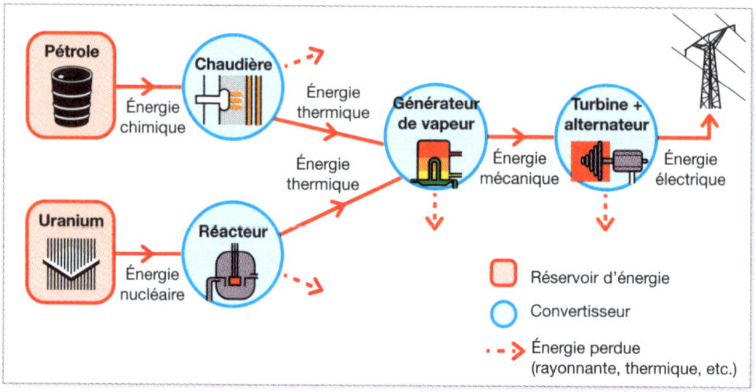

▶ La recherche travaille à l'exploitation de la **fusion nucléaire** de deux noyaux isotopes de l'hydrogène : le deutérium (hydrogène 2) et le tritium (hydrogène 3) fusionnent en un noyau (plus lourd) d'hélium selon l'équation nucléaire :

$$^{2}_{1}\mathrm{H} + ^{3}_{1}\mathrm{H} \rightarrow ^{4}_{2}\mathrm{He} + ^{1}_{0}\mathrm{n}$$

Toutefois, la fusion de deux noyaux d'atomes est très difficile à obtenir car deux forces opposées et de natures différentes interviennent dans le mécanisme. Pour fusionner, les noyaux doivent être dans un état d'agitation intense ; cela se produit à de très hautes températures (des millions de degrés Celsius), au cœur des étoiles par exemple (→ FICHE 107).

QUIZ p. 219

1 *Transport et stockage de l'énergie*

▶ Souvent, les sites de production et de consommation d'énergie sont géographiquement (très) éloignés ; le transport et le stockage de l'énergie représentent donc des **enjeux importants pour le secteur énergétique.**

▶ La relative facilité de stockage et de transport, sur de très grandes distances, des **combustibles fossiles** a été un des moteurs du développement industriel des deux derniers siècles, même si le transport du charbon et le stockage du gaz naturel n'ont pas été sans poser certaines difficultés.

▶ L'**électricité** ne se stocke pas, sauf de manière très ponctuelle dans des condensateurs ou – par « stockage chimique » – dans des batteries. Sa production doit donc s'adapter constamment aux variations de la demande. Contrairement au charbon et au pétrole, l'électricité n'est pas une source primaire d'énergie ; elle sert de **vecteur énergétique**, c'est-à-dire qu'elle permet l'acheminement efficace d'énergie – le meilleur à ce jour – d'un point à un autre.

▶ Un autre vecteur énergétique (trop tributaire du raffinage du pétrole, aujourd'hui) attend son heure, en particulier dans les secteurs du transport et de la production d'électricité : l'**hydrogène.** L'énergie chimique emmagasinée dans l'hydrogène peut, en effet, permettre la production d'énergies électrique et thermique grâce à l'utilisation de la **pile à combustible.**

Doc. 1 La pile à combustible.

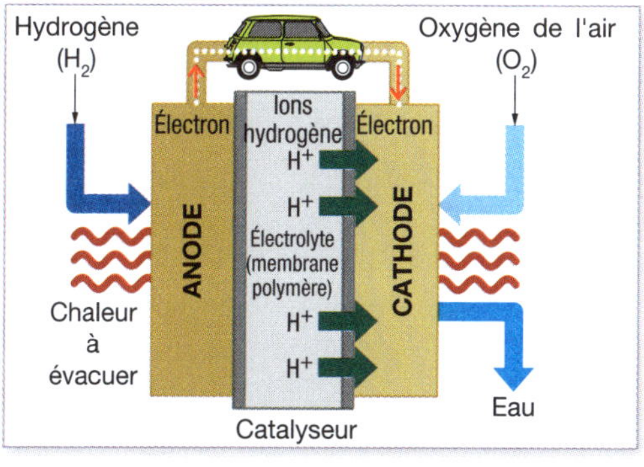

SCIENCES

2 *La gestion des déchets radioactifs*

▶ La radioactivité est un phénomène naturel qui consiste en l'éclatement, la **désintégration**, du noyau instable d'un atome en un autre noyau avec émission de rayonnements (DOC. 2). Un tel atome est nommé **radioélément**.

Doc. 2 Les différents rayonnements.

Nom	Nature	Caractéristiques	Moyens de protection
Rayons α	Noyaux d'hélium	Très peu pénétrants, issus de la désintégration de noyaux lourds.	Simple feuille de papier.
Rayons β	Électrons (β^-) Positons (β^+)	Moyennement pénétrants, ils traversent les couches superficielles de la peau.	Feuille d'aluminium de quelques mm.
Rayons γ	Rayonnement électromagnétique de haute fréquence	Accompagnent la radioactivité α et β. Très pénétrants.	Grandes épaisseurs de plomb, de béton...

▶ L'**activité** d'un radioélément traduit sa « vitesse de désintégration » ou nombre de désintégrations par seconde. Son unité est le **becquerel**.
1 becquerel (Bq) = 1 désintégration par seconde.

▶ Cette activité diminue avec le temps du fait de la disparition progressive des noyaux instables. La désintégration d'un noyau donné est un phénomène aléatoire ; cependant, on peut définir pour chaque radioélément, une **période radioactive**, la **demi-vie**. Elle correspond au temps nécessaire pour que la moitié des noyaux radioactifs se désintègrent naturellement.

Quiz express 104

Vérifiez que vous avez bien retenu les points importants

fiches 100 à 103

Utilisation et gestion de l'énergie

1 La consommation d'énergie d'une lampe

Une lampe à filament de 100 W éclaire la cuisine pendant 1 h. Une lampe fluocompacte de 20 W éclaire le salon pendant 5 h. La lampe du salon a consommé :

- ☐ a. cinq fois moins d'énergie que la lampe de la cuisine
- ☐ b. cinq fois plus d'énergie que la lampe de la cuisine
- ☐ c. autant d'énergie que la lampe de la cuisine

2 L'énergie et la puissance électriques

L'énergie consommée par un appareil électrique :	Vrai	Faux
a. peut s'exprimer en watt (W)	☐	☐
b. dépend du temps d'utilisation de cet appareil	☐	☐
c. est liée à la puissance électrique par $E = P \times t$	☐	☐

3 La conversion d'énergie

La chaudière d'une centrale à flamme est le siège de la conversion énergétique :

- ☐ a. ① énergie thermique/② énergie électrique
- ☐ b. ① énergie thermique/② énergie mécanique
- ☐ c. ① énergie chimique/② énergie thermique

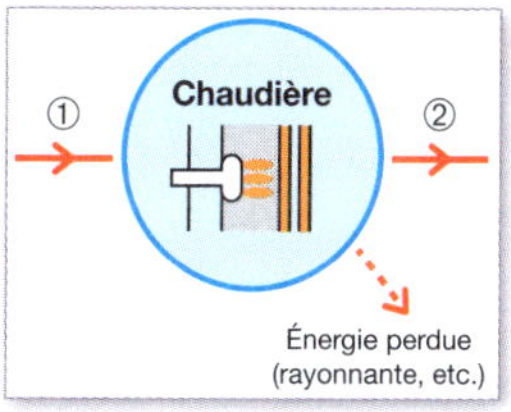

4 Les centrales électriques thermiques

La majorité des centrales électriques thermiques françaises utilise la réaction dont l'équation est :

$^{235}_{92}U + ^{1}_{0}n \rightarrow ^{94}_{38}Sr + ^{140}_{54}Xe + 2\,^{1}_{0}n$. Il s'agit de :

- ☐ a. une combustion
- ☐ b. une fusion nucléaire
- ☐ c. une fission nucléaire

5 Le stockage de l'électricité

L'électricité se stocke facilement :

☐ a. oui ☐ b. non ☐ c. cela dépend des fois

SCIENCES

Corrigés

Score : … / 5

1 *La consommation d'énergie d'une lampe*

Fiche 100

Réponse c. L'énergie électrique consommée par les deux lampes est identique. Cependant, le temps d'utilisation de la lampe fluocompacte est cinq fois plus important : à durée de fonctionnement égale et pour un confort lumineux similaire, la lampe fluocompacte sera donc cinq fois moins gourmande en énergie.

2 *L'énergie et la puissance électriques*

Fiche 100

a. Faux. Le watt (W) est une unité de puissance. L'énergie, quant à elle, peut s'exprimer en wattheure (Wh). Par définition, 1 wattheure est l'énergie consommée ou délivrée par un système d'une puissance de 1 watt pendant une heure.

b et c. Vrai. Pour un appareil donné, l'énergie électrique consommée est proportionnelle à son temps d'utilisation. Plus précisément, l'énergie électrique consommée par l'appareil est égale au produit de la puissance P consommée par la durée t de fonctionnement de celui-ci : $E = P \times t$.

3 *La conversion d'énergie*

Fiche 101

Réponse c. La chaudière d'une centrale à flamme transforme l'énergie chimique contenue dans le pétrole, le gaz ou le charbon en énergie thermique (chaleur). L'énergie chimique est l'énergie associée aux liaisons entre les atomes présents dans les constituants de ces sources d'énergies fossiles. La combustion est capable de libérer cette énergie et de la transformer pour une part en chaleur.

4 *Les centrales électriques thermiques*

Fiche 102

Réponse c. Cette équation de réaction fait apparaître qu'un noyau lourd fissile d'uranium 235 éclate en deux noyaux plus légers de strontium 94 et de xénon 140 sous l'impact d'un neutron projectile. Cette réaction de fission libère beaucoup d'énergie et deux neutrons projectiles qui vont alimenter la réaction nucléaire en chaîne.

5 *Le stockage de l'électricité*

Fiche 103

Réponse b. L'électricité ne se stocke pas (sauf dans un condensateur), et elle doit donc être convertie en une autre forme d'énergie si elle n'est pas instantanément utilisée.

Les énergies fossiles : utilisations et empreinte environnementale

105

QUIZ p. 227

1 *De leur origine à leurs utilisations*

▶ Les sources d'énergies fossiles (principalement le charbon, le gaz naturel, le pétrole) résultent d'une lente **fossilisation**, sur plusieurs millions d'années, des débris organiques. Elles sont en quantités limitées et non renouvelables. On estime les réserves actuelles à environ 40 à 50 ans pour le pétrole, 60 à 70 ans pour le gaz et 150 à 200 ans pour le charbon.

▶ Depuis l'Antiquité, le **charbon** est utilisé pour se chauffer. L'essor industriel lui a ouvert d'autres utilisations : les industries sidérurgiques le mélangent avec le fer pour produire de la fonte et de l'acier ; les industries de la carbochimie utilisent ses dérivés pour de nombreuses synthèses (médicaments, parfums, colorants, engrais, plastiques, etc.). Le **gaz naturel** et le **pétrole** ont aussi de nombreuses utilisations : chauffage, production d'électricité, matières premières des industries pétrochimiques et du raffinage.

Doc. 1 Raffinage d'un pétrole brut.

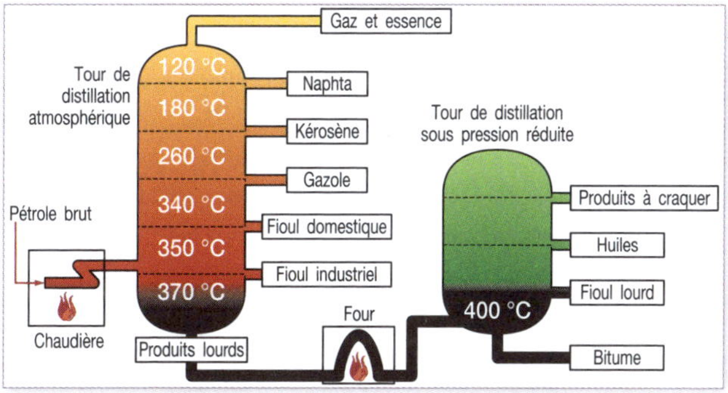

2 *La combustion des sources d'énergies fossiles*

Leur combustion, dans les véhicules à moteur par exemple, ou dans les centrales thermiques (→ FICHE 102), **produit un certain nombre de dérivés** :

SCIENCES

– de l'eau et du dioxyde de carbone se forment en effet, lors de la combustion d'hydrocarbures (molécules carbonées et hydrogénées) comme le fuel, l'essence ou le gaz naturel ;
– du dioxyde de soufre SO_2 est produit par la combustion du fuel, du gasoil ou encore du charbon dans l'industrie, pour le chauffage domestique, ou dans les véhicules Diesel ;
– des oxydes d'azote NO_X sont émis par les moteurs lors des combustions à hautes températures ;
– des particules en suspension sont produites par la combustion industrielle, le chauffage et les véhicules Diesel.

3 La pollution atmosphérique

A Les polluants atmosphériques

▶ Schématiquement, on peut répartir les polluants atmosphériques en deux groupes : les **gaz** (90 % en masse des polluants rejetés dans l'atmosphère) et les **particules solides**.

▶ Les principaux agents de cette pollution résultent de la production et de l'utilisation d'**énergie**. On les rencontre principalement en milieu urbanisé et dans les zones d'activité, non seulement par suite de concentration des **industries** et des **foyers** domestiques, mais aussi à cause de la circulation des **véhicules à moteur.**

B Conséquences sanitaires et environnementales

▶ Le dioxyde de soufre est un composant de la formation des **pluies acides** nuisibles aux écosystèmes (dépérissement des forêts, atteintes aux lacs) ainsi qu'au patrimoine architectural (attaque des monuments en calcaire). Sa réduction passe par une désulfuration des combustibles (lors du raffinage) ou celle des fumées d'origine industrielle (au moyen de filtres).

▶ Les oxydes d'azote entraînent des **inflammations respiratoires** et augmentent la **sensibilité aux attaques microbiennes.** Ils participent aussi à la formation de l'ozone O_3 dans la basse atmosphère, gaz particulièrement nocif (pour les voies respiratoires notamment). Le recours au pot catalytique sur les véhicules à essence en limite les émissions.

▶ Le dioxyde de carbone n'est pas toxique en soi, mais son excès est une pollution car il participe de manière importante au **réchauffement climatique.** C'est un **gaz à effet de serre** (GES). Le protocole de Kyoto ratifié en 1999 établit un calendrier de réduction des émissions de ce gaz.

L'énergie nucléaire

106

? QUIZ p. 227

L'augmentation du prix des énergies fossiles et le souhait d'une meilleure indépendance énergétique, comme de rejets nuls en dioxyde de carbone poussent les États à choisir cette voie énergétique.

1 *À l'origine de l'énergie, le noyau atomique*

▶ Les centrales nucléaires utilisent l'énergie libérée lors de la transformation du noyau de l'atome d'uranium (→ FICHE 102) : on parle de **réaction de fission nucléaire**.

▶ Un **élément chimique** comme l'uranium est constitué d'un noyau autour duquel gravite un nuage électronique. Le noyau atomique est fait de nucléons de deux types : les **protons**, particules chargées positivement et les **neutrons**, de charge nulle. Le nombre de protons Z (ou numéro atomique) caractérise l'élément chimique. L'uranium, par exemple, contient systématiquement $Z = 92$ protons.

▶ Dans la nature, les noyaux d'uranium ne sont pas tous identiques : certains contiennent 238 nucléons (plus de 99 % des cas), d'autres 235 (0,7 % des cas) : ceci provient d'un nombre de neutrons différent. On dit que l'uranium 238 (d'écriture symbolique $^{238}_{92}U$) et l'uranium 235 ($^{235}_{92}U$) sont des **isotopes**.

▶ L'uranium 235 est **fissile**, on l'utilise donc comme combustible dans les réacteurs nucléaires.

2 *La fission nucléaire*

Un noyau fissile est un noyau qui peut se scinder en noyaux plus légers sous l'impact d'une particule projectile. Cette fission nucléaire libère de l'énergie ainsi que d'autres particules projectiles qui vont, à leur tour, casser d'autres noyaux fissiles et ainsi de suite. On parle de **réactions en chaîne**.

Doc. 1 La fission de l'uranium.

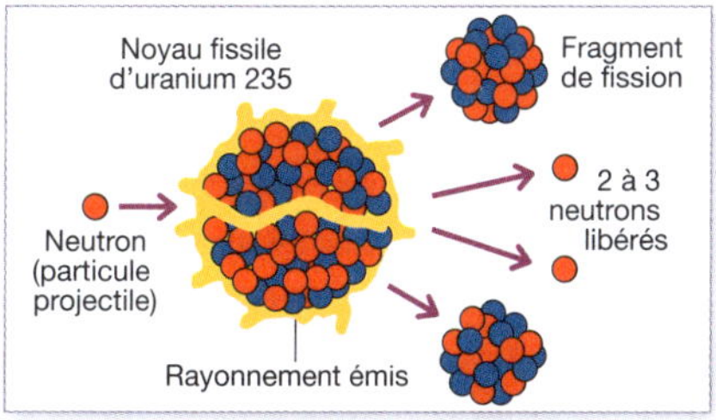

SCIENCES

3 *Le combustible nucléaire*

▶ L'**uranium** utilisé dans les centrales nucléaires provient de minerais présents dans l'écorce terrestre (DOC. 2). Relativement répandus, ces minerais sont exploitables si la teneur en uranium est supérieure à 1 ou 2 kg par tonne extraite. Ils nécessitent un traitement de concentration pour rendre le transport rentable.

▶ Au rythme de la demande actuelle, les réserves mondiales identifiées d'uranium permettraient de couvrir plus de 70 ans de consommation.

DOC. 2 Du minerai (a) au yellow-cake (b), un concentré d'uranium.

a. b.

▶ Pour pouvoir être utilisé, par exemple dans un réacteur à eau pressurisée, le combustible fissile doit contenir de 3 à 5 % d'uranium 235 : un **enrichissement de l'uranium naturel** par diffusion gazeuse ou par centrifugation, est donc nécessaire. Ces procédés sont très minutieux sur le plan technique et souvent très énergivores. La chaleur produite est le plus souvent transformée en électricité (→ FICHE 102).

▶ 78 % de la production d'électricité en France est ainsi d'origine nucléaire contre en moyenne 35 % dans l'Union européenne.

▶ La technologie employée dans les réacteurs, en fonctionnement ou en construction, ne valorise que très peu le potentiel énergétique de l'uranium. La recherche-développement travaille donc à élargir ce potentiel par la mise en place future (vers 2040) de réacteurs de quatrième génération (réacteurs à neutrons rapides par exemple). À plus long terme, on envisage aussi la possibilité de produire de l'électricité à partir de **réactions de fusion nucléaire** (projet international ITER) (→ FICHE 102).

Les énergies renouvelables

107

QUIZ p. 227

1 Les différentes sources d'énergie renouvelable

Une énergie est renouvelable si elle est **produite à partir d'une source qui se régénère** suffisamment rapidement pour être considérée comme inépuisable à échelle humaine. Une bonne gestion de la ressource est parfois un élément à prendre en compte dans cette définition (utilisation du bois-énergie notamment).

A La biomasse

Dans le secteur de l'énergie, ce terme désigne toute **matière organique animale ou végétale susceptible de dégager force ou chaleur**, par combustion directe (bois) ou après transformations : transformation par méthanisation de déchets ménagers fermentescibles, de boues d'épuration, de lisiers pour l'obtention de biogaz ou transformation de différentes cultures (colza, canne à sucre, palmier à huile, etc.) pour l'obtention de biocarburants : diester et éthanol.

B Le Soleil

▶ En moyenne, la surface de la Terre reçoit une puissance de 170 W/m^2 due au rayonnement solaire. En théorie, cela suffirait à couvrir plus de 10 000 fois les besoins énergétiques mondiaux actuels. Cette énergie disponible est toutefois inégalement répartie et soumise aux variations saisonnières.

▶ **Différentes exploitations** sont possibles : le « solaire passif » (baies vitrées dans les bâtiments), le « solaire actif thermique » (panneaux de production d'eau chaude sanitaire), le « photovoltaïque » (panneaux de production d'électricité) ou le « thermodynamique » (centrale électrique Thémis dans les Pyrénées-Orientales).

C Le vent

Depuis l'Antiquité, l'Homme sait convertir l'énergie du vent en énergie mécanique utile pour moudre le grain, produire de l'huile ou pomper de l'eau. Aujourd'hui, c'est surtout en électricité que cette conversion a lieu par l'**utilisation d'aérogénérateurs ou « éoliennes »** (→ FICHE 101). Comme le vent ne souffle pas à la demande, les

SCIENCES

installations éoliennes doivent être couplées avec d'autres sources d'énergie et le stockage de l'énergie produite (→ FICHE 103) devient une nécessité (batteries, stockage hydraulique ou thermique).

D La géothermie

Cette technique **prélève la chaleur du sol** ou du sous-sol terrestre. En fonction du niveau de température du réservoir, l'exploitation se fera pour le chauffage ou pour la production d'électricité.

E L'eau

L'énergie hydraulique est utilisée depuis l'Antiquité : en atteste la présence de moulins à eau. Leurs usages en étaient multiples : moudre le grain, scier le bois, fabriquer du papier, travailler les métaux, etc. Aujourd'hui, l'énergie hydraulique sert essentiellement à produire de l'électricité dans les **centrales hydroélectriques**.

2 *Le soleil, source de rayonnement*

▶ Les énergies renouvelables ont comme **point commun** d'avoir pour origine **le rayonnement solaire**, mises à part certaines formes de géothermie utilisant la chaleur interne de la Terre et l'énergie marémotrice provenant de l'attraction combinée du Soleil et de la Lune.

▶ Le cœur du Soleil est le **siège de réactions nucléaires** (DOC. 1) : chaque seconde, des millions de tonnes d'hydrogène donnent naissance à des millions de tonnes d'hélium en s'accompagnant d'une libération colossale d'énergie dont une partie est rayonnée dans l'espace. Plus précisément, on parle de **fusion nucléaire**. Les protons (noyaux d'hydrogène) fusionnent en deutérium (étape 1), en hélium 3 (étape 2) puis en hélium 4 (étape 3).

DOC. 1 La fusion nucléaire au cœur du Soleil.

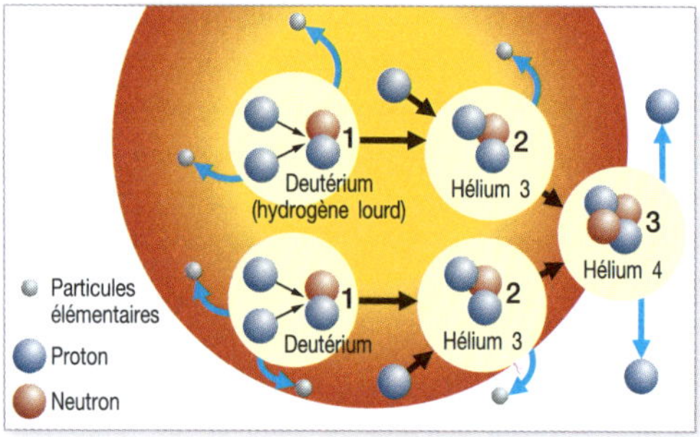

Quiz express

Vérifiez que vous avez bien retenu les points importants

fiches 105 à 107

108

Les ressources énergétiques disponibles

1 Les énergies fossiles

Lesquels de ces réservoirs d'énergie correspondent à des sources d'énergies fossiles ?

- ☐ a. uranium
- ☐ b. gaz naturel
- ☐ c. gaz de schiste
- ☐ d. hydrogène
- ☐ e. charbon

2 La composition d'un noyau atomique

Le noyau d'uranium 238, dont la notation symbolique s'écrit $^{238}_{92}U$, comporte :

- ☐ a. 92 protons et 238 nucléons
- ☐ b. 92 protons et 238 neutrons
- ☐ c. 238 protons et 92 nucléons
- ☐ d. 92 protons et 146 neutrons

3 L'isotopie

Parmi les atomes ci-dessous, lesquels correspondent à des isotopes ?

- ☐ a. $^{12}_{5}B$
- ☐ b. $^{12}_{6}C$
- ☐ c. $^{14}_{6}C$
- ☐ d. $^{6}_{3}Li$

4 Les sources d'énergies renouvelables

Lesquelles de ces sources correspondent à des énergies renouvelables ?

- ☐ a. biomasse
- ☐ b. gaz naturel
- ☐ c. uranium
- ☐ d. géothermie

5 Le Soleil, source d'énergie

Une maison exposée plein sud est équipée de panneaux photovoltaïques et de capteurs solaires thermiques. L'énergie solaire utilisée pour alimenter un four à micro-ondes est :

- ☐ a. solaire passive
- ☐ b. solaire photovoltaïque
- ☐ c. solaire thermique
- ☐ d. aucune des trois formes précédentes

Corrigés !

Score : ... / 5

1 *Les énergies fossiles*

Fiche 105

Réponses b, c et e.

Ce sont des combustibles riches en carbone, issus de la fossilisation d'êtres vivants, morts et enfouis dans le sol depuis plusieurs millions d'années.

2 *La composition d'un noyau atomique*

Fiche 106

Réponses a et d.

Dans la représentation symbolique du noyau atomique $^{A}_{Z}X$, X représente le symbole de l'élément chimique (ici U pour l'uranium), Z son nombre de protons et A son nombre de nucléons (protons et neutrons). L'uranium 238 comporte donc $Z = 92$ protons et $A = 238$ nucléons ; soit $A - Z = 146$ neutrons.

3 *L'isotopie*

Fiche 106

Réponses b et c.

Ce sont des atomes qui correspondent au même élément chimique (ici le carbone C) mais qui diffèrent par leur nombre de neutrons. Le carbone 12 est pourvu de 6 neutrons contre 8 pour le carbone 14.

4 *Les sources d'énergies renouvelables*

Fiche 107

Réponses a et d.

Une énergie renouvelable est une source d'énergie se régénérant assez rapidement pour être considérée comme inépuisable à l'échelle humaine de temps. La biomasse désigne l'ensemble de la matière vivante – majoritairement végétale – pouvant servir de source d'énergie. La géothermie exploite la chaleur interne du globe terrestre.

5 *Le Soleil, source d'énergie*

Fiche 107

Réponse b.

Les panneaux photovoltaïques captent et convertissent directement le rayonnement solaire en électricité. Les panneaux solaires thermiques captent aussi le rayonnement solaire mais pour le convertir en chaleur utilisable pour la production d'eau chaude et le chauffage domestique.

TPE

Cochez la case quand vous avez révisé ☑ la fiche ou la partie

SOMMAIRE
TPE

CHECK LIST

Comprendre le travail demandé

109

Les travaux personnels encadrés (TPE) constituent un enseignement obligatoire de la classe de première. Leur évaluation est prise en compte pour le baccalauréat.

1 Qu'est-ce qu'un TPE ?

A Une production originale réalisée en groupe

Un TPE est un travail pluridisciplinaire que vous allez mener à plusieurs, sur une partie de l'année.

▶ Vous devez réaliser et remettre une **production finale**. Celle-ci prend généralement la forme d'un dossier dactylographié dans lequel vous présentez les résultats de vos recherches. Mais vous pouvez également choisir de créer des panneaux d'exposition, une maquette, un diaporama, des vidéos ou des pages multimédia.

▶ Cette production est **personnelle : vous choisissez votre sujet**. Celui-ci devra croiser au moins deux disciplines et se rattacher à un thème défini au niveau national (→ FICHE 110). Vous travaillerez à plusieurs, même s'il est toléré de présenter seul un TPE.

> CONSEIL **Constituez de préférence un groupe de trois : à deux, les recherches vous prendront trop de temps ; à quatre, l'un de vous risque de se retrouver sans travail.**

▶ La réflexion sur votre problématique, la progression de vos recherches et l'élaboration de votre production finale sont **encadrées** par des professeurs. Ceux-ci vous orientent dans vos démarches (dans quel document chercher l'information ? quel site Internet consulter en priorité ?) et vérifient la validité des informations sélectionnées.

B Où et quand travailler ?

▶ Votre emploi du temps réserve **chaque semaine 2 heures** aux TPE, pendant 18 semaines au maximum (soit l'équivalent du premier trimestre et du début du second). Néanmoins, vous serez amenés à travailler sur votre TPE en dehors des heures de classe.

▶ Le calendrier est propre à chaque établissement. Mais généralement, la phase de rédaction intervient au moment des **vacances de Noël**, pour une remise des travaux courant **janvier**, avant les vacances de février. Les dates de soutenance sont plus variables.

> INFO Familiarisez-vous dès le début de l'année avec un logiciel de traitement de texte. N'attendez pas le dernier week-end pour faire la mise en page et l'impression finale !

2 Comment les TPE sont-ils évalués ?

A La répartition des points

Le TPE est noté sur 20. La note se divise en trois.

▶ La démarche personnelle, les recherches effectuées et la réflexion mise en œuvre sont notées sur **8 points**. Cette note est attribuée par les professeurs encadrants, qui l'assortissent d'appréciations détaillées. Elle se base généralement sur votre carnet de bord. (→ FICHE 112)

> ATTENTION Soyez assidu(e) et attentif(-ve) au cours des séances de TPE : sinon, vous serez pénalisé(e) !

▶ La production finale, commune au groupe, et la note de synthèse, individuelle (→ FICHE 118), sont notées sur **6 points**. Elles sont évaluées par au moins deux professeurs, différents de ceux qui vous auront encadrés mais enseignant les mêmes disciplines.

▶ Enfin, la soutenance orale est notée sur **6 points** par les professeurs qui évaluent la production finale. Elle se déroule en deux temps : d'abord, une présentation collective du travail, puis un entretien avec chaque élève. La durée de la soutenance est modulable, selon la taille du groupe, sur la base de 10 minutes par élève (soit 30 minutes pour un groupe de trois).

B Une épreuve obligatoire du baccalauréat

▶ La note de TPE compte pour le baccalauréat. Seuls sont retenus les points au-dessus de la moyenne, affectés d'un coefficient 2.

▶ L'évaluation est **individuelle**. Chaque élève reçoit une note personnelle, reflétant son implication et sa contribution à l'élaboration de la production finale, sa note synthétique et sa prestation orale. La note de chaque membre du groupe peut donc être différente.

Choisir son sujet et définir une problématique

110

Le sujet de votre TPE est propre à votre groupe. Vous le définissez à partir de vos centres d'intérêt, mais devez répondre à certaines exigences.

1 Quelles sont les contraintes à respecter ?

A Les thèmes nationaux

▶ Le ministère de l'Éducation nationale propose **trois thèmes communs** aux séries générales et **trois thèmes propres à chaque série.** Tous les deux ans, un des trois thèmes est modifié.

▶ Pour les années 2017-2018 et 2018-2019, les thèmes communs sont :
– « Agir pour son avenir » ;
– « L'aléatoire, l'insolite, le prévisible » ;
– « Individuel et collectif » ;

▶ Les thèmes de la série ES et de la série L sont plus précis.

Thèmes pour la série ES	Thèmes pour la série L
• La mondialisation • Les inégalités • L'argent	• Frontière(s) • Le jeu • Lumière, lumières

B La pluridisciplinarité

Votre sujet de TPE doit croiser au moins deux disciplines. Il sera **encadré par deux professeurs**, un pour chaque matière.

Exemples de sujets
- Pour la série ES : *Le chômage en Allemagne depuis 2006* (SES et histoire-géographie)
- Pour la série L : *Comparaison entre l'œuvre de Conan Doyle et son adaptation télévisée par la BBC,* Sherlock (anglais et français)

2 Comment trouver un sujet ?

A S'appuyer sur ses centres d'intérêt

▶ Interrogez-vous : y a-t-il un fait d'actualité récent qui vous a marqué(e) ?

CONSEIL Évitez de choisir un sujet qui vous tient trop à cœur. Vous risqueriez de ne pas rester neutre dans vos recherches et d'oublier certains points.

TPE

Pratiquez-vous la même activité extra-scolaire ? Êtes-vous intéressé(e) par un pays en particulier ? Ou par un film, une série, un artiste, une période historique, etc.

▶ Faites un ***brainstorming*** ou « remue-méninges ». Réunissez-vous pour proposer des idées et en discuter afin de faire émerger, peu à peu, une piste consensuelle. N'hésitez pas à recommencer plusieurs fois !

▶ En ce qui concerne le rattachement aux thèmes nationaux, vous pouvez vous emparer de l'un d'entre eux et réfléchir à la manière de le décliner. Mais il est souvent plus facile de définir son sujet en premier, puis de chercher à quel thème il peut correspondre.

B Déterminer la problématique

Plus que le choix du sujet, l'important est sa problématisation.

▶ La problématique est une **question pour laquelle la réponse à apporter fait débat** : on ne peut pas répondre simplement par oui ou par non.

▶ Les réponses possibles vont déterminer **les grandes parties de votre plan.** Votre réflexion personnelle apparaîtra ainsi de façon claire.

3 Établir un planning

▶ Déterminez les actions nécessaires à la réalisation de votre TPE, ainsi que les contacts que vous devrez établir. Ensuite, prévoyez des échéances pour chaque étape, et répartissez-vous les tâches.

> ATTENTION Fixez-vous des objectifs réalisables. Sinon, vous risquez de ne pas les atteindre et de vous décourager !

Exemple : vous réalisez un reportage vidéo sur des militants engagés dans une association de lutte contre les inégalités.

Tâches à accomplir	Responsable	Echéance
Se documenter au CDI/à la médiathèque	Elsa, Fatoumata	15/10
Identifier les personnes à rencontrer	Thibaut	15/10
Réunir le matériel vidéo	Fatoumata	15/11
Réaliser les entretiens et les prises de vue	Elsa, Fatoumata, Thibaut	1/12
Définir le plan	Elsa	15/12
Rédiger	Thibaut	05/01

▶ Ce plan d'action doit figurer en tête de votre carnet de bord (→ FICHE 112). Il est évolutif : vous l'affinerez en cours de route.

Travailler en équipe

111

Savoir travailler à plusieurs est indispensable mais cela s'apprend : il faut avant tout bien s'organiser, communiquer efficacement et respecter les autres.

1 S'organiser

A Répartir les rôles et les tâches

▶ La planification et la répartition des tâches doivent être **claires et connues de tous.** Il est important que chaque membre de l'équipe puisse s'impliquer et exprimer librement son avis.

▶ Si au cours du projet, un membre de l'équipe se trouve un peu débordé ou si une partie du travail a pris du retard, il faut garder de la **souplesse** et la possibilité de réorganiser le partage du travail. Bien sûr, il faut veiller à ce que chacun s'investisse équitablement.

▶ Votre **carnet de bord commun** (→ FICHE 112) vous aidera à organiser efficacement ce travail en équipe.

B Faire des bilans réguliers

▶ Lorsque vous vous réunissez, prévoyez un **ordre du jour**, c'est-à-dire une liste de points à aborder, pour ne pas risquer de vous disperser et de manquer de temps en fin de séance.

▶ Une partie des tâches doit se faire **en autonomie.** Chacun est tenu de s'investir et il est important de pouvoir compter sur les autres. Au début de chaque séance, commencez par faire le point pour savoir où en est chaque membre de l'équipe.

CONSEILS PRATIQUES

L'utilisation du numérique est un atout pour le travail en équipe.

- **Pour collaborer** : grâce aux pads (**Etherpad**, **Framapad**, **Google Docs**), qui sont des outils d'écriture collaborative, plusieurs personnes peuvent intervenir sur un même document.
- **Pour partager des documents** : stockez vos fichiers en ligne sur **Google Drive** ou **Dropbox** pour que chacun puisse y avoir accès tout au long du projet.

• **Pour s'organiser** : le logiciel gratuit **Trello**, utilisable sur ordinateur et sur smartphone, est une sorte de carnet de bord en ligne (→ FICHE 112). Il vous permet de visualiser le partage des tâches et leur avancement : ce qui est à faire, ce qui est en cours et ce qui est terminé.

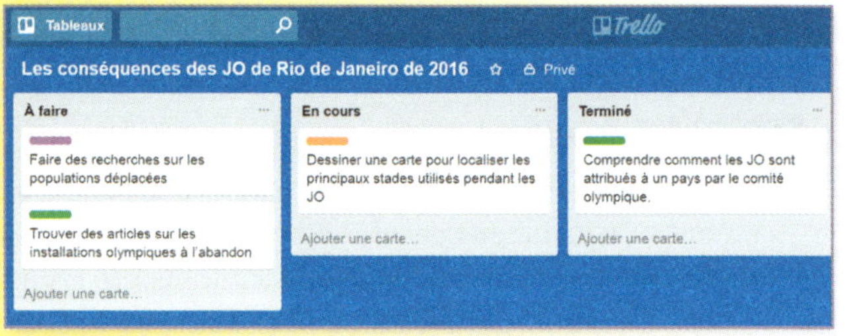

2 Communiquer

A Créer une atmosphère propice au travail

▶ Un travail en équipe est basé sur **la confiance et la solidarité** au sein du groupe. Pour que l'atmosphère de travail soit agréable, ne dénigrez pas le travail des autres et essayez plutôt d'apporter des **critiques constructives**.

▶ Lorsqu'un membre du groupe propose une idée :
– posez des questions pour vérifier que vous avez bien compris ;
– pointez les aspects que vous trouvez intéressants ;
– faites des suggestions sur les points à améliorer.

▶ Entraidez-vous sur les tâches plus longues ou plus difficiles. **Réfléchir ensemble** permet de trouver des solutions.

B Prendre des décisions en groupe

▶ Discutez ensemble de vos recherches et réflexions personnelles. C'est ainsi que vous parviendrez peu à peu à établir le plan de votre TPE. **Restez à l'écoute** des autres et gardez votre calme en cas de désaccord.

▶ Vous serez amenés à faire des choix, à prendre des décisions de groupe. Si personne n'arrive à convaincre les autres, faites appel aux professeurs qui vous encadrent.

Tenir un carnet de bord

112

Le carnet de bord permet de maîtriser l'organisation du travail de groupe et de suivre l'évolution du projet.

1 À quoi sert le carnet de bord ?

A Un outil de travail pour vous

▶ Au cours de la réalisation de votre TPE, le carnet de bord, commun à tous les élèves du groupe, vous permet de **voir clairement les avancées** (ce que vous avez déjà fait) **et les difficultés** (ce qui vous reste à faire, ce qui pose problème). Notez-y vos idées, vos recherches, vos questions…

▶ Le carnet de bord vous aidera également à répartir le travail et à noter les tâches attribuées à chacun. Ce qui permettra, le moment venu, d'éviter les disputes inutiles !

> ASTUCE **Votre carnet de bord n'est utile que si vous l'utilisez tout le temps et si vous en prenez soin ! Veillez à l'avoir toujours avec vous.**

▶ Enfin, le carnet de bord vous sera utile pour rédiger votre note de synthèse personnelle. (→ FICHE 117)

B Un outil d'évaluation pour vos professeurs

▶ Les professeurs qui vous encadrent vont principalement se baser sur votre carnet de bord pour **déterminer la première partie de votre note.** Il s'agit de la note sur 8 points, qui correspond à la qualité de la démarche et à l'investissement dont vous aurez fait preuve durant les 16 à 18 semaines de recherche. Il est donc essentiel de tenir à jour son carnet de bord de façon hebdomadaire.

▶ Les professeurs peuvent également regarder votre carnet de bord au cours des séances consacrées aux TPE, afin de connaître vos démarches et de comprendre les étapes de votre raisonnement.

2 Comment faire concrètement ?

A Se lancer : les premières pages

▶ Collez sur la première page un **calendrier scolaire** pour pouvoir y noter les dates clés du projet. Indiquez les principales échéances : présentation de la problématique, établissement du plan, soutenance. Si certaines de ces étapes ne sont pas fixées par vos professeurs, fixez vous-même des dates-butoirs et notez-les sur le calendrier.

▶ Notez toutes les connaissances, idées et questions qui ont été proposées au cours de votre séance de ***brainstorming*** (→ FICHE 110). Vous pourrez ainsi y revenir au cours du travail pour trouver de nouvelles idées.

B Faire le compte rendu d'une séance de travail

▶ Au début de chaque séance :
– relisez les notes de la séance précédente ;
– écrivez sur une nouvelle page **la date du jour** et le nom des éventuels absents ;
– notez **l'objectif de la séance**.

> Exemples : trouver des informations sur la construction du mur de Berlin ; téléphoner au club de supporters de Manchester United pour savoir s'il dispose de données concernant la composition sociologique de ses membres.

– répartissez les tâches à accomplir entre les membres du groupe.

▶ En cours de séance :
– **prenez des notes** sur les recherches que vous effectuez, sans oublier d'indiquer les sources (références d'un livre, adresse d'un site Internet, coordonnées d'une personne à interviewer…) ;
– inscrivez également les questions que vous souhaitez poser à vos professeurs, ainsi que leurs réponses ;
– pensez à noter les problèmes matériels et surtout les solutions à y apporter : amener son ordinateur portable, s'inscrire à la médiathèque pour disposer de davantage de ressources documentaires, apporter une autorisation parentale pour se rendre à un rendez-vous fixé dans le cadre des TPE…

▶ À la fin de la séance :
– faites le **bilan de la séance** : avez-vous atteint vos objectifs ? Quelles difficultés avez-vous rencontrées ?
– déterminez les **objectifs de la séance suivante** et le travail à faire entre-temps si nécessaire.

> ASTUCE
> Votre carnet de bord peut être sous format numérique. Vous pouvez utiliser un document partagé comme Google Docs ou PomDoc. Cela vous permettra de travailler en dehors de vos heures de présence au lycée.

Réaliser un sondage, une interview 114

Sondages et interviews sont un bon moyen de dynamiser vos recherches. Ils permettent de recueillir des informations et des opinions pour étoffer votre TPE.

1 Réaliser un sondage

A Préparer l'enquête

ASTUCE Vous pouvez aussi réaliser des sondages en ligne à l'aide d'outils gratuits, comme Doodle ou Google Form.

▶ Commencez par identifier clairement **l'objectif et la cible** du sondage : que voulez-vous savoir ? quelles personnes faut-il interroger pour obtenir des réponses significatives ? Choisissez avec soin **le lieu et l'horaire** les plus pertinents pour votre enquête.

▶ Rédigez un questionnaire **court** (une dizaine de questions) et progressif. Les premières questions doivent permettre de définir le profil du sondé ainsi que sa situation par rapport au thème de l'enquête.

▶ La personne interrogée doit donner son **avis précis** sur l'objet de l'enquête. Pour cela, choisissez le type de question le plus approprié selon les données qui vous intéressent :

Type de question	Intérêt	Mise en forme
QCM	Facile et rapide à traiter	Choix entre A, B et C
Question graduée	Permet d'obtenir des réponses nuancées	Proposer une échelle de 1 à 5 (satisfaction, importance…)
Question ouverte	Permet d'obtenir des précisions	Poser une question et laisser un champ de réponse libre.

B Réaliser l'enquête

▶ Soumettez votre questionnaire à un **échantillon** de 30 à 50 personnes. Au-delà, vous passeriez trop de temps à analyser les résultats.

▶ Organisez-vous bien en amont : **préparez votre matériel** (impression du questionnaire en plusieurs exemplaires, stylos…) et **répartissez-vous les rôles** : qui gère le matériel ? pose des questions ? prend des notes ? des photographies ?

2 *Réaliser une interview*

A Préparer l'interview

▶ L'interview est un bon moyen d'**enrichir vos connaissances** en interrogeant quelqu'un de qualifié sur votre sujet : un professionnel, un bénévole d'une association, un individu concerné par votre problématique, etc.

▶ Préparez soigneusement vos questions. Faites des recherches sur la personne à interviewer pour mieux les orienter. Rédigez des **questions ouvertes** qui appellent une réponse développée.

B Mener l'interview

▶ Comme pour le sondage, répartissez-vous les rôles et préparez le matériel. Demandez à votre interlocuteur s'il accepte d'être enregistré. Si oui, cela permettra de compléter votre **prise de notes.**

▶ L'interview doit prendre une forme **semi-dirigée** : utilisez les questions préparées comme un fil directeur mais n'hésitez pas à interagir avec l'interviewé. Posez-lui des questions en fonction de ses réponses pour **nourrir l'échange** et obtenir des précisions.

3 *Traiter les données recueillies*

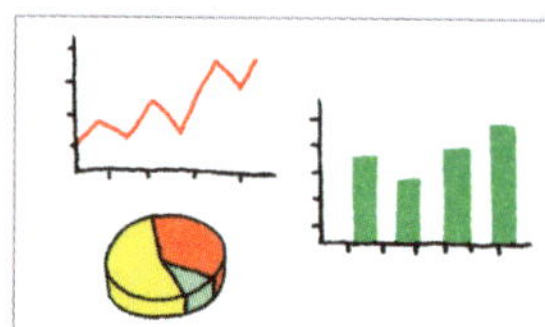

A Exploiter les données

▶ Saisissez les données collectées lors du sondage dans un tableur (par exemple Excel). Puis, présentez-les sous forme de **graphiques** (courbe, barres, camembert…) qui feront apparaître plus clairement les tendances qui se dégagent.

▶ Pour l'entretien, rédigez une note sur **ce que vous en avez retenu.** Ne le transcrivez que si vous voulez le faire figurer en annexe.

B Présenter vos données dans la production finale

▶ Vous présenterez la démarche suivie pour le sondage, et insisterez surtout sur les conclusions que vous en tirez : quelles **corrélations** avez-vous mises en évidence ?

▶ Pour les entretiens, présentez les personnes interrogées et soulignez les **éléments clés** de vos échanges. Intégrez à votre rédaction, entre guillemets, des **citations** de vos interlocuteurs.

▶ Le questionnaire d'entretien, les données recueillies et les graphiques les plus révélateurs peuvent être mis en annexe.

Mettre en forme la production finale 115

La production finale peut prendre diverses formes, même si le dossier papier reste la plus prisée. Dans tous les cas, elle doit répondre de façon organisée à la problématique.

1 Quelle forme doit prendre la production finale ?

A Tous les supports sont utilisables

▶ La production finale peut prendre des formes variées. Mais elle doit cependant être **accessible aux examinateurs** pendant un laps de temps relativement important (une à deux semaines avant les oraux). Un spectacle vivant n'est donc pas envisageable.

▶ Néanmoins, efforcez-vous d'adapter la forme de la production finale à son contenu.

Exemples : une pochette de disque pour un TPE sur le retour du vinyle ; une boîte de médicament en carton pour un dossier sur l'industrie pharmaceutique.

> CONSEIL
> Ne cherchez pas l'originalité à tout prix ! Il s'agit de votre tout premier travail de recherche : l'essentiel est bien le fond et non la forme.

▶ Si votre production est sous forme numérique (vidéo, diaporama…), vous la déposerez sur une **clé USB** que vous glisserez dans une enveloppe portant vos noms et classe. Elle doit être lisible par un logiciel grand public et disponible dans l'établissement.

▶ Dans le cas d'un site web ou d'un blog (→ FICHE 116), inscrivez l'adresse, voire le mot de passe nécessaire, sur une feuille que vous glisserez dans une enveloppe.

B Les pièges à éviter

▶ Ne vous lancez pas dans un projet trop ambitieux. Soyez réalistes et **tenez compte du temps** relativement court qui vous est imparti (5 mois au maximum).

▶ Évitez absolument le plagiat, sévèrement sanctionné. Votre production doit être **personnelle et originale**, et non un « copié-collé » de différentes sources. Reformulez les phrases, mêlez-y vos idées et organisez-les. Lorsque vous faites une citation, utilisez des guillemets et donnez la référence en note. (→ FICHE 113)

2 Quelles sont les règles d'or pour un dossier papier ?

A Soigner la présentation

▶ Pour la rédaction, utilisez un **logiciel de traitement de texte**, type Word ou OpenOffice. Ces outils proposent une mise en page et une pagination automatiques.

▶ La totalité du texte écrit doit être compris **entre 15 et 30 pages** dactylographiées, police 12. Faites-le relier et prévoyez une couverture portant un titre, vos noms et votre classe. Imprimez un exemplaire pour le jury et, si possible, un pour chaque membre du groupe.

▶ Placez en première page un **sommaire** qui fera ressortir votre plan et donnera un aperçu du contenu.

B Organiser le contenu

▶ Votre dossier doit débuter par une **introduction** comprenant une accroche, la définition des mots du sujet et l'explication de son choix, ainsi que la problématique et l'annonce du plan.

> CONSEIL
> **Dans l'introduction, pensez aussi à délimiter les bornes chronologiques et spatiales de votre sujet.**

▶ Dans le développement, le **plan** (parties et sous-parties) doit apparaître clairement grâce à des intertitres numérotés : I, II, III, A, B, C, etc. À l'intérieur de chaque sous-partie, commencez par développer l'idée que vous souhaitez démontrer, puis apportez des preuves à partir d'exemples, de connaissances et de références.

▶ Terminez par une **conclusion** qui reprendra les étapes essentielles de votre démonstration.

▶ Vous pouvez inclure des **illustrations**. Mais elles doivent être titrées, commentées et sourcées. Il ne s'agit pas de décorer mais de démontrer, de convaincre !

▶ Enfin, en annexe, vous devez joindre une **bibliographie** (→ FICHE 113) répertoriant vos sources ainsi que les éventuels entretiens, sondages, etc. réalisés (→ FICHE 114). Vous pouvez également ajouter un lexique, le texte d'une interview, les tableaux d'un sondage, des cartes, frises chronologiques, etc.

> REMARQUE **Pour les productions graphiques, vous pouvez utiliser un logiciel spécialisé ou les faire proprement à la main.**

Réaliser un site web

116

Votre TPE peut prendre la forme d'un site web que vous alimenterez avec des textes, mais aussi des images, des vidéos ou des fichiers sonores.

1 Créer un site web

A Ouvrir un site web

▶ Commencez par trouver un **nom** pour votre site. Il apparaîtra dans l'adresse URL.

▶ Il existe des **sites spécialisés dans l'hébergement gratuit de sites web** qui ne nécessitent aucune compétence particulière en informatique. Pour les créer, seule une adresse mail valide est nécessaire.

CONSEILS PRATIQUES

- Préférez un hébergeur qui n'impose pas ou peu de publicités, car vous n'avez aucun contrôle sur celles-ci : *www.wordpress.com*, *www.webnode.fr/site-personnel* ou encore *www.strikingly.com*.
- La manière d'insérer des fichiers dépend de l'hébergeur choisi. Soyez attentif(-ve) aux formats autorisés et à la taille des fichiers.

▶ Après avoir reçu l'adresse, définissez votre nom d'utilisateur et un mot de passe pour accéder à la **page d'administration**, qui permet de créer et modifier la structure et le contenu du site.

B Définir une apparence

▶ L'hébergeur propose différents thèmes (mise en page, couleurs, polices…) : choisissez-en un qui soit **adapté à votre contenu**.

▶ Si vous optez pour un blog, paramétrez l'affichage des articles : par défaut, ils apparaîtront dans l'ordre chronologique inverse.

2 Organiser son site web

A Définir l'arborescence du site

▶ Avant de créer votre site, vous devez définir son arborescence : le nombre de pages, le contenu de

REMARQUE Même si vous avez choisi une forme numérique, votre travail sera noté sur la réponse à la problématique. Votre site doit donc être structuré comme un devoir !

chacune et la manière dont l'utilisateur va naviguer de l'une à l'autre. Veillez à l'ergonomie : menus en haut de page ou sur le côté, onglets, liens hypertextes…

▶ Définissez des **rubriques et sous-rubriques** dans lesquelles vous classerez vos pages ou vos articles. Cela vous permettra de faire apparaître le **plan**. Enfin, pensez à créer une ou plusieurs pages pour les **annexes** et la bibliographie.

B Soigner la page d'accueil

Rédigez un **texte clair** présentant votre sujet et votre problématique. Ce sera l'équivalent de votre introduction. (→ FICHE 115)

> Bonjour à tous et bienvenue sur notre blog !
> Nous sommes des élèves de 1re L 2 au lycée … à … Cette année, nous travaillons sur le mouvement indépendantiste écossais en histoire et en anglais. Nous avons décidé de présenter nos recherches et nos productions sous forme de blog.

3 *Alimenter le site*

A Rédiger et publier un article

▶ Sur la page d'administration, cliquez sur « **Rédiger un article** ». Complétez avec le titre, saisissez le corps de l'article puis téléchargez l'illustration (image, son, vidéo).

▶ Évitez les textes trop longs et privilégiez un style clair avec des phrases simples. N'oubliez pas de vous **relire** : votre site sera plus crédible si l'orthographe est irréprochable !

▶ Un aperçu (ou prévisualisation) de l'article est proposé. Pour terminer, cliquez sur « **Publier** ».

B Varier les types de contenus

▶ Site web et blog permettent d'inclure des ressources variées. N'hésitez pas à insérer des dessins, schémas, **photos ou extraits de vidéo**, que vous aurez trouvés sur Internet ou réalisés vous-mêmes.

▶ Vous pouvez également créer des **liens hypertextes** pour renvoyer à d'autres parties de votre travail ou à des ressources Internet. Ces liens sont alors l'équivalent des notes de bas de page qui apparaissent dans un dossier papier.

> CONSEIL Assurez-vous de la fiabilité et du sérieux des sites auxquels vous renvoyez ! (→ FICHE 113)

Réaliser une vidéo

Réaliser une vidéo requiert une bonne organisation, ainsi que quelques connaissances techniques.

1 *Avant le tournage*

A Imaginer un scénario

▶ Définissez votre projet : que voulez-vous montrer ou raconter ? de quelle manière ? Les possibilités sont multiples : fiction, reportage **sur le terrain**, faux journal télévisé, documentaire…

> CONSEIL Selon les journalistes, un reportage réussi doit répondre à ces 5 questions : qui ? quoi ? où ? comment ? pourquoi ? Faites de même pour traiter votre sujet de TPE !

Exemple : pour votre TPE sur le rôle des médecins dans les conflits actuels, vous décidez de filmer l'interview d'un médecin qui revient d'une zone de combat.

▶ Déterminez au brouillon, **étape par étape**, ce que vous allez filmer. Ne prévoyez pas trop long : un court-métrage de cinq minutes demande déjà un travail important.

▶ Attribuez une fonction à chaque membre du groupe, devant ou derrière la caméra : acteur, caméraman, metteur en scène…

B Réaliser un storyboard

▶ Un **storyboard** permet de planifier le tournage plan par plan.

▶ Des modèles existent sur Internet. Un storyboard comprend :
– un croquis ou une description du plan ;
– des indications sur la position et le mouvement de la caméra ;
– le contenu de la bande-son (dialogues, musique…).

	Noms :	Titre :	Scène :	Page : /
Croquis				
Cadrages Mvt camera				
Sons				
Dialogues				
Remarques importantes :				

2 *Le tournage*

▶ Vous pouvez filmer avec votre **smartphone** si celui-ci permet d'obtenir une qualité d'image satisfaisante. Sinon, votre établissement ou des proches disposent peut-être d'un **matériel de prise de vues** que vous pourrez emprunter en le réservant à l'avance.

> ASTUCE
> **La veille du tournage, rappelez l'heure et le lieu du tournage à tous les intervenants. Assurez-vous que le matériel fonctionne et que les batteries sont chargées !**

▶ Le tournage doit être rapide car les conditions nécessaires à la réalisation du film (peu de bruit, temps favorable, absence de passage…) peuvent rapidement changer.

▶ Il n'est **pas nécessaire de filmer les scènes dans l'ordre** où elles apparaîtront dans la vidéo : il suffit de les trier ensuite au montage. Organisez-vous plutôt pour filmer lors d'une même session toutes les scènes qui se déroulent dans un même lieu.

▶ Supprimez tout de suite les prises de vue ratées, sinon vous aurez trop d'images à visionner lors du montage.

3 *Le montage*

▶ Téléchargez un **logiciel de montage** sur Internet, comme *Windows Movie Maker* ou *VideoSpin* (*iMovie* sur Mac) et prévoyez au moins une demi-journée pour maîtriser le logiciel : monter une vidéo prend du temps.

▶ Travaillez d'abord sur le **montage des images**, puis intégrez et synchronisez la **bande-son**. Enfin, ajoutez les **textes** : titre, générique de fin et éventuellement sous-titres.

▶ Une fois le montage terminé, exportez la vidéo vers votre disque dur. Vous pouvez même la mettre en ligne sur YouTube en choisissant les paramètres de confidentialité (publique, privée ou non répertoriée).

Rédiger la note synthétique individuelle

118

La note synthétique doit être rédigée, de façon individuelle, par chaque élève du groupe. Elle retrace la démarche suivie et propose un bilan du travail effectué.

1 Qu'est-ce que la note synthétique individuelle ?

A Un bilan personnel d'un travail de groupe

▶ La note synthétique individuelle est **distincte de la production finale.** Si votre groupe de TPE est constitué de trois élèves, vous devez créer ensemble une production finale commune et rédiger chacun votre propre note synthétique.

▶ Ce qui est attendu ici est un **compte rendu de la démarche** suivie. Il ne s'agit donc pas de faire un résumé de la production finale, mais de présenter la manière dont celle-ci a pu être réalisée.

> ATTENTION
> La note synthétique individuelle ne doit pas être une remise en cause du travail des autres membres du groupe. Il ne s'agit pas d'accuser ou de dénoncer ses camarades.

B Un travail faisant partie intégrante de l'évaluation

▶ La note synthétique individuelle compte pour la même note que la production finale, sur 6 points. Elle permet d'**individualiser l'évaluation.**

▶ Bien qu'elle soit brève, cette note synthétique requiert le plus grand soin. Elle est évaluée par le même jury que la production finale et la présentation orale (→ FICHE 120).

TPE

2 *Comment la rédiger ?*

A Mobiliser le carnet de bord

▶ Dans votre note synthétique, vous retracez le parcours de recherche de votre groupe, depuis le choix du sujet jusqu'à la réalisation de la production finale. Pour cela, votre carnet de bord (→ FICHE 112) sera d'une aide précieuse : **tenez-le à jour** !

▶ Veillez à bien **restituer l'ensemble de votre démarche** : pourquoi avez-vous choisi ce sujet ? Quelles ont été les principales étapes ? Quelles sources vous ont permis de répondre à votre problématique ? Votre bilan doit être aussi exhaustif que possible.

▶ Vous pouvez faire mention des **difficultés rencontrées**, et éventuellement des échecs subis. L'intérêt sera alors de montrer quels enseignements vous avez pu en tirer, et comment votre groupe a réussi à surmonter ces problèmes.

EN BREF

Le plan-type d'une note de synthèse

1. Expliquez pourquoi vous avez choisi votre sujet.
2. Retracez les principales étapes de vos recherches.
3. Présentez les difficultés que vous avez rencontrées et la façon dont vous les avez surmontées.
4. Terminez par un bilan : qu'avez-vous appris de cette première expérience de recherche et de rédaction ? Quels aspects vous ont plu, quels autres aspects vous ont déplu ? Ce travail vous aide-t-il à envisager des études supérieures ?

B Soigner la rédaction

▶ La note synthétique individuelle doit être **dactylographiée** et compter au maximum **deux pages**.

▶ Soyez particulièrement attentifs à la **cohérence de votre rédaction**. Votre plan doit apparaître clairement.

▶ Soignez la **qualité de votre expression écrite**. Traquez les fautes d'orthographe ou de syntaxe et veillez à l'utilisation d'un vocabulaire approprié.

CONSEIL
Faites relire votre note synthétique individuelle : par des camarades, des professeurs, des parents…

Préparer sa soutenance orale 119

Lors de la soutenance orale du TPE, vous présentez votre dossier à un jury. Chaque membre de l'équipe est évalué individuellement. Il s'agit donc de préparer un exposé mettant en valeur le travail de chacun.

1 Comment se déroule la soutenance ?

▶ La soutenance du TPE se déroule en **deux temps**. Tout d'abord, vous présentez oralement, en groupe, le travail que vous avez réalisé. Puis, le jury s'entretient individuellement avec chaque élève sur sa contribution personnelle.

▶ Le **jury** auquel vous vous adressez comprend au moins deux professeurs (un pour chaque matière). Il ne s'agit pas des enseignants qui vous ont encadrés, mais de ceux qui évaluent votre production finale et la note synthétique.

▶ La **durée** de la soutenance varie selon la taille du groupe. On compte environ 10 minutes par élève : 7 à 8 minutes pour la présentation du TPE, puis 2 à 3 minutes pour l'entretien individuel.

▶ La soutenance est notée sur **6 points**. La note est individuelle : tous les membres du groupe n'auront donc pas forcément la même.

2 Quels éléments inclure dans la présentation orale ?

A Qu'attend-on de vous ?

▶ Vous devez **présenter votre sujet** : soulignez son intérêt et expliquez pourquoi vous l'avez choisi, en utilisant des arguments personnels. Soyez concret.

▶ Vous devez également **synthétiser votre démarche**, indiquer les points principaux que vous avez traités, et citer quelques exemples tirés de votre dossier.

▶ Enfin, vous devez mettre en valeur **ce que vous avez appris**. Pour ce faire, demandez-vous quels ont été les points les plus enrichissants de la phase de recherche.

> CONSEIL
> N'essayez pas de retransmettre tout votre TPE lors de l'oral. Le jury a déjà lu votre dossier et attend de vous un travail de synthèse.

TPE

B Organiser sa présentation

▶ Adoptez un plan simple et clair. Par exemple :

Introduction
- présentation et justification du sujet choisi
- formulation de la problématique du TPE
- annonce du plan de la présentation

Développement
- présentation des axes de recherches principaux et exemples

Conclusion
- réponse claire et synthétique à la problématique
- ouverture

▶ Pensez à bien préparer votre présentation orale en groupe : le temps imparti doit être maîtrisé et les prises de parole de chacun clairement établies. (→ FICHE 120)

3 *Comment s'y prendre concrètement ?*

A Faire des fiches faciles à utiliser

▶ Utilisez des fiches bristol (petit format, 75 × 125 mm) en appliquant ce principe de base : **une idée = une ligne**.

▶ Ne rédigez pas intégralement votre présentation orale : notez juste les **idées essentielles** ainsi que les noms propres et les dates. Espacez-les, pour pouvoir reprendre le fil facilement.

▶ Chaque fiche correspond à une partie. Pour bien mettre en évidence votre plan, choisissez un **code couleur** identique pour toutes vos fiches (titres en rouge, exemples en vert, etc.).

B Réfléchir à une présentation originale

▶ Pour accompagner votre soutenance, vous pouvez préparer des documents (affiches, diaporama, présentation PowerPoint…) ou une **mise en scène** (journal télévisé, sketch…).

> ASTUCE **Pour ne pas être pris(e) au dépourvu, entraînez-vous à manipuler votre support ou répétez devant des ami(e)s. Votre choix ne doit pas vous empêcher de respecter le temps imparti.**

▶ Les présentations originales sont appréciées, mais ne négligez pas le fond ! Les supports doivent **illustrer votre propos** et non le remplacer. Par exemple, une vidéo ne peut se substituer à votre présentation orale.

Réussir la présentation de son TPE 120

Au cours de la première partie de la soutenance, les membres du groupe présentent ensemble leur TPE.

1 Présenter un projet à plusieurs

A Bien se préparer

▶ Dans les jours qui précèdent l'oral, répétez l'exposé avec vos camarades. Il faut que chacun sache ce que les autres vont dire. **Chronométrez-vous** pour vous assurer de respecter le temps imparti.

▶ Préparez de courtes fiches (→ FICHE 119) reprenant l'essentiel de votre présentation. N'utilisez aucun terme que vous ne maîtrisez pas : le jury vous pourrait vous interroger sur ces derniers.

> ASTUCE
> **Classez et numérotez vos notes et documents dans un dossier réservé pour vous repérer plus facilement le jour même. Joignez-y votre convocation et votre pièce d'identité, pour être sûr(e) de ne pas les oublier !**

B Répartir la parole

▶ Chacun d'entre vous doit parler pendant **7 à 8 minutes**. Par conséquent, si vous êtes un groupe de trois, comptez un total d'environ 20 minutes pour la présentation de votre travail.

▶ Une fois votre plan défini (→ FICHE 119), décidez des parties prises en charge par chacun. Assurez-vous que chacun a un temps de parole équivalent, et veillez à ce qu'il n'y ait pas de redites.

2 Retenir l'attention du jury

A S'exprimer avec aisance

▶ Employez un langage courant ou soutenu, **sans faute de français.**

> EN BREF
> - Marquez bien les doubles négations : *ne… plus ; ne… pas.*
> - Ne doublez pas le sujet : *Les médecins ~~ils~~ vont…*
> - Ne confondez pas *dont* et *que* : *La situation dont nous parlons, la personne que nous avons rencontrée…*
> - Dans une phrase affirmative, employez *ce que* et non *qu'est-ce que* : *Voici ce que nous avons trouvé…*

TPE

▶ Utilisez le vocabulaire technique du domaine dont vous parlez.

▶ Parlez naturellement, suffisamment fort, et pensez à **articuler**. **Variez le ton** pour mettre en valeur les idées importantes et les liens entre les différentes parties de la présentation.

▶ Pour rester spontané(e), ne faites pas de par cœur et ne lisez pas votre exposé : référez-vous régulièrement à vos notes pour ne pas perdre le fil. Cela vous permettra de **regarder le jury** dans les yeux : il faut que vous ayez l'air convaincu(e) et sûr(e) de vous.

B Dynamiser sa présentation

▶ Pour impliquer le jury, vous pouvez utiliser l'art de la **rhétorique** : posez des questions auxquelles vous répondrez dans la suite de l'exposé.

Dites par exemple : « Vous êtes-vous déjà demandé si… ? »

▶ **Occupez l'espace** : ne restez pas collé(e) derrière le bureau ! Présentez des documents, déplacez-vous, écrivez les **informations importantes au tableau** tandis que vos coéquipiers parlent… Ainsi, vous capterez mieux l'attention de votre auditoire.

▶ Si vous avez prévu une présentation particulière (mise en scène…) ou des supports (diaporama, vidéo…), assurez-vous auprès de l'établissement et de vos professeurs que vous pourrez bien disposer du **matériel** adéquat le jour J.

Conseils pratiques

• Le jour J, tout doit être parfaitement organisé. Pensez à mettre tous les documents nécessaires sur une clé USB et à faire une sauvegarde de votre travail.
• Ne faites pas de changement de dernière minute sans l'avoir testé, cela déstabiliserait l'ensemble du groupe.
• Désignez un responsable du temps et élaborez un code discret qui vous permettra de savoir où vous en êtes, si vous devez accélérer ou ralentir.

S'entretenir avec le jury

121

La seconde partie de la soutenance consiste en un entretien individuel avec chacun des membres du groupe. Le jury cherche à vérifier que votre travail a été personnel et qu'il vous a été profitable.

1 Se préparer à l'entretien

A Anticiper les questions

▶ Avec votre groupe, essayez d'**imaginer une dizaine de questions** que le jury pourrait vous poser sur votre exposé et préparez les réponses. On vous interrogera soit sur la production finale, soit sur ce que vous-même avez dit au cours de la présentation orale.

▶ Vous pouvez **susciter des questions** en restant évasif sur certains points de votre TPE. Cela vous aidera à gérer le temps de parole et amènera le jury à vous questionner sur ces aspects que vous maîtrisez.

> Exemple : vous avez travaillé sur les migrants en mer Méditerranée. Si une nouvelle décision de l'Union européenne a été votée depuis la remise de votre production finale, mentionnez-la dans la présentation orale et préparez quelques éléments de réponse au cas où le jury vous interrogerait à son sujet.

▶ Le jury cherche également à s'assurer que vous n'avez pas fait du « copier-coller » sans comprendre : prouvez-lui que vous **maîtrisez votre sujet**. Révisez bien les dates, définitions et termes techniques.

B Rester soudés

▶ Vous devez parler **2 à 3 minutes chacun** lors de l'entretien. Vous serez interrogés chacun à votre tour. Ne coupez pas la parole à celui qui est interrogé : n'intervenez que si vous sentez qu'il a besoin d'aide.

▶ L'entretien individuel se déroule en présence des autres élèves du groupe. Néanmoins, les questions sont toujours **personnelles** et il n'est pas permis de vous concerter avec vos camarades avant de répondre. La prise de parole de chacun est évaluée séparément.

▶ Vous pouvez parler des difficultés que vous avez rencontrées en travaillant en groupe, mais vous ne devez **ni dévaluer, ni critiquer le travail de vos coéquipiers**.

2 Réussir son entretien

A Répondre clairement

▶ Si vous connaissez la réponse, formulez-la clairement et efforcez-vous de la **justifier**. Pour vous aider, vous pouvez reprendre la structure de la question posée.

▶ Si vous ne connaissez pas la réponse à une question, dites-le avec simplicité. Ne vous découragez pas et **rebondissez sur un autre élément**, assez proche, qui vous vient à l'esprit.

> ASTUCE **Par les réponses que vous donnez, essayez d'orienter le jury sur les sujets que vous souhaitez aborder.**

▶ Comme lors de la première partie de la soutenance, surveillez **votre attitude et vos mouvements** afin de ne pas laisser le langage de votre corps parasiter vos réponses. (→ FICHE 120)

B Mobiliser toutes ses connaissances

▶ Le jury cherche avant tout à évaluer votre **travail personnel**. Montrez que le sujet vous a intéressé(e) et que vous avez travaillé honnêtement, sans plagiat.

▶ Pendant la phase de recherche du TPE, vous avez lu beaucoup plus de choses que ce que vous avez choisi de conserver pour votre dossier. Pensez à **mobiliser l'ensemble des connaissances acquises** pour répondre au jury.

▶ Certaines questions peuvent porter sur votre expérience personnelle. Prenez du **recul** sur l'ensemble de votre travail.

CONSEILS PRATIQUES

- **Maîtrisez le dossier** : bien que vous vous soyez répartis les tâches pour la recherche et la rédaction du TPE, le jury peut vous poser des questions sur une partie que vous n'avez pas traitée.
- **Faites des fiches** : vous ne pouvez pas prévoir à l'avance comment se déroulera l'entretien, mais rien ne vous empêche de faire une fiche répertoriant les notions et dates clés de votre sujet.
- **Apportez un double** de votre production finale : le jury pourra s'y référer pendant la soutenance.

PAPIER À BASE DE FIBRES CERTIFIÉES

Hatier s'engage pour l'environnement en réduisant l'empreinte carbone de ses livres. Celle de cet exemplaire est de : 1.1 kg éq. CO_2 Rendez-vous sur www.hatier-durable.fr

Achevé d'imprimer en France par Loire Offset Titoulet à Saint-Etienne
Dépôt légal n° 04159-2/01 - Décembre 2017